CB141292

JURISPRUDÊNCIA AMBIENTAL DO

STF e STJ

Súmulas comentadas e
decisões por assunto

Organizadores:
FREDERICO AMADO
ANDRÉ LUIZ COELHO LISBOA
VINÍCIUS CAMARGOS MARTINS

JURISPRUDÊNCIA AMBIENTAL do STF e STJ

Súmulas comentadas e decisões por assunto

2021

EDITORA JusPODIVM
www.editorajuspodivm.com.br

EDITORA
JusPODIVM
www.editorajuspodivm.com.br

Rua Território Rio Branco, 87 – Pituba – CEP: 41830-530 – Salvador – Bahia
Tel: (71) 3045.9051
• Contato: https://www.editorajuspodivm.com.br/sac

Capa e Diagramação: Marcelo S. Brandão *(santibrando@gmail.com)*

A481j Amado, Frederico.
Jurisprudência Ambiental do STF e STJ - Súmulas Comentadas e Decisões por Assunto / Frederico Amado, André Luiz Coelho Lisboa, Vinícius Camargos Martins – Salvador: Editora JusPodivm, 2021.

368 p.

Bibliografia.
ISBN 978-85-442-3434-1

1. Jurisprudência. 2. Direito Ambiental. I. Amado, Frederico. II. Lisboa, André Luiz Coelho. III. Martins, Vinícius Camargos. IV. Título.

CDD 340.6

APRESENTAÇÃO

As demandas ambientais típicas envolvem direitos indisponíveis diante da natureza intangível do direito fundamental ao meio ambiente ecologicamente equilibrado, bem de uso comum do povo, embora também gerem demandas patrimoniais por ricochete.

Cabe ao STJ dar a última palavra em termos de interpretação das leis ambientais brasileiras, ao passo que cumpre ao STF dizer o conteúdo da Constituição Ambiental de 1988 diante do fenômeno da constitucionalização do Direito Ambiental em 05/10/1988.

Infelizmente, no Brasil o Direito Ambiental ainda não é levado a sério tanto pelos setores privado e público, não se constituindo a sua proteção em prioridade para a sociedade brasileira, salvo exceções pontuais.

O meio ambiente só é realmente lembrado quando grandes catástrofes ceifam vidas ou o patrimônio privado, como as mortes por rompimento de represas de mineração em Minas Gerais ou grandes queimadas na Amazônia ou no Pantanal. Passado o choque, cai novamente em esquecimento até a deflagração da próxima catástrofe.

Nesse sentido, com o intuito de divulgar a disciplina e informar ao leitor sobre o Direito Ambiental na visão dos nossos Tribunais Superiores, tanto com fins profissionais ou para a preparação em concursos públicos, com a esperança de que um dia o tema seja realmente levando a sério, esta obra pesquisou em frente e verso a jurisprudência ambiental do STF e do STJ, organizando-a em assuntos dentro de 7 títulos:

TÍTULO I - DISPOSIÇÕES CONSTITUCIONAIS E LEGAIS SOBRE O MEIO AMBIENTE;

TÍTULO II - ASPECTOS JURÍDICOS DA POLUIÇÃO;

TÍTULO III - ESTUDO E LICENCIAMENTO AMBIENTAIS;

TÍTULO IV - ESPAÇOS TERRITORIAIS ESPECIALMENTE PROTEGIDOS E RECURSOS HÍDRICOS;

TÍTULO V - INFRAÇÕES ADMINISTRATIVAS;

TÍTULO VI - RESPONSABILIDADE CIVIL NO DIREITO AMBIENTAL;

TÍTULO VII - CRIMES AMBIENTAIS.

Ademais, o Título VIII se destinou ao comentário das poucas súmulas ambientais até hoje aprovadas pelo STJ. Espera-se, enfim, contribuir com a divulgação organizada da jurisprudência ambiental dos citados Tribunais Superiores. Bom estudo.

AUTORES E ORGANIZADORES

FREDERICO AMADO

Procurador Federal/Procuradoria-Geral do INSS. Professor de Direito Previdenciário e Ambiental do Especcial Jus (www.especcialjus.com.br). Coordenador da Pós-graduação EAD em Prática Previdenciária da Faculdade Verbo em parceria com o Especcial Jus. Coordenador da Pós-graduação presencial em Salvador em Prática Previdenciária da FBB em parceria com o Especcial Jus. Coordenador da Pós-graduação presencial em Salvador em Direito Público da FBB em parceria com o Especcial Jus. Coordenador da Pós-graduação EAD em Prática Ambiental da Faculdade Verbo. Instrutor da Escola da AGU. Mestre em Planejamento Ambiental pela UCSAL. Especialista em Direito do Estado pela Unyahna. Doutorando em Planejamento Territorial e Desenvolvimento Social pela UCSAL. Palestrante.

ANDRÉ LUIZ COELHO LISBOA

Procurador Federal (AGU), atualmente Coordenador Nacional das Equipes Regionais de Turmas Recursais dos Juizados Especiais Federais. Pós-Graduado em Direito Processual Civil pela Universidade do Sul de Santa Catarina (Unisul), Direito Previdenciário pela Universidade UNIDERP/Anhanguera e pela Escola Superior da Magistratura da Paraíba (ESMA-PB). Graduado pela Universidade Federal da Paraíba (UFPB). Ex-Assessor de Procuradora de Justiça do Ministério Público do Estado de Sergipe.

VINÍCIUS CAMARGOS MARTINS

Procurador Federal (AGU). MBA em Direito Tributário pela Fundação Getúlio Vargas (FGV). Pós-Graduado em Direito Processual Civil pela Universidade Damásio de Jesus. Pós-Graduado em Direito Público e em Direito Tributário pela Universidade UNIDERP/Anhanguera/LFG. Graduado em Direito pela Universidade Estadual de Montes Claros - UNIMONTES. Graduado em Comunicação Social - habilitação Jornalismo pela Universidade Federal de Minas Gerais - UFMG. Ex-servidor do TRF1. Ex-servidor do TJMG.

SUMÁRIO

TÍTULO I

DISPOSIÇÕES CONSTITUCIONAIS E LEGAIS SOBRE O MEIO AMBIENTE

TÍTULO II

ASPECTOS JURÍDICOS DA POLUIÇÃO

TÍTULO III

ESTUDO E LICENCIAMENTO AMBIENTAIS

TÍTULO V

INFRAÇÕES ADMINISTRATIVAS

TÍTULO VI

RESPONSABILIDADE CIVIL NO DIREITO AMBIENTAL

PARTE GERAL

PARTE ESPECIAL

Hipóteses de danos ambientais

TÍTULO VII

CRIMES AMBIENTAIS

PARTE GERAL

TÍTULO I

DISPOSIÇÕES CONSTITUCIONAIS E LEGAIS SOBRE O MEIO AMBIENTE

1. COMPETÊNCIA LEGISLATIVA

1.1. FEDERAL

1.1.1. POTENCIAL HIDROENERGÉTICO

STF - Supremo Tribunal Federal

Tema	774	**Situação**	Acórdão de mérito publicado	**Órgão julgador**	Tribunal Pleno
Questão Controvertida	Competência legislativa, se privativa da União ou concorrente, para adoção de política pública dirigida a compelir concessionária de energia elétrica a promover investimentos, com recursos de parcela da receita operacional auferida, voltados à proteção e à preservação ambiental de mananciais hídricos em que ocorrer a exploração.				
Tese Firmada	A norma estadual que impõe à concessionária de geração de energia elétrica a promoção de investimentos, com recursos identificados como parcela da receita que aufere, voltados à proteção e à preservação de mananciais hídricos é inconstitucional por configurar intervenção indevida do Estado no contrato de concessão da exploração do aproveitamento energético dos cursos de água, atividade de competência da União, conforme art. 21, XII, 'b', da Constituição Federal.				
Informações Complementares	SCAN ME				
Processo / Recurso	**Repercussão Geral**	**Relator (a)**	**Acórdão Publicado**	**Embargos Declaratórios**	**Trânsito em Julgado**
RE 827538/MG	10/10/2014	MIN. LUIZ FUX	22/07/2020	03/08/2020 e 04/08/2020	-

1.1.2. NORMAS GERAIS SOBRE PROIBIÇÃO À CAÇA

STF - Supremo Tribunal Federal

Informativo 986 (14.08.2020)

AÇÃO DIRETA DE INCONSTITUCIONALIDADE. MEIO AMBIENTE. PROTEÇÃO DA FAUNA. LEI 16.784/2018 DO ESTADO DE SÃO PAULO. PROIBIÇÃO DA CAÇA SOB QUALQUER PRETEXTO. PRELIMINAR. OFENSA DIRETA À CONSTITUIÇÃO FEDERAL. MÉRITO. COMPETÊNCIA LEGISLATIVA CONCORRENTE PARA DISPOR SOBRE CAÇA (CF, ART. 24, VI). RESTRIÇÃO DA CAÇA DE CONTROLE. VEDAÇÃO DA CAÇA CIENTÍFICA. INCONSTITUCIONALIDADE FORMAL. PROCEDÊNCIA PARCIAL DO PEDIDO. I – A controvérsia não envolve mera afronta à legislação federal. O que está em debate é a possível invasão da competência legislativa da União, em hipótese concorrente com os Estados-membros e o Distrito Federal (art. 24, V e XII, da CF), a ensejar a análise de eventual e direta ofensa às regras constitucionais de repartição da iniciativa para projetos de lei. II- Verificam-se, na hipótese, dois pontos de conflito entre a legislação do Estado de São Paulo e as regras estabelecidas na CF no que: (i) envolve a prática de caça de controle (art. 3º da Lei 16.784/2018), que não é vedada em absoluto na norma estadual, mas há exigência de que ela seja feita exclusivamente por órgãos públicos, sem a participação de particulares; (ii) envolve a proibição da caça científica (art. 1º da Lei 16.784/2018). III- A norma impugnada padece de vício parcial de inconstitucionalidade, por não se submeter, em sua integralidade, às regras de repartição de competências legislativas, especialmente àquela cabível à União, a quem incumbe a estipulação de normas gerais para o estabelecimento de diretrizes nacionais a este respeito, restando aos Estados-membros e ao Distrito Federal editar normas particularizantes para aplicá-las em seus respectivos âmbitos políticos, e de acordo com suas realidades regionais. IV – Preliminares rejeitadas e ação julgada parcialmente procedente, para declarar a inconstitucionalidade do art. 3º da Lei Estadual 16.784/2018 e a nulidade parcial, sem redução de texto, do art. 1º da mesma lei, com o fim de excluir de sua incidência a coleta de animais nocivos por pessoas físicas ou jurídicas, mediante licença da autoridade competente, e daquelas destinadas a fins científicos, previstas respectivamente no art. 3º, § 2º, e art. 14, ambos da Lei 5.197/1967 (ADI 5.977).

1.1.3. EMBARCAÇÕES

STF - Supremo Tribunal Federal

Informativo 980 (05.06.2020)

AÇÃO DIRETA DE INCONSTITUCIONALIDADE. LEI Nº 64/1993, DO ESTADO DO AMAPÁ. PESCA INDUSTRIAL DE ARRASTO DE CAMARÕES E APROVEITAMENTO COMPULSÓRIO DA FAUNA ACOMPANHANTE. NORMAS INCIDENTES SOBRE PESCA, PROTEÇÃO DO MEIO AMBIENTE E RESPONSABILIDADE POR DANO AO MEIO AMBIENTE. COMPETÊNCIA CONCORRENTE. ARTA. 5º, CAPUT, 19, III, 22, I E XI, 24, VI E VIII, 170, VI, 178, E 225, § 1º, V e VII, E § 3º, DA CONSTITUIÇÃO DA REPÚBLICA. PRECEDENTES. PROCEDÊNCIA PARCIAL. 1. Ao disciplinar, no âmbito do Estado federado, a pesca industrial de arrasto de camarões e o aproveitamento compulsório da fauna acompanhante, a Lei nº 64/1993 do Estado do Amapá veicula normas incidentes sobre pesca, proteção do meio ambiente e responsabilidade por dano ao meio ambiente, matérias a respeito das quais, a teor do art. 24, VI e VIII, da CF, compete à União, aos Estados e ao Distrito Federal legislar concorrentemente. 2. No modelo federativo brasileiro, estabelecida pela União a arquitetura normativa da Política Nacional de Desenvolvimento Sustentável da Pesca (hoje consubstanciada na Lei nº 11.959/2009), aos Estados compete, além da supressão de eventuais lacunas, a previsão de normas destinadas a complementar a norma geral e a atender suas peculiaridades locais, respeitados os critérios (i) da preponderância do interesse local, (ii) do exaurimento dos efeitos dentro dos respectivos limites territoriais – até mesmo para prevenir conflitos entre legislações estaduais potencialmente díspares – e (iii) da vedação da proteção insuficiente. Precedente: ADI 3829/RS, Relator Ministro Alexandre de Moraes, em 11.4.2019, DJe 17.5.2019. 3. Não se confunde a competência da União, dos Estados e do Distrito Federal para legislar concorrentemente sobre pesca e proteção do meio-ambiente (art. 24, VI, da CF) com a competência privativa da União para legislar sobre embarcações (arts. 22, I e XI, e 178 da CF). Ao condicionar o emprego de embarcações estrangeiras arrendadas, na pesca industrial de arrasto de camarões, à satisfação de exigências relativas à transferência de tecnologia e inovações, o art. 1º, III, da Lei nº 64/1993 exorbita da competência estadual, invadindo a competência privativa da União para legislar sobre embarcações. 4. Ao orientarem o controle do esforço de pesca em consideração ao poder de pesca, o desempenho das embarcações e o volume da fauna acompanhante desperdiçada, estipularem limites de aproveitamento da fauna acompanhante à pesca industrial de arrasto de camarões e veicularem normas destinadas à mitigação do impacto ambiental da atividade, os arts. 1º, § 2º, e 2º, §§ 1º e 2º, da Lei nº 64/1993 mantêm-se dentro dos limites da competência legislativa concorrente do Estado (art. 24, VI, da CF), além de consonantes com o postulado da proporcionalidade e os imperativos de preservação e defesa do meio ambiente mediante o controle do emprego de técnicas, métodos e práticas potencialmente danosos à fauna (arts. 170, VI, e 225, § 1º, V e VII, da CF) e não destoam das normas gerais sobre a matéria objeto da legislação federal (Lei nº 11.959/2009). Precedente: ADI 2030/SC, Relator Ministro Gilmar Mendes, em 09.8.2017, DJ 17.10.2018. 5. É inconstitucional a previsão de tratamento privilegiado às empresas instaladas no Estado do Amapá, por afronta ao princípio da isonomia em seu aspecto federativo (arts. 5º, caput e I, e 19, III, da Constituição Federal). 6. Ação direta julgada parcialmente procedente (ADI 861).

1.1.4. "SISNAMA" E AUTORIZAÇÃO PRÉVIA DO LEGISLATIVO ESTADUAL

STF - Supremo Tribunal Federal

Informativo 919 (12.10.2018)

PROTEÇÃO DO MEIO AMBIENTE: INSTRUMENTOS DE COOPERAÇÃO E COMPETÊNCIA DO PODER EXECUTIVO. O Plenário julgou procedente pedido formulado em ação direta para declarar a inconstitucionalidade dos arts. 26 e 28, caput e parágrafo único, da Lei Complementar estadual 149 do estado de Roraima. Esses dispositivos condicionam à aprovação prévia pela Assembleia Legislativa os termos de cooperação e similares firmados naquele estado entre os componentes do Sistema Nacional do Meio Ambiente (SISNAMA). O Tribunal entendeu ser inconstitucional, por violar o princípio da separação dos poderes, a aprovação prévia pelo Poder Legislativo estadual dos instrumentos de cooperação firmados pelos órgãos componentes do Sisnama. A proteção ambiental é matéria de índole administrativa por envolver a execução de política pública, cuja competência é privativa do Poder Executivo, no nosso federalismo cooperativo, em que há o entrelaçamento entre as ações dos órgãos federais, estaduais e municipais para a proteção do meio ambiente. Do mesmo modo, a transferência de responsabilidades ou atribuições de órgãos componentes do Sisnama é, igualmente, competência privativa do Executivo. Dessa forma, não pode ficar condicionada à aprovação prévia da casa legislativa local. Por fim, o Colegiado asseverou que o Legislativo estadual poderá exercer a fiscalização dos atos praticados pelo Executivo, inclusive com o auxílio do Tribunal de Contas local, a posteriori, se houver alguma irregularidade (ADI-4348).

1.1.5. NORMAS GERAIS SOBRE LICENCIAMENTO AMBIENTAL

STF - Supremo Tribunal Federal

Informativo 382 (08.04.2005)

RELATÓRIO DE IMPACTO AMBIENTAL E AUTORIZAÇÃO DO PODER LEGISLATIVO. O Tribunal concedeu a liminar requerida em ação direta de inconstitucionalidade proposta pelo Governador do Estado de Rondônia, para suspender a vigência e a eficácia da Lei 1.315/2004, de iniciativa da Assembléia legislativa daquele Estado, que altera a atribuição da Secretaria Estadual de Desenvolvimento Ambiental - SEAM e estabelece como requisito, para emissão de licenças para as atividades dependentes de recursos ambientais, a prévia autorização legislativa. Com base em recente precedente do Plenário (ADI 1505/ES, DJU de 4.3.2005), entendeu-se que a norma impugnada, a princípio, viola o art. 2º da CF, pois, ao condicionar a aprovação de licenciamento ambiental à prévia autorização da Assembléia Legislativa, implica uma indevida interferência do Poder Legislativo na atuação do Poder Executivo. Salientou-se, ainda, que as normas gerais relativamente ao licenciamento ambiental são de competência da União (CF, art. 24, IV). ADI-3252

1.1.6. AMBIENTE DE TRABALHO X MEIO AMBIENTE

STF - Supremo Tribunal Federal

Informativo 146 (23.04.1999)

SEGURANÇA E HIGIENE DO TRABALHO – COMPETÊNCIA LEGISLATIVA. Ao primeiro exame, cumpre à União legislar sobre parâmetros alusivos à prestação de serviços – artigos 21, inciso XXIV, e 22, inciso I, da Constituição Federal. O gênero "meio ambiente", em relação ao qual é viável a competência em concurso da União, dos Estados e do Distrito Federal, a teor do disposto no artigo 24, inciso VI, da Constituição Federal, não abrange o ambiente de trabalho, muito menos a ponto de chegar-se à fiscalização do local por autoridade estadual, com imposição de multa. Suspensão da eficácia da Lei nº 2.702, de 1997, do Estado do Rio de Janeiro (ADI-1.893MC).

1.2. ESTADUAL

1.2.1. ÁGUAS SUBTERRÂNEAS

STJ - Superior Tribunal de Justiça

Informativo 525 - 11.09.2013

DIREITO ADMINISTRATIVO E AMBIENTAL. REGULAMENTAÇÃO DO ACESSO A FONTES DE ABASTECIMENTO DE ÁGUA. É possível que decreto e portaria estaduais disponham sobre a obrigatoriedade de conexão do usuário à rede pública de água, bem como sobre a vedação ao abastecimento por poço artesiano, ressalvada a hipótese de inexistência de rede pública de saneamento básico. Os estados membros da Federação possuem domínio de águas subterrâneas (art. 26, I, da CF), competência para legislar sobre a defesa dos recursos naturais e a proteção do meio ambiente (art. 24, VI, da CF) e poder de polícia para precaver e prevenir danos ao meio ambiente (art. 23, VI e XI, da CF). Assim, a intervenção desses entes sobre o tema não só é permitida como também imperativa. Vale acrescentar que o inciso II do art. 12 da Lei 9.433/1997 condiciona a extração de água do subterrâneo à respectiva outorga, o que se justifica pela notória escassez do bem, considerado como recurso limitado, de domínio público e de expressivo valor econômico. Nesse contexto, apesar de o art. 45 da Lei 11.445/2007 admitir soluções individuais de abastecimento de água, a interpretação sistemática do dispositivo não afasta o poder normativo e de polícia dos estados no que diz respeito ao acesso às fontes de abastecimento de água e à determinação de conexão obrigatória à rede pública (REsp 1.306.093-RJ, Rel. Min. Herman Benjamin, julgado em 28/5/2013).

1.3. MUNICIPAL

1.3.1. INCONSTITUCIONALIDADE FORMAL E MATERIAL

STF - Supremo Tribunal Federal

Tema	970	**Situação**	Acórdão de Repercussão Geral publicado	**Órgão julgador**	Plenário Virtual - RG
Questão Controvertida	Análise das inconstitucionalidades formal e material de lei municipal que dispõe sobre o meio ambiente.				
Tese Firmada	-				
Informações Complementares	Há RG - Mérito Não Julgado. Recurso extraordinário em que se discute, à luz dos arts. 2º, 23, incs. II, VI e VII, 30, incs. I e II, 61, § 2º, 225, § 1º, inc. V e 170, incs. V e VI, da Constituição da República, a constitucionalidade formal e material de lei municipal que obriga à substituição de sacos e sacolas plásticos por sacos e sacolas biodegradáveis. SCAN ME				

Processo / Recurso	**Repercussão Geral**	**Relator (a)**	**Acórdão Publicado**	**Embargos Declaratórios**	**Trânsito em Julgado**
RE 732686/SP	20/10/2017	MIN. LUIZ FUX	-/-/-	-	-

STF - Supremo Tribunal Federal

Tema	145	**Situação**	Trânsito em Julgado	**Órgão julgador**	Tribunal Pleno

Questão Controvertida	a) Competência do Município para legislar sobre meio ambiente; b) Competência dos Tribunais de Justiça para exercer controle de constitucionalidade de norma municipal em face da Constituição Federal.
Tese Firmada	O município é competente para legislar sobre o meio ambiente com a União e o Estado, no limite do seu interesse local e desde que tal regramento seja harmônico com a disciplina estabelecida pelos demais entes federados (art. 24, VI, c/c 30, I e II, da Constituição Federal).
Informações Complementares	SCAN ME

Processo / Recurso	**Repercussão Geral**	**Relator (a)**	**Acórdão Publicado**	**Embargos Declaratórios**	**Trânsito em Julgado**
RE 586224/SP	12/12/2008	MIN. LUIZ FUX	08/05/2015	-	21/05/2015

1.3.2. COMPETÊNCIA MUNICIPAL PARA LEGISLAR SOBRE MEIO AMBIENTE

STF - Supremo Tribunal Federal

Informativo 857 (17.03.2017)

COMPETÊNCIA LEGISLATIVA DOS MUNICÍPIOS E DIREITO AMBIENTAL. Os Municípios podem legislar sobre Direito Ambiental, desde que o façam fundamentadamente. Com base nesse entendimento, a Segunda Turma negou provimento a agravo regimental. A Turma afirmou que os Municípios podem adotar legislação ambiental mais restritiva em relação aos Estados-Membros e à União. No entanto, é necessário que a norma tenha a devida motivação (ARE-748206).

1.3.3. PROTEÇÃO E DEFESA DO MEIO AMBIENTE

STF - Supremo Tribunal Federal

Informativo 770 (05.12.2014)

LEI MUNICIPAL CONTESTADA EM FACE DE CONSTITUIÇÃO ESTADUAL. POSSIBILIDADE DE CONTROLE NORMATIVO ABSTRATO POR TRIBUNAL DE JUSTIÇA (CF, ART. 125, § 2º). COMPETÊNCIA DO MUNICÍPIO PARA DISPOR SOBRE PRESERVAÇÃO E DEFESA DA INTEGRIDADE DO MEIO AMBIENTE. A incolumidade do patrimônio ambiental como expressão de um direito fundamental constitucionalmente atribuído à generalidade das pessoas (RTJ 158/205-206 - RTJ 164/158-161, v.g.). A questão do meio ambiente como um dos tópicos mais relevantes da presente agenda nacional e internacional. O poder de regulação dos Municípios em tema de formulação de políticas públicas, de regras e de estratégias legitimadas por seu peculiar interesse e destinadas a viabilizar, de modo efetivo, a proteção local do meio ambiente. Relações entre a lei e o regulamento. Os regulamentos de execução (ou subordinados) como condição de eficácia e aplicabilidade da norma legal dependente de regulamentação executiva. Previsão, no próprio corpo do diploma legislativo, da necessidade de sua regulamentação. Inocorrência de ofensa, em tal hipótese, ao postulado da reserva constitucional de administração, que traduz emanação resultante do dogma da divisão funcional do poder. Doutrina. Precedentes. Legitimidade da competência monocrática do Relator para, em sede recursal extraordinária, tratando-se de fiscalização abstrata sujeita à competência originária dos Tribunais de Justiça (CF, art. 125, § 2º), julgar o apelo extremo, em ordem, até mesmo, a declarar a inconstitucionalidade ou a confirmar a validade constitucional do ato normativo impugnado. Precedentes (RE 376.440-ED/DF, Rel. Min. DIAS TOFFOLI, Pleno, v.g.). Recurso extraordinário conhecido e provido. DECISÃO: O presente recurso extraordinário foi interposto contra decisão que, proferida em sede de fiscalização abstrata de constitucionalidade (CF, art. 125,

§ 2º) pelo Órgão Especial do E. Tribunal de Justiça do Estado de São Paulo, acha-se consubstanciada em acórdão assim ementado (fls. 105): "AÇÃO DIRETA DE INCONSTITUCIONALIDADE. LEI MUNICIPAL Nº 4.814/2009, DO MUNICÍPIO DE MOGI MIRIM, QUE DISPÕE SOBRE A PROTEÇÃO DO MEIO AMBIENTE NA COMERCIALIZAÇÃO, NA TROCA E NO DESCARTE DE ÓLEO LUBRIFICANTE E DÁ OUTRAS PROVIDÊNCIAS. VÍCIO DE INICIATIVA. MATÉRIA DE INICIATIVA RESERVADA AO CHEFE DO EXECUTIVO, JÁ QUE CRIA OBRIGAÇÃO PARA A ADMINISTRAÇÃO PÚBLICA. OFENSA AO PRINCÍPIO DA SEPARAÇÃO DE PODERES. DIPLOMA QUE IMPLICA AUMENTO DE DESPESA SEM INDICAÇÃO DE FONTE DE CUSTEIO. OFENSA AO PRINCÍPIO DA PRIMAZIA. IMPOSSIBILIDADE DE DIVIDIR A LEI EM PARTES VÁLIDAS E PARTES INVÁLIDAS. INCONSTITUCIONALIDADE RECONHECIDA. AÇÃO PROCEDENTE." (grifei) A parte ora recorrente, ao deduzir o presente apelo extremo, sustentou que o Tribunal "a quo" teria transgredido preceitos inscritos na Constituição da República. O Ministério Público Federal, em parecer da lavra do ilustre Subprocurador-Geral da República Dr. WAGNER DE CASTRO MATHIAS NETTO, ao opinar pelo provimento do recurso extraordinário em questão, formulou parecer do qual destaco o seguinte fragmento (fls. 218/219): "Com efeito, o município de Mogi Mirim tem competência legislativa e administrativa para promover a defesa do meio ambiente e zelar pela saúde dos cidadãos, nos termos do art. 23, II, VI e VII, da CF/88, podendo, nestes temas, regular a matéria ou suplementar a legislação federal, em face do peculiar interesse na preservação efetiva destes bens. Assim, a Lei Municipal 4.814/09, de iniciativa parlamentar, tratando de matéria de interesse local, mostra-se constitucional, ressalvados, entretanto, os dispositivos que criaram obrigações ao Poder Executivo, porquanto invadiram a esfera da atividade típica da administração. Neste sentido, descabida a declaração de inconstitucionalidade integral do texto legal, que se apresenta plenamente válido na parte que respeita o princípio da separação dos poderes, nos termos referidos." (grifei) Sendo esse o contexto, passo a examinar o presente recurso extraordinário. E, ao fazê-lo, entendo assistir plena razão ao parecer da douta Procuradoria-Geral da República, cujos termos adoto como fundamento da presente decisão, valendo-me, para tanto, da técnica da motivação "per relationem", reconhecida como plenamente compatível com o texto da Constituição (AI 738.982/PR, Rel. Min.

JOAQUIM BARBOSA – AI 809.147/ES, Rel. Min. CÁRMEN LÚCIA – AI 814.640/RS, Rel. Min. RICARDO LEWANDOWSKI - ARE 662.029/SE, Rel. Min. CELSO DE MELLO – HC 54.513/DF, Rel. Min. MOREIRA ALVES - MS 28.989- -MC/PR, Rel. Min. CELSO DE MELLO - RE 37.879/MG, Rel. Min. LUIZ GALLOTTI - RE 49.074/MA, Rel. Min. LUIZ GALLOTTI, v.g.): "Reveste-se de plena legitimidade jurídico-constitucional a utilização, pelo Poder Judiciário, da técnica da motivação 'per relationem', que se mostra compatível com o que dispõe o art. 93, IX, da Constituição da República. A remissão feita pelo magistrado – referindo-se, expressamente, aos fundamentos (de fato e/ou de direito) que deram suporte a anterior decisão (ou, então, a pareceres do Ministério Público, ou, ainda, a informações prestadas por órgão apontado como coator) – constitui meio apto a promover a formal incorporação, ao ato decisório, da motivação a que o juiz se reportou como razão de decidir. Precedentes." (AI 825.520-AgR-ED/SP, Rel. Min. CELSO DE MELLO) Impende assinalar, no ponto, por relevante, que o Supremo Tribunal Federal, examinando a matéria ora em julgamento, consagrou diretriz jurisprudencial que torna acolhível a pretensão recursal em análise (ADI 3.338/DF, Red. p/ o acórdão Min. EROS GRAU - RE 474.922--segundo-AgR/SC, Rel. Min. CÁRMEN LÚCIA, v.g.): "AGRAVO REGIMENTAL NO AGRAVO DE INSTRUMENTO. CONSTITUCIONAL E ADMINISTRATIVO. 1. COMPETÊNCIA CONCORRENTE PARA LEGISLAR SOBRE DIREITO AMBIENTAL. PRECEDENTES. ( ). 3. AGRAVO REGIMENTAL AO QUAL SE NEGA PROVIMENTO." (AI 856.768-AgR/MG, Rel. Min. CÁRMEN LÚCIA – grifei) Cumpre destacar, por oportuno, ante a inquestionável procedência de suas observações, a seguinte passagem do voto do eminente Ministro AYRES BRITTO proferido por ocasião do julgamento plenário da ADI 3.338/DF, em sentido que confere plena legitimidade constitucional ao diploma normativo local ora questionado: "(...) além de a Constituição conferir a competência material aos Estados e Municípios para 'proteger o meio ambiente e combater a poluição em qualquer de suas formas' (art. 23, VI), ela, Constituição Federal, também na matéria, confere a competência de ordem legislativa, expressamente, art. 24, inciso VI." (grifei) Essa mesma compreensão do tema é também perfilhada por autorizado magistério doutrinário (JOSÉ AFONSO DA SILVA, "Direito Ambiental Constitucional", p. 81/82, item n. 14, 9ª ed., 2011, Malheiros; CELSO ANTONIO PACHECO FIORILLO, "Curso de Direito Ambiental Brasileiro", p. 219/220, item n. 4.2, 2012, Saraiva; PAULO AFFONSO LEME MACHADO, "Direito Ambiental Brasileiro", p. 442/444, item n. 3, 2013, Malheiros), como se depreende da expressiva lição de PAULO DE BESSA ANTUNES ("Direito Ambiental", p. 110/111, item n. 2.3, 15ª ed., 2013, Atlas): "O artigo 30 da Constituição Federal atribui aos Municípios competência para legislar sobre: assuntos de interesse local; suplementar a legislação federal e estadual no que couber; promover, no que couber, adequado ordenamento territorial, mediante planejamento e controle do uso, do parcelamento e da ocupação do solo urbano; promover a proteção do patrimônio histórico-cultural local, observadas a legislação e a ação fiscalizadora federal e estadual. Parece claro, na minha análise, que o meio ambiente está incluído no conjunto de atribuições legislativas e administrativas municipais e, em realidade, os Municípios formam um elo fundamental na complexa cadeia de proteção ambiental. A importância dos Municípios é evidente por si mesma, pois as populações e as autoridades locais reúnem amplas condições de bem conhecer os problemas e mazelas ambientais de cada localidade, sendo certo que são as primeiras a localizar e identificar o problema. É através dos Municípios que se pode implementar o princípio ecológico de agir localmente, pensar globalmente. Na verdade, entender que os Municípios não têm competência ambiental específica é fazer uma interpretação puramente literal da Constituição Federal." (grifei) Tenho por inquestionável, por isso mesmo, que assiste ao Município competência constitucional para formular regras e legislar sobre proteção e defesa do meio ambiente, que representa encargo irrenunciável que incide sobre todos e cada um dos entes que integram o Estado Federal brasileiro. Todos sabemos que os preceitos inscritos no art. 225 da Carta Política traduzem, na concreção de seu alcance, a consagração constitucional, em nosso sistema de direito positivo, de uma das mais expressivas prerrogativas asseguradas às formações sociais contemporâneas. Essa prerrogativa, que se qualifica por seu caráter de metaindividualidade, consiste no reconhecimento de que todos têm direito ao meio ambiente ecologicamente equilibrado. Trata-se – consoante já o proclamou o Supremo Tribunal Federal (RTJ 158/205-206, Rel. Min. CELSO DE MELLO) com apoio em douta lição expendida por CELSO LAFER ("A reconstrução dos Direitos Humanos", p. 131/132, 1988, Companhia das Letras) – de um típico direito de terceira geração (ou de novíssima dimensão), que assiste, de modo subjetivamente indeterminado, a todo o gênero humano. Tal circunstância, por isso mesmo, justifica a especial obrigação – que incumbe ao Estado e à própria coletividade (PAULO AFFONSO LEME MACHADO, "Direito Ambiental Brasileiro", p. 121/123, item n. 3.1, 13ª ed., 2005, Malheiros) – de defender e de preservar essa magna prerrogativa em benefício das presentes e das futuras gerações, evitando-se, desse modo, que irrompam, no seio da comunhão social, os graves conflitos intergeneracionais marcados pelo desrespeito ao dever de solidariedade na proteção da integridade desse bem essencial de uso comum de todos quantos compõem o grupo social. Vale referir, neste ponto, até mesmo em face da justa preocupação revelada pelos povos e pela comunidade internacional em tema de direitos humanos, que estes, em seu processo de afirmação e consolidação, comportam diversos níveis de compreensão e abordagem, que permitem distingui-los em ordens, dimensões ou fases sucessivas resultantes de sua evolução histórica (RTJ 164/158-161, v.g.). Nesse sentido, é de assinalar que os direitos de terceira geração (ou de novíssima dimensão), que materializam poderes de titularidade coletiva atribuídos, genericamente, e de modo difuso, a todos os integrantes dos agrupamentos sociais, consagram o princípio da solidariedade e constituem, por isso mesmo, ao lado dos denominados direitos de quarta geração (como o direito ao desenvolvimento e o direito à paz), um momento importante no processo de expansão e de reconhecimento dos direitos humanos, qualificados estes, enquanto valores fundamentais indisponíveis, como prerrogativas impregnadas de uma natureza essencialmente inexaurível, consoante proclama autorizado magistério doutrinário (CELSO LAFER, "Desafios: ética e política", p. 239, 1995, Siciliano). Cumpre rememorar, bem por isso, na linha do que vem de ser afirmado, a precisa lição ministrada por PAULO BONAVIDES ("Curso de Direito Constitucional", p. 481, item n. 5, 4ª ed., 1993, Malheiros), que confere particular ênfase, entre os direitos de terceira geração (ou de novíssima dimensão), ao direito a um meio ambiente ecologicamente equilibrado: "Com efeito, um novo pólo jurídico de alforria do homem se acrescenta historicamente aos da liberdade e da igualdade. Dotados de altíssimo teor de humanismo e universalidade, os direitos da terceira geração tendem a cristalizar-se neste fim de século enquanto direitos que não se destinam especificamente à proteção dos interesses de um indivíduo, de um grupo ou de um determinado Estado. Têm primeiro por destinatário o gênero humano mesmo, num momento expressivo de sua afirmação como valor supremo em termos de existencialidade concreta. Os publicistas e juristas já os enumeram com familiaridade, assinalando-lhes o caráter fascinante de coroamento de uma evolução de trezentos anos na esteira da concretização dos direitos fundamentais. Emergiram eles da reflexão sobre temas referentes ao desenvolvimento, à paz, ao meio ambiente, à comunicação e ao patrimônio comum da humanidade." (grifei) A preocupação com a preservação do meio ambiente – que hoje transcende o plano das presentes gerações, para também atuar em favor das gerações futuras (PAULO AFFONSO LEME MACHADO, "Direito Ambiental Brasileiro", p. 123/124, item n. 3.2, 13ª ed., 2005, Malheiros) – tem constituído, por isso mesmo, objeto de regulações normativas e de proclamações jurídicas que, ultrapassando a província meramente doméstica do direito nacional de cada Estado soberano, projetam-se no plano das declarações internacionais, que refletem, em sua expressão concreta, o compromisso das Nações com o indeclinável respeito a esse direito fundamental que assiste a toda a Humanidade. A questão do meio ambiente, hoje, especialmente em função da Declaração de Estocolmo sobre o Meio Ambiente (1972) e das conclusões da Conferência das Nações Unidas sobre Meio Ambiente e Desenvolvimento (Rio/92), passou a compor um dos tópicos mais expressivos da nova agenda internacional (GERALDO EULÁLIO DO NASCIMENTO E SILVA, "Direito Ambiental Internacional", 2ª ed., 2002, Thex Editora), particularmente no ponto em que se reconheceu ao gênero humano o direito fundamental à liberdade, à igualdade e ao gozo de condições de vida adequada, em ambiente que lhe permita desenvolver todas as suas potencialidades em clima de dignidade e de bem-estar. Extremamente valioso, sob o aspecto ora referido, o douto magistério expendido por JOSÉ AFONSO DA SILVA ("Direito Ambiental Constitucional", p. 69/70, item n. 7, 4ª ed./2ª tir., 2003, Malheiros): "A 'Declaração de Estocolmo' abriu caminho para que as Constituições supervenientes reconhecessem o meio ambiente ecologicamente equilibrado como um 'direito fundamental' entre os direitos sociais do Homem, com sua característica de 'direitos a serem realizados' e 'direitos a não serem perturbados. ... . O que é importante ( ) é que se tenha a consciência de que o direito à vida, como matriz de todos os demais direitos fundamentais do Homem, é que há de orientar todas as formas de atuação no campo da tutela do meio ambiente. Cumpre compreender que ele é um fator preponderante, que há de estar acima de quaisquer outras considerações como as de desenvolvimento, como as de respeito ao direito de propriedade, como as da iniciativa privada. Também estes são garantidos no texto constitucional, mas, a toda evidência, não podem primar sobre o direito fundamental à vida, que está em jogo quando se discute a tutela da qualidade do meio ambiente. É que a tutela da qualidade do meio ambiente é instrumental no sentido de que, através dela, o que se protege é um valor maior: 'a qualidade da vida'." (grifei) Dentro desse contexto, emerge, com nitidez, a ideia de que o meio ambiente constitui patrimônio público a ser necessariamente assegurado e protegido pelos organismos sociais e pelas instituições estatais (pelos Municípios, inclusive), qualificando-se como encargo irrenunciável que se impõe – sempre em benefício das presentes e das futuras gerações – tanto ao Poder Público quanto à coletividade em si mesma considerada (MARIA SYLVIA ZANELLA DI PIETRO, "Polícia do Meio Ambiente", "in" Revista Forense 317/179, 181; LUÍS ROBERTO BARROSO, "A proteção do meio ambiente na Constituição brasileira", "in" Revista Forense 317/161, 167-168, v.g.). Na realidade, o direito à integridade do meio ambiente constitui prerrogativa jurídica de titularidade coletiva, refletindo, dentro do processo de afirmação dos direitos humanos, a expressão significativa de um poder deferido não ao indivíduo identificado em sua singularidade, mas, em um sentido verdadeiramente mais abrangente, atribuído à própria coletividade social. O reconhecimento desse direito de titularidade coletiva, tal como se qualifica o direito ao meio ambiente ecologicamente equilibrado, constitui, portanto, uma realidade a que não mais se mostram alheios ou insensíveis, como precedentemente enfatizado, os ordenamentos positivos consagrados pelos sistemas jurídicos nacionais e as formulações normativas proclamadas no plano internacional, como enfatizado por autores eminentes (JOSÉ FRANCISCO REZEK, "Direito Internacional Público", p. 223/224, item n. 132, 1989, Saraiva; JOSÉ AFONSO DA SILVA, "Direito Ambiental Constitucional", p. 46/57 e 58/70, 4ª ed./2ª tir., 2003, Malheiros). São todos esses motivos que têm levado o Supremo Tribunal Federal a consagrar, em seu magistério jurisprudencial, o reconhecimento do direito de todos à integridade do meio ambiente e a competência de todos os entes políticos que compõem a estrutura institucional da Federação em nosso País, com particular destaque para os Municípios, em face do que prescreve, quanto a eles, a própria Constituição da República (art. 30, incisos I, II e VII, c/c o art. 23, incisos II e VI): "A PRESERVAÇÃO DA INTEGRIDADE DO MEIO AMBIENTE: EXPRESSÃO CONSTITUCIONAL DE UM DIREITO FUNDAMENTAL QUE ASSISTE À GENERALIDADE DAS PESSOAS. – Todos têm direito ao meio ambiente ecologicamente equilibrado. Trata-se de um típico direito de terceira geração (ou de novíssima dimensão), que assiste a todo o gênero humano (RTJ 158/205-206). Incumbe ao Estado e à própria coletividade a especial obrigação de defender e preservar, em benefício das presentes e das futuras gerações, esse direito de titularidade coletiva e de caráter transindividual (RTJ 164/158-161). O adimplemento desse encargo, que é irrenunciável, representa a garantia de que não se instaurarão, no seio da coletividade, os graves conflitos intergeneracionais marcados pelo desrespeito ao dever de solidariedade, que a todos se impõe, na proteção desse bem essencial de uso comum das pessoas em geral. Doutrina. A ATIVIDADE ECONÔMICA NÃO PODE SER EXERCIDA EM DESARMONIA COM OS PRINCÍPIOS DESTINADOS A TORNAR EFETIVA A PROTEÇÃO AO MEIO AMBIENTE. – A incolumidade do meio ambiente não pode ser comprometida por interesses empresariais nem ficar dependente de motivações de índole meramente econômica, ainda mais se se tiver presente que a atividade econômica, considerada a disciplina constitucional que a rege, está subordinada, entre outros princípios gerais, àquele que privilegia a 'defesa do meio ambiente' (CF, art. 170, VI), que traduz conceito amplo e abrangente das noções de meio ambiente natural, de meio ambiente cultural, de meio ambiente artificial (espaço urbano) e de meio ambiente laboral. Doutrina. Os instrumentos jurídicos de caráter legal e de natureza constitucional objetivam viabilizar a tutela efetiva do meio ambiente, para que não se alterem as propriedades e os atributos que lhe são inerentes, o que provocaria inaceitável comprometimento da saúde, segurança, cultura, trabalho e bem-estar da população, além de causar graves danos ecológicos ao patrimônio ambiental, considerado este em seu aspecto físico ou natural. A QUESTÃO DO DESENVOLVIMENTO NACIONAL (CF, ART. 3º, II) E A NECESSIDADE DE PRESERVAÇÃO DA INTEGRIDADE DO MEIO AMBIENTE (CF, ART. 225): O PRINCÍPIO DO DESENVOLVIMENTO SUSTENTÁVEL COMO

FATOR DE OBTENÇÃO DO JUSTO EQUILÍBRIO ENTRE AS EXIGÊNCIAS DA ECONOMIA E AS DA ECOLOGIA. – O princípio do desenvolvimento sustentável, além de impregnado de caráter eminentemente constitucional, encontra suporte legitimador em compromissos internacionais assumidos pelo Estado brasileiro e representa fator de obtenção do justo equilíbrio entre as exigências da economia e as da ecologia, subordinada, no entanto, a invocação desse postulado, quando ocorrente situação de conflito entre valores constitucionais relevantes, a uma condição inafastável, cuja observância não comprometa nem esvazie o conteúdo essencial de um dos mais significativos direitos fundamentais: o direito à preservação do meio ambiente, que traduz bem de uso comum da generalidade das pessoas, a ser resguardado em favor das presentes e futuras gerações. .... – É lícito ao Poder Público – qualquer que seja a dimensão institucional em que se posicione na estrutura federativa (União, Estados-membros, Distrito Federal e Municípios) – autorizar, licenciar ou permitir a execução de obras e/ou a realização de serviços no âmbito dos espaços territoriais especialmente protegidos, desde que, além de observadas as restrições, limitações e exigências abstratamente estabelecidas em lei, não resulte comprometida a integridade dos atributos que justificaram, quanto a tais territórios, a instituição de regime jurídico de proteção especial (CF, art. 225, § 1º, III)." (ADI 3.540-MC/DF, Rel. Min. CELSO DE MELLO, Pleno)
Resulta claro, desse modo, em face do que venho de expor, que o acórdão ora impugnado diverge da diretriz jurisprudencial que esta Suprema Corte firmou na análise da matéria em referência, especialmente se se considerar que o Município, também ele, dispõe de competência para legislar e editar normas de proteção ao meio ambiente e de defesa da saúde dos cidadãos. Acentuo, de outro lado, que não vislumbro qualquer eiva de inconstitucionalidade nos parágrafos únicos dos arts. 1º e 8º do diploma legislativo municipal em causa, que se limitaram a explicitar o dever-poder do Executivo de regulamentar as leis, como condição, até mesmo, de sua própria aplicabilidade, eis que – como ninguém o desconhece – há situações em que as leis "não são exequíveis antes da expedição do decreto regulamentar, porque esse ato é 'conditio juris' da atuação normativa da lei", operando o regulamento, nessa específica hipótese, "como condição suspensiva da execução da norma legal, deixando seus efeitos pendentes até a expedição do ato do Executivo" (HELY LOPES

MEIRELLES, "Direito Administrativo Brasileiro", p. 137/138, item n. 6, atualizado por DÉLCIO BALESTERO ALEIXO e JOSÉ EMMANUEL BURLE FILHO, 39ª ed., 2013, Malheiros). Não se desconhece que a atividade regulamentar primária tem assento na própria Constituição, que confere ao Poder Executivo, em cláusula extensível a todas as unidades da Federação (DIOGENES GASPARINI, "Direito Administrativo", p. 92/93, II, item n. 1, 1989, Saraiva; RAQUEL MELO URBANO DE CARVALHO, "Curso de Direito Administrativo", p. 296, item n. 4.3, 2008, JusPODIVM; CELSO ANTÔNIO BANDEIRA DE MELLO, "Curso de Direito Administrativo", p. 355, VII, item n. 16, 29ª ed., 2012, Malheiros, v.g.), competência para "expedir decretos e regulamentos para sua fiel execução" (CF, art. 84, IV). Desse modo, a mera referência, em texto normativo, ao dever de regulamentar a lei editada, mesmo quando desnecessária tal providência, não transgride o postulado constitucional da reserva de administração, cujo sentido e alcance já foram definidos pelo Supremo Tribunal Federal (RE 427.574- -ED/MG, Rel. Min. CELSO DE MELLO, v.g.): "RESERVA DE ADMINISTRAÇÃO E SEPARAÇÃO DE PODERES. – O princípio constitucional da reserva de administração impede a ingerência normativa do Poder Legislativo em matérias sujeitas à exclusiva competência administrativa do Poder Executivo. É que, em tais matérias, o Legislativo não se qualifica como instância de revisão dos atos administrativos emanados do Poder Executivo. Precedentes. Não cabe, desse modo, ao Poder Legislativo, sob pena de grave desrespeito ao postulado da separação de poderes, desconstituir, por lei, atos de caráter administrativo que tenham sido editados pelo Poder Executivo no estrito desempenho de suas privativas atribuições institucionais. Essa prática legislativa, quando efetivada, subverte a função primária da lei, transgride o princípio da divisão funcional do poder, representa comportamento heterodoxo da instituição parlamentar e importa em atuação 'ultra vires' do Poder Legislativo, que não pode, em sua atuação político-jurídica, exorbitar dos limites que definem o exercício de suas prerrogativas institucionais." (ADI 2.364-MC/AL, Rel. Min. CELSO DE MELLO) Dúvida poderia surgir se a norma legal – mas este não é o caso dos autos – houvesse estabelecido prazo para o Chefe do Poder Executivo editar o decreto consubstanciador do regulamento de execução, pois, em tal situação, há autores que sustentam a inconstitucionalidade de leis que estipulem prazos para efeito de formulação de regulamentos executivos ou de execução, como observa DIOGENES GASPARINI ("Poder Regulamentar", p. 118/120, item n. 12, 2ª ed., 1982, RT), muito embora outros doutrinadores eminentes entendam plenamente legítima a definição, em lei, de prazo razoável para regulamentá-la (ROQUE ANTONIO CARRAZZA, "O Regulamento no Direito Tributário Brasileiro", p. 112, item n. 5.2.1, 1981, RT), vislumbrando alguns, até mesmo, na omissão de referido prazo, inconstitucionalidade do próprio diploma legislativo, como adverte JOSÉ DOS SANTOS CARVALHO FILHO ("Manual de Direito Administrativo", p. 61, item n. 2.2, 25ª ed., 2012, Atlas): "A ausência, na lei, de fixação de prazo para a regulamentação afigura-se-nos inconstitucional, uma vez que não pode o Legislativo deixar ao exclusivo alvedrio do Executivo a prerrogativa de só tornar a lei exequível quando julgar conveniente. ( )." (grifei) É importante destacar, na linha do pensamento doutrinário (EDUARDO ESPÍNOLA e EDUARDO ESPÍNOLA FILHO, "A Lei de Introdução ao Código Civil Brasileiro", vol. 1/49-50, item n. 25, 2ª ed., 1995, Renovar; ORLANDO GOMES, "Introdução ao Direito Civil", p. 48, item n. 24, 3ª ed., 1971, Forense; AMÍLCAR DE ARAÚJO FALCÃO, "Introdução ao Direito Tributário", p. 49/53, 5ª ed., Forense, v.g.), que, muitas vezes, a plena eficácia e a integral aplicabilidade das leis dependem da colaboração do Poder Executivo, que atua, expressamente autorizado por norma constitucional (CF, art. 84, IV), mediante edição dos denominados regulamentos executivos ou de execução, como salienta CAIO MÁRIO DA SILVA PEREIRA ("Instituições de Direito Civil", vol. I/84, item n. 17, 23ª ed., Forense): "Por outro lado, quando uma lei depende de regulamentação, não entra em vigor antes que o Poder Executivo baixe o decreto nesse sentido." (grifei) Essa mesma visão sobre o tema já havia sido exposta por CLOVIS BEVILAQUA ("Código Civil Comentado", vol. I/97, item n. 4, 7ª ed., 1944, Francisco Alves), cujo magistério, a propósito das leis dependentes de regulamentação, enfatiza que a edição do concernente decreto regulamentar atua como verdadeira condição de aplicabilidade e executoriedade de tais diplomas legislativos: "Se, para a execução da lei, for necessário regulamento, somente depois da publicação deste, ela se tornará obrigatória, porque os seus dispositivos dependem desse complemento. Se apenas uma parte da lei depender do regulamento, somente a essa parte se aplica a regra." (grifei) Esta própria Suprema Corte, por sua vez, já se pronunciara em igual sentido, assinalando, no julgamento do RE 9.920/MG, Rel. Min. RIBEIRO DA COSTA, que "(...) A lei, cuja execução depender de regulamento, somente se torna obrigatória, a partir do ato regulamentador" (grifei). Cabe registrar, por oportuno, que esse magistério jurisprudencial vem sendo observado pelos Tribunais em geral, notadamente pelo E. Superior Tribunal de Justiça (REsp 855.175/RS, Rel. Min. JOSÉ DELGADO, v.g.), cujos julgados têm acolhido essa mesma orientação: "4. Distinção entre eficácia e vigência. No caso de leis que necessitam de regulamentação, sua eficácia opera-se após a entrada em vigor do respectivo decreto ou regulamento. O regulamento transforma a estática da lei em condição dinâmica. ( )." (REsp 408.621/RS, Rel. Min. LUIZ FUX - grifei) Por tal motivo, não vejo como manter a pronúncia de inconstitucionalidade emanada, nesse ponto, do E. Tribunal de Justiça local. Cumpre observar, finalmente, tratando-se da hipótese prevista no art. 125, § 2º, da Constituição da República, que o provimento e o não provimento de recursos extraordinários interpostos contra acórdãos proferidos por Tribunais de Justiça em sede de fiscalização normativa abstrata têm sido veiculados em decisões monocráticas emanadas dos Ministros Relatores da causa no Supremo Tribunal Federal, desde que, tal como sucede na espécie, o litígio constitucional já tenha sido definido pela jurisprudência prevalecente no âmbito deste Tribunal (RE 243.975/RS, Rel. Min. ELLEN GRACIE – RE 334.868-AgR/RJ, Rel. Min. AYRES BRITTO – RE 336.267/SP, Rel. Min. AYRES BRITTO – RE 353.350-AgR/ES, Rel. Min. CARLOS VELLOSO – RE 369.425/RS, Rel. Min. MOREIRA ALVES – RE 371.887/SP, Rel. Min. CÁRMEN LÚCIA – RE 396.541/RS, Rel. Min. CARLOS VELLOSO – RE 415.517/SP, Rel. Min. CEZAR PELUSO – RE 421.271-AgR/RJ, Rel. Min. GILMAR MENDES – RE 444.565/RS, Rel. Min. GILMAR MENDES – RE 461.217/SC, Rel. Min. EROS GRAU – RE 501.913/MG, Rel. Min. MENEZES DIREITO – RE 592.477/SP, Rel. Min. RICARDO LEWANDOWSKI – RE 601.206/SP, Rel. Min. EROS GRAU, v.g.). Mostra-se importante relembrar que o Plenário do Supremo Tribunal Federal, em recentíssimo julgamento (RE 376.440-ED/DF, Rel. Min. DIAS TOFFOLI), realizado em 18/09/2014, reafirmou essa orientação jurisprudencial, reconhecendo a possibilidade de o Ministro Relator da causa, tratando-se de ação direta de inconstitucionalidade sujeita à competência originária dos Tribunais de Justiça (CF, art. 125, § 2º), julgar, monocraticamente, o pertinente recurso extraordinário, inclusive para declarar, até mesmo, a própria ilegitimidade constitucional do diploma normativo local, desde que idêntica controvérsia já tenha sido apreciada por esta Corte Suprema em outros processos. Sendo assim, pelas razões expostas, e considerando o parecer da douta Procuradoria-Geral da República, conheço do presente recurso extraordinário, para dar-lhe integral provimento (CPC, art. 557, § 1º-A), em ordem a confirmar a inteira validade constitucional da Lei nº 4.814, de 07/08/2009, editada pelo Município de Mogi-Mirim/SP (RE 673.681).

1.3.4. PROIBIR A PRODUÇÃO E COMERCIALIZAÇÃO DE FOIE GRAS

STF - Supremo Tribunal Federal

Tema	1080	**Situação**	Acórdão de Repercussão Geral publicado	**Órgão julgador**	Plenário Virtual - RG
Questão Controvertida	Competência legislativa de município para proibir a produção e comercialização de foie gras nos estabelecimentos situados no âmbito municipal.				
Tese Firmada	-				
Informações Complementares	Há RG - Mérito Não Julgado. Recurso extraordinário em que se discute, à luz dos artigos 5º, incisos XXV, LIV e LXXIII; 23, incisos II, VI e VII; 24, incisos V e VI; 30, incisos I e II; 93, incisos IX; 125, § 2°; 163; 170, incisos V e VI; e 225, § 1º, incisos V e VI, da Constituição Federal, a constitucionalidade da Lei nº 16.222/2015 do Município de São Paulo no ponto em que proíbe a produção e comercialização de foie gras nos estabelecimentos comerciais localizados na jurisdição municipal.-				
Processo / Recurso	**Repercussão Geral**	**Relator (a)**	**Acórdão Publicado**	**Embargos Declaratórios**	**Trânsito em Julgado**
RE 1030732/SP	06/03/2020	MIN. LUIZ FUX	-/-/-	-	-

1.3.5. PROIBIR A SOLTURA DE FOGOS DE ARTIFÍCIO

STF - Supremo Tribunal Federal

Tema	1056	**Situação**	Acórdão de Repercussão Geral publicado	**Órgão julgador**	Plenário Virtual - RG
Questão Controvertida	Constitucionalidade de lei municipal que proíbe a soltura de fogos de artifício e artefatos pirotécnicos produtores de estampidos.				
Tese Firmada	-				
Informações Complementares	Há RG - Mérito Não Julgado. Recurso extraordinário em que se discute, à luz dos arts. 5º, incisos LIV e LV; 23, inciso IV; 24, inciso VI; e 30, incisos I e II, da Constituição Federal, a constitucionalidade da Lei nº 6.212/2017 do Município de Itapetininga/SP, que dispõe sobre a proibição, em sua zona urbana da municipalidade, da soltura de fogos de artifício e artefatos pirotécnicos que produzam estampido. SCAN ME				
Processo / Recurso	**Repercussão Geral**	**Relator (a)**	**Acórdão Publicado**	**Embargos Declaratórios**	**Trânsito em Julgado**
RE 1210727/SP	21/06/2019	MIN. LUIZ FUX	-/-/-	-	-

1.4. CONCORRENTE

1.4.1. LEGISLAR SOBRE MEIO AMBIENTE

STF - Supremo Tribunal Federal

Informativo 985 (07.08.2020)

Ação direta de inconstitucionalidade. 2. Lei 10.892 do Estado de São Paulo. Implementação da Política de Desenvolvimento do Ecoturismo e do Turismo Sustentável. 3. Ofensa a competência privativa dos municípios para legislar sobre assuntos de interesse local. Inexistência. 4. Competência concorrente para legislar sobre meio ambiente. Legislação estadual que traça diretrizes gerais, sem interferir na autonomia municipal. 5. Ação direta de inconstitucionalidade julgada improcedente (ADI 3.754).

1.4.2. CONTROLE DA POLUIÇÃO

STF - Supremo Tribunal Federal

Informativo 213 (08.12.2000)

PROTEÇÃO AO MEIO AMBIENTE. CONTROLE DA POLUIÇÃO. COMPETÊNCIA CONCORRENTE DO ESTADO PARA LEGISLAR. CONSTITUIÇÃO FEDERAL, ART. 24, INC. VI. A competência legislativa da União para baixar normas gerais sobre a defesa e proteção da saúde, a abranger as relativas ao meio ambiente, não exclui a dos Estados para legislar supletiva e complementarmente sobre a matéria, desde que respeitadas as linhas ditadas pela União. Prevalência da legislação estadual, editada com base na regra de competência ditada pela Carta Federal. O exame da validade das normas locais frente às federais (Lei nº 6.938/81) não pode ser feito no âmbito do recurso extraordinário, por extrapolar o contencioso constitucional. Precedentes das duas Turmas do STF. Recurso extraordinário de que não se conhece (RE-276.924).

STF - Supremo Tribunal Federal

Informativo 59 (14.02.1997)

PROTEÇÃO AO MEIO AMBIENTE. CONTROLE DA POLUIÇÃO. COMPETÊNCIA CONCORRENTE DO ES-TADO PARA LEGISLAR. CONSTITUIÇÃO FEDERAL, ART. 24, INC. VI. A competência legislativa da União para baixar normas gerais sobre a defesa e proteção da saúde, a abranger as relativas ao meio ambiente, não exclui a dos Estados para legislar supletiva e complementarmente sobre a matéria, desde que respeitadas as linhas ditadas pela União. Prevalência da legislação estadual, editada com base na regra de competência ditada pela Carta Federal. O exame da validade das normas locais frente às federais (Lei nº 6.938/81) não pode ser feito no âmbito do recurso extraordinário, por extrapolar o contencioso constitucional. Precedentes das duas Turmas do STF. Recurso extraordinário de que não se conhece (RE-144884-9).

1.4.3. UTILIZAÇÃO DE ANIMAIS PARA TESTES DA INDÚSTRIA COSMÉTICA

STF - Supremo Tribunal Federal

Informativo 975 (30.04.2020)

CONSTITUCIONAL. FEDERALISMO E RESPEITO ÀS REGRAS DE DISTRIBUIÇÃO DE COMPETÊNCIA. LEI ESTADUAL 289/2015 DO ESTADO DO AMAZONAS. PROIBIÇÃO DO USO DE ANIMAIS PARA O DESENVOLVIMENTO, EXPERIMENTOS E TESTES DE PRODUTOS COSMÉTICOS, DE HIGIENE PESSOAL, PERFUMES E SEUS COMPONENTES. COMPETÊNCIA LEGISLATIVA CONCORRENTE DO ESTADO EM MATÉRIA DE PROTEÇÃO AMBIENTAL (ART. 24, VI, CF). NORMA ESTADUAL AMBIENTAL MAIS PROTETIVA, SE COMPARADA COM A LEGISLAÇÃO FEDERAL SOBRE A MATÉRIA. INCONSTITUCIONALIDADE FORMAL. NÃO OCORRÊNCIA. PRECEDENTES. IMPROCEDÊNCIA DA AÇÃO. 1. As regras de distribuição de competências legislativas são alicerces do federalismo e consagram a fórmula de divisão de centros de poder em um Estado de Direito. Princípio da predominância do interesse. 2. A Constituição Federal de 1988, presumindo de forma absoluta para algumas matérias a presença do princípio da predominância do interesse, estabeleceu, a priori, diversas competências para cada um dos entes federativos – União, Estados-Membros, Distrito Federal e Municípios – e, a partir dessas opções, pode ora acentuar maior centralização de poder, principalmente na própria União (CF, art. 22), ora permitir uma maior descentralização nos Estados-Membros e nos Municípios (CF, arts. 24 e 30, inciso I). 3. A Lei 289/2015 do Estado do Amazonas, ao proibir a utilização de animais para desenvolvimento, experimentos e testes de produtos cosméticos, de higiene pessoal, perfumes e seus componentes, não invade a competência da União para legislar sobre normas gerais em relação à proteção da fauna. Competência legislativa concorrente dos

Estados (art. 24, VI, da CF). 4. A sobreposição de opções políticas por graus variáveis de proteção ambiental constitui circunstância própria do estabelecimento de competência concorrente sobre a matéria. Em linha de princípio, admite-se que os Estados editem normas mais protetivas ao meio ambiente, com fundamento em suas peculiaridades regionais e na preponderância de seu interesse, conforme o caso. Precedentes. 5. Ação Direta de Inconstitucionalidade conhecida e julgada improcedente (ADI 5.996).

1.4.4. CONSTRUÇÃO EM ÁREAS DE PROTEÇÃO PERMANENTE

STF - Supremo Tribunal Federal

Informativo 916 (21.09.2018)

COMPETÊNCIA CONCORRENTE E CONSTRUÇÕES EM ÁREAS DE PROTEÇÃO PERMANENTE – O Plenário julgou procedente pedido formulado em ação direta para declarar a inconstitucionalidade do art. 3º, III, l, da Lei 1.939/2008 do Estado do Tocantins, que permite construções destinadas exclusivamente ao lazer em Áreas de Preservação Permanente (APP), com área máxima de 190 metros quadrados. O Tribunal entendeu configurada a inconstitucionalidade formal do dispositivo. O legislador tocantinense, ao conferir às Áreas de Proteção Ambiental (APP's) proteção deficitária em comparação ao regramento nacional (Código Florestal), extrapolou os limites da competência suplementar, decorrente da competência concorrente entre União e Estados (CF, art. 24, caput, VI, § 2º). O colegiado reconheceu, ainda, a inconstitucionalidade material. Não há proporcionalidade e razoabilidade em expor bens jurídicos de máxima importância sem justificativa plausível, especialmente na construção de área de 190 metros quadrados dentro de APP com a mera finalidade de lazer, sem se importar com o tamanho do terreno do condomínio ou com os efeitos nefastos que podem ser gerados. Em áreas de preservações iguais ou menores a 190 metros quadrados, por exemplo, a construção acabará com a preservação. Além disso, embora a norma estabeleça que a construção não deva conter fossas sépticas ou outras fontes poluidoras, o simples fato de haver tubulações implica alteração do meio ambiente, fato que gera verdadeira lesão ambiental às APP's (ADI-4988).

1.4.5. APLICAÇÃO DE MULTA CONJUNTA E BIS IN IDEM

STJ - Superior Tribunal de Justiça

Informativo 667 - 07.04.2020

DANO AO MEIO AMBIENTE. COMPETÊNCIA COMUM. COOPERAÇÃO DOS ENTES FEDERATIVOS. APLICAÇÃO DE MULTA PELO MUNICÍPIO E PELA UNIÃO. BIS IN IDEM. INEXISTÊNCIA. A cobrança por Município de multa relativa a danos ambientais já paga à União anteriormente, pelo mesmo fato, não configura *bis in idem*. (REsp 1.132.682-RJ, Rel. Min. Herman Benjamin, Segunda Turma, por unanimidade, julgado em 13/12/2016, DJe 12/03/2020).

1.4.6. COMPETÊNCIA LEGISLATIVA EM PLURALIDADE DE MATÉRIAS

STF - Supremo Tribunal Federal

Informativos 145 (16.04.1999); 347 (14.05.2004); 430 (09.06.2006); 807 (13.11.2015) e 870 (30.06.2017)

RECURSO EXTRAORDINÁRIO. LEI MUNICIPAL 4.253/85 DO MUNICÍPIO DE BELO HORIZONTE. PREVISÃO DE IMPOSIÇÃO DE MULTA DECORRENTE DA EMISSÃO DE FUMAÇA ACIMA DOS PADRÕES ACEITOS. ALEGAÇÃO DE INCONSTITUCIONALIDADE POR OFENSA À REGRA CONSTITUCIONAL DE REPARTIÇÃO DE COMPETÊNCIAS FEDERATIVAS. INOCORRÊNCIA. NORMA RECEPCIONADA PELO TEXTO VIGENTE. RECURSO EXTRAORDINÁRIO A QUE SE NEGA PROVIMENTO. 1. Nos casos em que a dúvida sobre a competência legislativa recai sobre norma que abrange mais de um tema, deve o intérprete acolher interpretação que não tolha a competência que detêm os entes menores para dispor sobre determinada matéria (presumption against preemption). 2. Porque o federalismo é um instrumento de descentralização política que visa realizar direitos fundamentais, se a lei federal ou estadual claramente indicar, de forma adequada, necessária e razoável, que os efeitos de sua aplicação excluem o poder de complementação que detêm os entes menores (clear statement rule), é possível afastar a presunção de que, no âmbito regional, determinado tema deve ser disciplinado pelo ente menor. 3. Na ausência de norma federal que, de forma nítida (clear statement rule), retire a presunção de que gozam os entes menores para, nos assuntos de interesse comum e concorrente, exercerem plenamente sua autonomia, detêm Estados e Municípios, nos seus respectivos âmbitos de atuação, competência normativa. 4. Recurso extraordinário a que se nega provimento (RE 194704).

1.4.7. CONTAMINAÇÃO ORIUNDA DE EMBALAGEM DE AGROTÓXICOS

STJ - Superior Tribunal de Justiça

Informativo 352 - 18.04.2008

DANO AMBIENTAL. AGROTÓXICOS. LEGITIMIDADE. Cuida-se de aresto que foi exarado em agravo de instrumento tirado de decisão liminar que determinou a reembalagem e deslocamento de agrotóxico para local seguro, após verificado que havia produtos estocados sem o necessário cuidado técnico. A União sustenta que a responsabilidade pelo destino dos agrotóxicos não é sua, mas do estado-membro. Para o Min. Relator, em se cuidando de discussão acerca de medida emergencial que visa controlar a contaminação causada por embalagem de agrotóxicos, o art. 23 da CF/1988 estabelece a competência concorrente da União, estados e municípios. Os diversos decretos regulamentadores da Lei n. 7.802/1989 cuidam das competências para fiscalização da matéria no plano infraconstitucional, não havendo como a União, recorrente, furtar-se a responder pela exigência emergencial para sustar a contaminação aferida pelo magistrado do primeiro grau. A jurisprudência deste Superior Tribunal reconhece que é possível estabelecer multa cominatória em liminar contra ente público, com o objetivo de evitar dano à população (REsp 541.771-RS, Rel. Min. Castro Meira, julgado em 17/4/2008).

1.4.8. CONSTRUÇÃO CIVIL EM FAIXA LITORÂNEA

STJ - Superior Tribunal de Justiça

Informativo 114 - 09.11.2001

COMPETÊNCIA CONCORRENTE. PROTEÇÃO. MEIO AMBIENTE. A construção civil na faixa litorânea do Estado do Paraná não se sujeita apenas à obtenção de autorização junto à Administração municipal. É necessário que sejam observadas as exigências da legislação estadual (RMS 11.362-PR, Rel. Min. Humberto Gomes de Barros, julgado em 6/11/2001).

STJ - Superior Tribunal de Justiça

Informativo 27 - 13.08.1999

PROTEÇÃO. MEIO AMBIENTE. Da decisão que julgou legal o embargo a projeto residencial, fundada na necessidade de controle das construções, do uso do solo urbano em faixa litorânea, a Turma negou provimento ao recurso porque, conforme a legislação, a construção de edifícios na faixa litorânea do Estado do Paraná não se sujeita somente à obtenção de autorização na esfera da administração municipal, porquanto predominando o interesse público, vinculado à preservação e equilíbrio do meio ambiente, e do estímulo ao turismo, a sua defesa, bem assim a avaliação do impacto de qualquer obra, compete não somente ao Município, mas, concomitantemente, ao Estado e à União, aos quais se impõe legislar concorrentemente (RMS 9.155-PR, Rel. Min. Humberto Gomes de Barros, julgado em 10/8/1999).

2. CONTROLE JUDICIAL DAS POLÍTICAS PÚBLICAS AMBIENTAIS

STF - Supremo Tribunal Federal

Informativos 884 (10.11.2017), 891 (23.02.2018) e 892 (02.03.2018)

DIREITO CONSTITUCIONAL. DIREITO AMBIENTAL. ART. 225 DA CONSTITUIÇÃO. DEVER DE PROTEÇÃO AMBIENTAL. NECESSI-

DADE DE COMPATIBILIZAÇÃO COM OUTROS VETORES CONSTITUCIONAIS DE IGUAL HIERARQUIA. ARTIGOS 1º, IV; 3º, II E III; 5º, CAPUT E XXII; 170, CAPUT E INCISOS II, V, VII E VIII, DA CRFB. DESENVOLVIMENTO SUSTENTÁVEL. JUSTIÇA INTERGERACIONAL. ALOCAÇÃO DE RECURSOS PARA ATENDER AS NECESSIDADES DA GERAÇÃO ATUAL. ESCOLHA POLÍTICA. CONTROLE JUDICIAL DE POLÍTICAS PÚBLICAS. IMPOSSIBILIDADE DE VIOLAÇÃO DO PRINCÍPIO DEMOCRÁTICO. EXAME DE RACIONALIDADE ESTREITA. RESPEITO AOS CRITÉRIOS DE ANÁLISE DECISÓRIA EMPREGADOS PELO FORMADOR DE POLÍTICAS PÚBLICAS. INVIABILIDADE DE ALEGAÇÃO DE VEDAÇÃO AO RETROCESSO. NOVO CÓDIGO FLORESTAL. AÇÕES DIRETAS DE INCONSTITUCIONALIDADE E AÇÃO DECLARATÓRIA DE CONSTITUCIONALIDADE JULGADAS PARCIALMENTE PROCEDENTES. 1. O meio ambiente é tutelado constitucionalmente pela regra matriz do artigo 225, *caput*, da Constituição, que dispõe que todos têm direito ao meio ambiente ecologicamente equilibrado, bem de uso comum do povo e essencial à sadia qualidade de vida, impondo-se ao Poder Público e à coletividade o dever de defendê-lo e preservá-lo para as presentes e futuras gerações. 2. O meio ambiente assume função dúplice no microssistema jurídico, na medida em que se consubstancia simultaneamente em direito e em dever dos cidadãos, os quais paralelamente se posicionam, também de forma simultânea, como credores e como devedores da obrigação de proteção respectiva. 3. O homem é parte indissociável do meio ambiente, uma vez que, por intermédio das interações genéticas biologicamente evolutivas que se sucederam nos últimos milhares de anos, o meio ambiente produziu a espécie humana, cuja vida depende dos recursos nele contidos. Nesse ponto, nem os mais significativos avanços tecnológicos permitirão ao homem, em algum momento futuro, dissociar-se do meio ambiente, na medida em que a atividade humana inventiva e transformadora depende da matéria nele contida, sob todas as suas formas, para se concretizar. 4. A capacidade dos indivíduos de desestabilizar o equilíbrio do conjunto de recursos naturais que lhes fornece a própria existência tem gerado legítimas preocupações, que se intensificaram no último século. Afinal, recursos naturais têm sido extintos; danos irreversíveis ou extremamente agressivos à natureza tornaram-se mais frequentes; disfunções climáticas são uma realidade científica; diversas formas de poluição se alastram pelos grandes centros, entre outras evidências empíricas do que se cognomina crise ambiental. Nesse ínterim, o foco no crescimento econômico sem a devida preocupação ecológica consiste em ameaça presente e futura para o progresso sustentável das nações e até mesmo para a sobrevivência da espécie humana. O homem apenas progride como ser biológico e como coletividade quando se percebe como produto e não como proprietário do meio ambiente. 5. A Declaração das Nações Unidas sobre o Meio Ambiente Humano, editada por ocasião da Conferência de Estocolmo, em 1972, consistiu na primeira norma a reconhecer o direito humano ao meio ambiente de qualidade. 6. Por sua vez, a Conferência Eco-92, no Rio de Janeiro, introduziu o princípio do desenvolvimento sustentável, consubstanciado na necessária composição entre o crescimento socioeconômico e o uso adequado e razoável dos recursos naturais. Essa nova perspectiva demandou aos Estados a construção de políticas públicas mais elaboradas, atentas à gestão eficiente das matérias primas, ao diagnóstico e ao controle das externalidades ambientais, bem como ao cálculo de níveis ótimos de poluição. Todos esses instrumentos atendem a perspectiva intergeracional, na medida em que o desenvolvimento sustentável estabelece uma ponte entre os impactos provocados pelas gerações presentes e o modo como os recursos naturais estarão disponíveis para as gerações futuras. 7. A recente Conferência das Nações Unidas sobre Desenvolvimento Natural (Rio+20), em 2012, agregou ao debate a ideia de governança ambiental global. 8. Paralelamente a esses marcos, são incontáveis os documentos internacionais bilaterais e multilaterais que tem disciplinado questões específicas do meio ambiente. Exemplificadamente, cito a Convenção para Prevenção da Poluição Marinha por Fontes Terrestres (1974), a Convenção para Proteção dos Trabalhadores contra Problemas Ambientais (1977), a Convenção sobre Poluição Transfronteiriça (1979), o Protocolo sobre Áreas Protegidas e Fauna e Flora (1985), a Convenção sobre Avaliação de Impacto Ambiental em Contextos Transfronteiriços (1991), a Convenção da Biodiversidade (1992), o Protocolo de Quioto (1997), dentre outros. 9. Essa movimentação política de âmbito global tem despertado os Estados nacionais e a coletividade para a urgência e a importância da causa ambiental. Comparativamente, 150 constituições atualmente em vigor tratam da proteção ao meio ambiente em seus textos. No

Brasil, não obstante constituições anteriores tenham disciplinado aspectos específicos relativos a alguns recursos naturais (água, minérios etc), a Carta de 1988 consistiu em marco que elevou a proteção integral e sistematizada do meio ambiente ao status de valor central da nação. Não à toa, a comunidade internacional a apelidou de Constituição Verde, considerando-a a mais avançada do mundo nesse tema. 10. O caráter transnacional e transfronteiriço das causas e dos efeitos da crise ambiental demanda dos Estados, dos organismos internacionais e das instituições não governamentais, progressivamente, uma atuação mais articulada para transformar a preservação da natureza em instrumento de combate à pobreza e às desigualdades. 11. Por outro lado, as políticas públicas ambientais devem conciliar-se com outros valores democraticamente eleitos pelos legisladores como o mercado de trabalho, o desenvolvimento social, o atendimento às necessidades básicas de consumo dos cidadãos etc. Dessa forma, não é adequado desqualificar determinada regra legal como contrária ao comando constitucional de defesa do meio ambiente (art. 225, caput, CRFB), ou mesmo sob o genérico e subjetivo rótulo de retrocesso ambiental, ignorando as diversas nuances que permeiam o processo decisório do legislador, democraticamente investido da função de apaziguar interesses conflitantes por meio de regras gerais e objetivas. 12. Deveras, não se deve desprezar que a mesma Constituição protetora dos recursos ambientais do país também exorta o Estado brasileiro a garantir a livre iniciativa (artigos 1º, IV, e 170) e o desenvolvimento nacional (art. 3º, II), a erradicar a pobreza e a marginalização, a reduzir as desigualdades sociais e regionais (art. 3º, III; art. 170, VII), a proteger a propriedade (art. 5º, caput e XXII; art. 170, II), a buscar o pleno emprego (art. 170, VIII; art. 6º) e a defender o consumidor (art. 5º, XXXII; art. 170, V) etc . 13. O desenho institucional das políticas públicas ambientais suscita o duelo valorativo entre a tutela ambiental e a tutela do desenvolvimento, tendo como centro de gravidade o bem comum da pessoa humana no cenário de escassez. É dizer, o desenvolvimento econômico e a preservação do meio ambiente não são políticas intrinsecamente antagônicas. 14. A análise de compatibilidade entre natureza e obra humana é ínsita à ideia de desenvolvimento sustentável, expressão popularizada pelo relatório Brundtland, elaborado em 1987 pela Comissão Mundial sobre o Meio Ambiente e Desenvolvimento. A mesma organização eficiente dos recursos disponíveis que conduz ao progresso econômico, por meio da aplicação do capital acumulado no modo mais produtivo possível, é também aquela capaz de garantir o racional manejo das riquezas ambientais em face do crescimento populacional. Por conseguinte, a proteção ao meio ambiente, no contexto de um desenvolvimento sustentável, não equivale a uma visão estática dos bens naturais, que pugna pela proibição de toda e qualquer mudança ou interferência em processos ecológicos ou correlatos. A história humana e natural é feita de mudanças e adaptações, não de condições estáticas ou de equilíbrio. 15. A preservação dos recursos naturais para as gerações futuras não pode significar a ausência completa de impacto do homem na natureza, consideradas as carências materiais da geração atual e também a necessidade de gerar desenvolvimento econômico suficiente para assegurar uma travessia confortável para os nossos descendentes. 16. Meio ambiente e Desenvolvimento Econômico enceram conflito aparente normativo entre diversas nuances, em especial a justiça intergeracional, demandando escolhas trágicas a serem realizadas pelas instâncias democráticas, e não pela convicção de juízes, por mais bem-intencionados que sejam. (REVESZ, Richard L.; STAVINS, Robert N. Environmental Law. In: Handbook of Law and Economics. A. Mitchell Polinsky; Steven Shavell (ed.). V. 1. Boston: Elsevier, 2007. p. 507) 17. A Jurisdição Constitucional encontra óbice nos limites da capacidade institucional dos seus juízes, notadamente no âmbito das políticas públicas, cabendo ao Judiciário a análise racional do escrutínio do legislador, consoante se colhe do julgado da Suprema Corte Americana FCC v. Beach Communications, Inc. 508 U.S. 307 (1993), em que se consignou que a escolha do legislador não está sujeita ao escrutínio empírico dos Tribunais e pode se basear em especulações racionais não embasadas em provas ou dados empíricos (*Legislative choice is not subject to courtroom factfinding and may be based on rational speculation unsupported by evidence or empirical data*). 18. A capacidade institucional, ausente em um cenário de incerteza, impõe auto-contenção do Judiciário, que não pode substituir as escolhas dos demais órgãos dos Estado por suas próprias escolhas (VERMEULE, Adrian. Laws Abnegation. Cambridge: Harvard University Press, 2016. p. 130, 134-135) 19. O Princípio da vedação do retrocesso não se sobrepõe ao princípio democrático no afã de transferir ao Judiciário funções inerentes aos Poderes Legislativo e Executivo, nem justifica afastar arranjos legais mais eficientes para o desenvolvimento sustentável do país como um todo. 20. A propósito, a jurisprudência do Supremo Tribunal Federal demonstra deferência judicial ao planejamento estruturado pelos demais Poderes no que tange às políticas públicas ambientais. No julgamento do Recurso Extraordinário nº 586.224/SP (Rel. ministro Luiz Fux, julgamento em 05/03/2016), apreciou-se o conflito entre lei municipal proibitiva da técnica de queima da palha da cana-de-açúcar e a lei estadual definidora de uma superação progressiva e escalonada da referida técnica. Decidiu a Corte que a lei do ente menor, apesar de conferir aparentemente atendimento mais intenso e imediato ao interesse ecológico de proibir queimadas, deveria ceder ante a norma que estipulou um cronograma para adaptação do cultivo da cana-de-açúcar a métodos sem a utilização do fogo. Dentre os fundamentos utilizados, destacou-se a necessidade de acomodar, na formulação da política pública, outros interesses igualmente legítimos, como os efeitos sobre o mercado de trabalho e a impossibilidade do manejo de máquinas diante da existência de áreas cultiváveis acidentadas. Afastou-se, assim, a tese de que a norma mais favorável ao meio ambiente deve sempre prevalecer (*in dubio pro natura*), reconhecendo-se a possibilidade de o regulador distribuir os recursos escassos com vistas à satisfação de outros interesses legítimos, mesmo que não promova os interesses ambientais no máximo patamar possível. Idêntica lição deve ser transportada para o presente julgamento, a fim de que seja refutada a aplicação automática da tese de vedação ao retrocesso para anular opções validamente eleitas pelo legislador. 21. O Código Florestal ostenta legitimidade institucional e democrática, sendo certo que a audiência pública realizada nas presentes ações apurou que as discussões para a aprovação da Lei questionada se estenderam por mais de dez anos no Congresso Nacional. Destarte, no âmbito do Parlamento, mais de 70 (setenta) audiências públicas foram promovidas com o intuito de qualificar o debate social em torno das principais modificações relativas ao marco regulatório da proteção da flora e da vegetação nativa no Brasil. Consectariamente, além da discricionariedade epistêmica e hermenêutica garantida ao Legislativo pela Constituição, também militam pela autocontenção do Judiciário no caso em tela a transparência e a extensão do processo legislativo desenvolvido, que conferem legitimidade adicional ao produto da atividade do Congresso Nacional. 22. Apreciação pormenorizada das impugnações aos dispositivos do novo Código Florestal (Lei nº 12.651/2012): (a) Art. 3º, inciso VIII, alínea *b*, e inciso IX (Alargamento das hipóteses que configuram interesse social e utilidade pública): As hipóteses de intervenção em áreas de preservação permanente por utilidade pública e interesse social devem ser legítimas e razoáveis para compatibilizar a proteção ambiental com o atendimento a outros valores constitucionais, a saber: prestação de serviços públicos (art. 6º e 175 da CRFB); políticas agrícola (art. 187 da CRFB) e de desenvolvimento urbano (art. 182 da CRFB); proteção de pequenos produtores rurais, famílias de baixa renda e comunidades tradicionais; o incentivo ao esporte (art. 217 da CRFB), à cultura (art. 215 da CRFB) e à pesquisa científica (art. 218 da CRFB); e o saneamento básico (artigos 21, XX, e 23, IX, da CRFB). O regime de proteção das áreas de preservação permanente (APPs) apenas se justifica se as intervenções forem excepcionais, na hipótese de inexistência de alternativa técnica e/ou locacional. No entanto, o art. 3º, inciso IX, alínea *g*, limitou-se a mencionar a necessidade de comprovação de alternativa técnica e/ou locacional em caráter residual, sem exigir essa circunstância como regra geral para todas as hipóteses. Essa omissão acaba por autorizar interpretações equivocadas segundo as quais a intervenção em áreas de preservação permanente é regra, e não exceção. Ademais, não há justificativa razoável para se permitir intervenção em APPs para fins de gestão de resíduos e de realização de competições esportivas estaduais, nacionais ou internacionais, sob pena de subversão da prioridade constitucional concedida ao meio ambiente em relação aos demais bens jurídicos envolvidos nos dispositivos respectivos; Conclusão: (i) interpretação conforme à Constituição aos incisos VIII e IX do artigo 3º da Lei n. 12.651/2012, de modo a se condicionar a intervenção excepcional em APP, por interesse social ou utilidade pública, à inexistência de alternativa técnica e/ou locacional à atividade proposta, e (ii) declaração de inconstitucionalidade das expressões gestão de resíduos e instalações necessárias à realização de competições esportivas estaduais, nacionais ou internacionais, do artigo 3º, VIII, b, da Lei n. 12.651/2012; (b) Art. 3º, XVII, e art. 4º, IV (Exclusão das nascentes e dos olhos dágua intermitentes das áreas de preservação permanente):

Interpretações diversas surgem da análise sistemática dos incisos I e IV do artigo 4º da Lei n. 12.651/2017. Embora o artigo 4º, inciso IV, apenas tenha protegido o entorno de nascentes e olhos dágua perenes, o art. 4º, inciso I, protege, como áreas de preservação permanente, as faixas marginais de qualquer curso dágua natural perene e intermitente, excluídos os efêmeros (grifo nosso). *In casu*, a polissemia abrange duas interpretações: a primeira inclui as nascentes e os olhos dágua intermitentes como APPs; a segunda os exclui. Assim, cabe ao STF selecionar a interpretação que melhor maximize a eficácia das normas constitucionais. Considerando que o art. 225, § 1º, da Constituição Federal, determina que incumbe ao Poder Público preservar e restaurar os processos ecológicos essenciais e promover o manejo ecológico das espécies e ecossistemas, a interpretação mais protetiva deve ser selecionada. O Projeto de Lei n. 350/2015 (Autoria do Dep. Fed. Sarney Filho), em trâmite perante a Câmara Federal, prevê alteração nesse sentido no novo Código Florestal. A proteção das nascentes e olhos dágua é essencial para a existência dos cursos dágua que deles se originam, especialmente quanto aos rios intermitentes, muito presentes em áreas de seca e de estiagem; Conclusão: interpretação conforme ao artigo 4º, inciso IV, da Lei n. 12.651/2017, com vistas a reconhecer que os entornos das nascentes e dos olhos d´água intermitentes configuram área de preservação permanente (APP); (c) Art. 3º, XIX (Alteração do conceito de leito regular): A legislação em vigor tão somente modificou o marco para a medição da área de preservação ambiental ao longo de rios e cursos dágua, passando a ser o leito regular respectivo, e não mais o seu nível mais alto. O legislador possui discricionariedade para modificar a metragem de áreas de preservação ambiental, na medida em que o art. 225, § 1º, III, da Constituição, expressamente permite que a lei altere ou suprima espaços territoriais e seus componentes a serem especialmente protegidos; Conclusão: declaração de constitucionalidade do art. 3º, XIX, do novo Código Florestal; (d) Art. 3º, parágrafo único (Extensão do tratamento dispensado à pequena propriedade ou posse rural familiar aos imóveis com até 4 módulos fiscais): O tamanho da propriedade em módulos fiscais é critério legítimo para a incidência das normas especiais sobre Áreas de Preservação Permanente e de Reserva Legal previstas nos artigos 52 e seguintes do novo Código Florestal, quanto mais quando em concurso com outras formalidades, como a inscrição no cadastro ambiental rural (CAR) e o controle e a fiscalização dos órgãos ambientais competentes. Ademais, o módulo fiscal não consiste em unidade de medida baseada apenas no tamanho da propriedade imobiliária, uma vez que reúne uma série de outros critérios socioeconômicos que, uma vez conjugados, atendem às noções de razoabilidade e de equidade atinentes às especificidades da agricultura familiar. Por outro lado, a exigência de demarcação de terras indígenas e da titulação das áreas de povos e comunidades tradicionais, como pressuposto para a aplicação do aludido regime especial, viola o art. 231 da CF e o art. 68 da ADCT. A demarcação e a titulação de territórios têm caráter meramente declaratório e não constitutivo, pelo que o reconhecimento dos direitos respectivos, inclusive a aplicação de regimes ambientais diferenciados, não pode depender de formalidades que nem a própria Constituição determinou, sob pena de violação da isonomia e da razoabilidade; Conclusão: Declaração de inconstitucionalidade das expressões demarcadas e tituladas, do art. 3º, parágrafo único, da Lei n. 12.651/2012; (e) Art. 4º, inciso III e §§ 1º e 4º (Áreas de preservação permanente no entorno de reservatórios artificiais que não decorram de barramento de cursos dágua naturais e de reservatórios naturais ou artificiais com superfície de até um hectare): As alegações dos requerentes sugerem a falsa ideia de que o novo Código Florestal teria extinto as APPs no entorno dos reservatórios dágua artificiais, decorrentes de barramento ou represamento de cursos dágua naturais. No entanto, esses espaços especialmente protegidos continuam a existir, tendo a lei delegado ao órgão que promover a licença ambiental do empreendimento a tarefa de definir a extensão da APP, consoante as especificidades do caso concreto. Essa opção legal evita os inconvenientes da solução *one size fits all* e permite a adequação da norma protetiva ao caso concreto. Por sua vez, a pretensão de constitucionalização da metragem de Área de Proteção Permanente estabelecida na lei revogada ofende o princípio democrático e a faculdade conferida ao legislador pelo art. 225, § 1º, III, da Constituição, segundo o qual compete à lei alterar, ou até mesmo suprimir, espaços territoriais especialmente protegidos. Pensamento diverso transferiria ao Judiciário o poder de formular políticas públicas no campo ambiental. Conclusão: Declaração de constitucionalidade do art. 4º, III e §§ 1º e 4º, do novo Código Florestal; (f) Art. 4º, § 5º

(Uso agrícola de várzeas em pequenas propriedades ou posses rurais familiares): O dispositivo em referência admite o uso agrícola de várzeas na pequena propriedade ou posse rural familiar, assim entendida aquela explorada mediante o trabalho pessoal do agricultor familiar e empreendedor familiar rural, incluindo os assentamentos e projetos de reforma agrária, e que atenda ao disposto no art. 3º da Lei nº 11.326/2006. Não cabe ao Judiciário criar requisitos extras para a permissão legal já estabelecida, limitando os sujeitos beneficiados a comunidades tradicionais ou até mesmo proibindo a utilização de agrotóxicos. A possibilidade excepcional do uso agrícola de várzeas é compatível com a otimização da produtividade sustentável em consonância com realidade dos pequenos produtores do país, sendo a definição de requisitos gerais e abstratos tarefa a ser exercida, por excelência, pelo Poder Legislativo; Conclusão: Declaração da constitucionalidade do art. 4º, § 5º, do novo Código Florestal; (g) Art. 4º, incisos I, II, e § 6º (Permissão do uso de APPs à margem de rios e no entorno de lagos e lagoas naturais para implantar atividades de aquicultura: O uso de áreas de preservação permanente à margem de rios (art. 4º, I) e no entorno de lagos e lagoas naturais (art. 4º, II) para atividades de aquicultura não encontra óbice constitucional. O legislador estabeleceu rígidos critérios para a admissão da referida atividade, a serem perquiridos em concreto pelo órgão ambiental competente. Havendo autorização legal restrita a pequenas e médias propriedades, proibição a novas supressões de vegetação nativa, necessidade de inscrição no Cadastro Ambiental Rural (CAR), exigência de compatibilidade com os respectivos planos de bacia ou planos de gestão de recursos hídricos, bem como imposição de práticas sustentáveis de manejo de solo e água e de recursos hídricos, é de concluir-se pela plena legitimidade do regime jurídico criado pelo novo Código Florestal, à luz do preceito constitucional que consagra a utilização adequada dos recursos naturais disponíveis e preservação do meio ambiente (art. 186, II, da CRFB); Conclusão: Declaração de constitucionalidade do art. 4º, § 6º, do novo Código Florestal; (h) Artigos 5º, caput e §§ 1º e 2º, e 62 (Redução da largura mínima da APP no entorno de reservatórios dágua artificiais implantados para abastecimento público e geração de energia): O estabelecimento legal de metragem máxima para áreas de proteção permanente no entorno de reservatórios dágua artificiais constitui legítima opção de política pública ante a necessidade de compatibilizar a proteção ambiental com a produtividade das propriedades contíguas, em atenção a imperativos de desenvolvimento nacional e eventualmente da própria prestação do serviço público de abastecimento ou geração de energia (art. 175 da CF). Por sua vez, a definição de dimensões diferenciadas da APP em relação a reservatórios registrados ou contratados no período anterior à MP nº 2166-67/2001 se enquadra na liberdade do legislador para adaptar a necessidade de proteção ambiental às particularidades de cada situação, em atenção ao poder que lhe confere a Constituição para alterar ou suprimir espaços territoriais especialmente protegidos (art. 225, § 1º, III). Trata-se da fixação de uma referência cronológica básica que serve de parâmetro para estabilizar expectativas quanto ao cumprimento das obrigações ambientais exigíveis em consonância com o tempo de implantação do empreendimento; Conclusão: Declaração de constitucionalidade dos artigos 5º, caput e §§ 1º e 2º, e 62, do novo Código Florestal; (i) Artigos 7º, § 3º, e 17, caput e § 3º (Desnecessidade de reparação de danos ambientais anteriores a 22.08.2008 para a obtenção de novas autorizações para suprimir vegetação em APPs e para a continuidade de atividades econômicas em RLs): o legislador tem o dever de promover transições razoáveis e estabilizar situações jurídicas consolidadas pela ação do tempo ao edificar novos marcos legislativos, tendo em vista que a Constituição da República consagra como direito fundamental a segurança jurídica (art. 5º, caput). O novo Código Florestal levou em consideração a salvaguarda da segurança jurídica e do desenvolvimento nacional (art. 3º, II, da CRFB) ao estabelecer uma espécie de marco zero na gestão ambiental do país, sendo, consectariamente, constitucional a fixação da data de 22 de julho de 2008 como marco para a incidência das regras de intervenção em Área de Preservação Permanente ou de Reserva Legal; Conclusão: Declaração de constitucionalidade do art. 7º, § 3º, e do art. 17, caput e § 3º, da Lei n. 12.651/2012 (vencido o Relator); (j) Art. 8º, § 2º (Possibilidade de intervenção em restingas e manguezais para a execução de obras habitacionais e de urbanização em áreas urbanas consolidadas ocupadas por população de baixa renda): Ao possibilitar a intervenção em restingas e manguezais para a execução de obras habitacionais e de urbanização em áreas urbanas consolidadas ocupadas por população de baixa renda, o legislador promoveu louvável compatibilização entre a proteção ambiental e os vetores constitucionais de erradicação da pobreza e da marginalização, e redução das desigualdades sociais (art. 3º, IV, da CRFB); de promoção do direito à moradia (art. 6º da CRFB); de promover a construção de moradias e a melhoria das condições habitacionais e de saneamento básico (art. 23, IX, da CRFB); de combater as causas da pobreza e os fatores de marginalização, promovendo a integração social dos setores desfavorecidos (art. 23, X, da CRFB); e de estabelecer política de desenvolvimento urbano para ordenar o pleno desenvolvimento das funções sociais da cidade e garantir o bem-estar de seus habitantes (art. 182 da CRFB). Ademais, os empreendimentos respectivos devem sempre vir acompanhados de estudos de impacto ambiental e medidas compensatórias, além das medidas de fiscalização administrativa, consoante a determinação constitucional. Ante a previsão legal desses requisitos estritos e plenamente razoáveis, considerados os interesses em jogo, exige-se do Judiciário uma postura de autocontenção, em homenagem à função constitucionalmente garantida ao Legislativo para resolver conflitos de valores na formulação de políticas públicas. Conclusão: Declaração de constitucionalidade do artigo 8º, § 2º, do novo Código Florestal; (k) Art. 11 (Possibilidade de manejo florestal sustentável para o exercício de atividades agrossilvipastoris em áreas de inclinação entre 25 e 45 graus): A admissão do manejo florestal sustentável e do exercício de atividades agrossilvipastoris em áreas de inclinação entre 25° e 45° se insere na margem de discricionariedade do legislador, máxime quando estabelecidos critérios para a autorização dessas práticas, exigindo dos órgãos ambientais a fiscalização da observância de boas práticas agronômicas, bem como vedando a conversão de novas áreas para as atividades mencionadas. Além disso, a legislação anterior já admitia atividades extrativas nessas áreas de inclinação, estabelecendo como restrição apenas a cláusula aberta da utilização racional. Nesse particular, as atividades agrossilvipastoris, em aperfeiçoamento das práticas agrícolas ortodoxas, são destinadas à otimização das vocações produtivas e ambientais na atividade agrícola; Conclusão: Declaração de constitucionalidade do artigo 11 do novo Código Florestal; (l) Art. 12, §§ 4º e 5º (Possibilidade de redução da Reserva Legal para até 50% da área total do imóvel em face da existência, superior a determinada extensão do Município ou Estado, de unidades de conservação da natureza de domínio público e de terras indígenas homologadas): A redução excepcional e facultativa da área de Reserva Legal em face de existência de unidades de conservação da natureza de domínio público e terras indígenas homologadas acomoda o atendimento de diversos interesses igualmente salvaguardados pela Carta Magna, como a proteção do meio ambiente (art. 225), o reconhecimento dos direitos dos índios (art. 231), o desenvolvimento nacional (art. 3º, II), a redução das desigualdades regionais (art. 3º, III) e a preservação dos entes federativos menores (art. 18). O Judiciário não é órgão dotado de expertise ou legitimidade democrática para definir percentuais de espaços territoriais especialmente protegidos, à medida que o próprio art. 225, § 1º, III, da Constituição atribui essa definição ao Executivo e ao Legislativo. A redução da área de Reserva Legal ocorre em graduação deveras razoável: de 80% (oitenta por cento) para até 50% (cinquenta por cento). Quando o poder público estadual optar pela redução, deverá ouvir o Conselho Estadual de Meio Ambiente, órgão estadual responsável pela análise da viabilidade ecológica dessa iniciativa, e possuir Zoneamento Ecológico-Econômico aprovado. Relativamente aos Municípios, as normas impugnadas visam a possibilitar uma alternativa institucional de manutenção da viabilidade e autonomia da municipalidade que tenha sua área sensivelmente afetada por iniciativa dos Estados (mediante a criação de unidades de conservação estadual), ou da União (seja pela instituição de unidades federais de proteção ambiental, seja pela homologação de terras indígenas). Trata-se, a rigor, de uma cláusula legal que protege o ente municipal de indevida intervenção estadual para além das cláusulas taxativas do art. 35 do texto constitucional; Conclusão: Declaração de constitucionalidade do artigo 12, §§ 4º e 5º, do novo Código Florestal; (m) Art. 12, §§ 6º, 7º e 8º (Dispensa de reserva legal para exploração de potencial de energia hidráulica e construção ou ampliação de rodovias e ferrovias): Na hipótese, a dispensa de reserva legal resulta de opção do legislador amparada pelos benefícios gerados quanto à satisfação dos objetivos constitucionais de prestação de serviços de energia elétrica e de aproveitamento energético dos cursos de água (art. 21, XII, b, da CRFB), de exploração dos potenciais de energia hidráulica (art. 176 da CRFB), de atendimento do direito ao transporte (art. 6º da CRFB) e de integração das regiões do país (art. 43, § 1º, I). Ademais, o novo Código Florestal não afastou a exigência de licenciamento ambiental, com estudo prévio de impacto, para instalação de obra ou atividade potencialmente causadora de significativa degradação do meio ambiente (art. 225, § 1º, IV, da Constituição); Conclusão: Declaração da constitucionalidade do artigo 12, §§ 6º, 7º e 8º, do novo Código Florestal; (n) Art. 68 (Dispensa de os proprietários que realizaram supressão de vegetação nativa respeitando os percentuais da legislação revogada se adaptarem às regras mais restritivas do novo Código Florestal): A aplicação da norma sob a regra tempus regit actum para fins de definição do percentual de área de Reserva Legal encarta regra de transição com vistas à preservação da segurança jurídica (art. 5º, caput, da Constituição). O benefício legal para possuidores e proprietários que preservaram a vegetação de seus imóveis em percentuais superiores ao exigido pela legislação anterior, consistente na possibilidade de constituir servidão ambiental, Cota de Reserva Ambiental e outros instrumentos congêneres, traduz formato de política pública inserido na esfera de discricionariedade do legislador; Conclusão: Declaração de constitucionalidade do artigo 68 do Código Florestal; (o) Art. 13, § 1º (Possibilidade de redução da reserva legal para até 50% da área total do imóvel rural): A redução ou aumento da Reserva Legal pelo poder público federal, por indicação do Zoneamento Ecológico-Econômico estadual, para fins de regularização em imóveis com área rural consolidada na Amazônia Legal, valoriza as particularidades das áreas, com o intuito de fixar alternativas de uso e gestão que oportunizam as vantagens competitivas do território, contempladas variadas atividades de preservação e desenvolvimento em níveis nacional, regional e local; Conclusão: Declaração de constitucionalidade do artigo 13, § 1º, do novo Código Florestal; (p) Art. 15 (Possibilidade de se computar as Áreas de Preservação Permanente para cômputo do percentual da Reserva Legal, em hipóteses legais específicas): As Áreas de Preservação Permanente são zonas específicas nas quais se exige a manutenção da vegetação, como restingas, manguezais e margens de cursos dágua. Por sua vez, a Reserva Legal é um percentual de vegetação nativa a ser mantido no imóvel, que pode chegar a 80% (oitenta por cento) deste, conforme localização definida pelo órgão estadual integrante do Sisnama à luz dos critérios previstos no art. 14 do novo Código Florestal, dentre eles a maior importância para a conservação da biodiversidade e a maior fragilidade ambiental. Em regra, consoante o caput do art. 12 do novo Código Florestal, a fixação da Reserva Legal é realizada sem prejuízo das áreas de preservação permanente. Entretanto, a incidência cumulativa de ambos os institutos em uma mesma propriedade pode aniquilar substancialmente a sua utilização produtiva. O cômputo das Áreas de Preservação Permanente no percentual de Reserva Legal resulta de legítimo exercício, pelo legislador, da função que lhe assegura o art. 225, § 1º, III, da Constituição, cabendo-lhe fixar os percentuais de proteção que atendem da melhor forma os valores constitucionais atingidos, inclusive o desenvolvimento nacional (art. 3º, II, da CRFB) e o direito de propriedade (art. 5º, XXII, da CRFB). Da mesma forma, impedir o cômputo das áreas de preservação permanente no cálculo da extensão da Reserva Legal equivale a tolher a prerrogativa da lei de fixar os percentuais de proteção que atendem da melhor forma os valores constitucionais atingidos; Conclusão: Declaração de constitucionalidade do artigo 15 do Código Florestal; (q) Art. 28 (Proibição de conversão de vegetação nativa para uso alternativo do solo no imóvel rural que possuir área abandonada): A ausência de vedação específica à conversão para uso alternativo do solo em áreas subutilizadas ou mal utilizadas não ofende a Constituição, mercê de o legislador ter transferido ao órgão ambiental competente a tarefa de apreciar a forma de utilização do imóvel ao decidir sobre o requerimento de autorização para a referida conversão; Conclusão: Declaração de constitucionalidade do artigo 28 do novo Código Florestal; (r) Arts. 44; 48, § 2º; e 66, §§ 5º e 6º (Cota de Reserva Ambiental CRA): A Cota de Reserva Ambiental (CRA) consiste em mecanismo de incentivos em busca da proteção ambiental, não se limitando às tradicionais e recorrentemente pouco efetivas regras de imposições e proibições (command-and-control), por meio da criação de ativos correspondentes à preservação dos recursos ecológicos, de modo que qualquer tipo de degradação da natureza passa também a ser uma agressão ao próprio patrimônio. As soluções de mercado (*market-based*) para questões ambientais são amplamente utilizadas no Direito Comparado e com sucesso, a exemplo do sistema de permissões negociáveis de emissão de carbono (*European Union Permission Trading System ETS*). Um grande caso de sucesso é o comércio internacional de emissões de carbono, estruturado em cumprimento aos limites de emissões fixados pelo

Protocolo de Kyoto. A União Europeia, por exemplo, estabeleceu em 2005 um sistema de permissões negociáveis de emissão de carbono, especificando os limites que cada poluidor deve atender, os quais são reduzidos periodicamente (*European Union Permission Trading System ETS*). Ao final de cada ano, as companhias devem possuir permissões suficientes para atender às toneladas de dióxido de carbono e outros gases de efeito estufa emitidos, sob pena de pesadas multas. Dessa forma, a possibilidade de negociação (*cap--and-trade*) incentiva a redução de emissões como um todo e, ao mesmo tempo, possibilita que os cortes sejam feitos em setores nos quais isso ocorra com o menor custo. Nesse sentido, além de atender aos ditames do art. 225 da Constituição, no que se refere à proteção do meio ambiente, esse instrumento introduzido pelo novo Código Florestal também satisfaz o princípio da eficiência, plasmado no art. 37, caput, da Carta Magna. Por fim, a necessidade de compensação entre áreas pertencentes ao mesmo bioma, bem como a possibilidade de compensação da Reserva Legal mediante arrendamento da área sob regime de servidão ambiental ou Reserva Legal, ou, ainda, por doação de área no interior de unidade de conservação, são preceitos legais compatíveis com a Carta Magna, decorrendo de escolha razoável do legislador em consonância com o art. 5º, caput e XXIV, da Constituição; Conclusão: Declaração de constitucionalidade dos artigos 44, e 66, §§ 5º e 6º, do novo Código Florestal; Interpretação conforme a Constituição ao art. 48, § 2º, para permitir compensação apenas entre áreas com identidade ideológica (vencido o relator); (s) Arts. 59 e 60 (Programas de Regularização Ambiental – PRAs): Os Programas de Regularização Ambiental (PRAs) promovem transição razoável entre sistemas legislativos, revelando técnica de estabilização e de regularização das situações jurídicas já utilizada em outras searas do Direito brasileiro que igualmente envolvem a proteção de bens jurídicos igualmente indisponíveis. Eventual mora dos entes federados na regulamentação dos PRAs deverá ser combatida pelas vias próprias, não fulminando de inconstitucionalidade a previsão do novo Código Florestal. Necessidade de resguardar a interrupção da prescrição punitiva durante a execução do PRA, mediante interpretação conforme dos dispositivos questionados. Conclusão: Interpretação conforme do artigo 59, §§ 4º e 5º, de modo a afastar, no decurso da atuação de compromissos subscritos nos Programas de

Regularização Ambiental, o risco de decadência ou prescrição, seja dos ilícitos ambientais praticados antes de 22.07.2008, seja das sanções dele decorrentes, aplicando-se extensivamente o disposto no § 1º do art. 60 da Lei 12.651/2012 (vencido o relator); Declaração de constitucionalidade do artigo 60 da Lei n. 12.651/2012 (vencido o relator); (t) Art. 66, § 3º (Possibilidade de plantio intercalado de espécies nativas e exóticas para recomposição de área de Reserva Legal): Não existem elementos empíricos que permitam ao Judiciário afirmar, com grau de certeza, que a introdução de espécies exóticas compromete a integridade dos atributos de áreas de Reserva Legal. Tampouco há provas científicas de que utilização de espécies exóticas para o reflorestamento de biomas sempre prejudica as espécies nativas ou causa desequilíbrio no habitat. A autorização legal para a recomposição de áreas de Reserva Legal com plantio intercalado de espécies pode ser justificada em diversas razões de primeira e de segunda ordem: pode ser que o conhecimento da composição original da floresta nativa seja de difícil apuração; a espécie exótica pode apresentar crescimento mais rápido, acelerando a recuperação da floresta; a literatura científica pode conferir mais certeza sobre as características da espécie exótica, como a sua interação com outras espécies ou resposta a pragas, em contraposição ao possível desconhecimento do comportamento da espécie nativa etc . Todos esses elementos devem ser considerados pelo órgão competente do Sisnama ao estabelecer os critérios para a recomposição da Reserva Legal, consoante o cronograma estabelecido pelo art. 66, § 2º, do novo Código Florestal. É defeso ao Judiciário, sob pena de nociva incursão em tarefa regulatória especializada, impor ao Administrador espécies de plantas a serem aplicadas em atividades de reflorestamento. Conclusão: Declaração de constitucionalidade do artigo 66, § 3º, do Código Florestal; (u) Arts. 61-A, 61-B, 61-C, 63 e 67 (Regime das áreas rurais consolidadas até 22.07.2008): O Poder Legislativo dispõe de legitimidade constitucional para a criação legal de regimes de transição entre marcos regulatórios, por imperativos de segurança jurídica (art. 5º, caput, da CRFB) e de política legislativa (artigos 21, XVII, e 48, VIII, da CRFB). Os artigos 61-A, 61-B, 61-C, 63 e 67 da Lei n. 12.651/2012 estabelecem critérios para a recomposição das Áreas de Preservação Permanente, de acordo com o tamanho do imóvel. O tamanho do imóvel é critério legítimo para definição da extensão da recomposição das Áreas de Preservação Permanente, mercê da legitimidade do legislador para estabelecer os elementos norteadores da política pública de proteção ambiental, especialmente à luz da necessidade de assegurar minimamente o conteúdo econômico da propriedade, em obediência aos artigos 5º, XXII, e 170, II, da Carta Magna, por meio da adaptação da área a ser recomposta conforme o tamanho do imóvel rural. Além disso, a própria lei prevê mecanismos para que os órgãos ambientais competentes realizem a adequação dos critérios de recomposição para a realidade de cada nicho ecológico; Conclusão: Declaração de constitucionalidade dos artigos 61-A, 61-B, 61-C, 63 e 67 do Código Florestal; (v) Art. 78-A (Condicionamento legal da inscrição no Cadastro Ambiental Rural CAR para a concessão de crédito agrícola): O condicionamento legal da inscrição no Cadastro Ambiental Rural (CAR) para a concessão de crédito agrícola é um incentivo para que proprietários e possuidores de imóveis rurais forneçam informações ambientais de suas propriedades, a fim de compor base de dados para controle, monitoramento, planejamento ambiental e econômico e combate ao desmatamento. Não há norma constitucional que proíba a concessão de crédito para agricultores sem inscrição em cadastro de cunho ambiental, enquadrando-se a implementação do aludido condicionamento em zona de discricionariedade legislativa; Conclusão: Declaração de constitucionalidade do artigo 78-A do Código Florestal. 23. Ações Diretas de Inconstitucionalidade nº 4901, 4902, 4903 e 4937 e Ação Declaratória de Constitucionalidade nº 42 julgadas parcialmente procedentes (ADC-42; ADI-4901; ADI-4902; ADI-4903 e ADI-4937).

STF - Supremo Tribunal Federal

Informativo 663 (27.04.2012)

AGRAVO REGIMENTAL NO RECURSO EXTRAORDINÁRIO. CONSTITUCIONAL. AÇÃO CIVIL PÚBLICA. DEFESA DO MEIO AMBIENTE. IMPLEMENTAÇÃO DE POLÍTICAS PÚBLICAS. POSSIBILIDADE. VIOLAÇÃO DO PRINCÍPIO DA SEPARAÇÃO DOS PODERES. NÃO OCORRÊNCIA. PRECEDENTES. 1. Esta Corte já firmou a orientação de que é dever do Poder Público e da sociedade a defesa de um meio ambiente ecologicamente equilibrado para a presente e as futuras gerações, sendo esse um direito transindividual garantido pela Constituição Federal, a qual comete ao Ministério Público a sua proteção. 2. O Poder Judiciário, em situações excepcionais, pode determinar que a Administração pública adote medidas assecuratórias de direitos constitucionalmente reconhecidos como essenciais sem que isso configure violação do princípio da separação de poderes. 3. Agravo regimental não provido (AG. REG. NO RE-417.408).

3. CONFLITO DE INTERESSE INDIVIDUAL X COLETIVO

STF - Supremo Tribunal Federal

Informativo 595 (06.08.2010)

MEIO AMBIENTE - RESERVA EXTRATIVISTA - CONFLITO DE INTERESSE - COLETIVO VERSUS INDIVIDUAL. Ante o estabelecido no artigo 225 da Constituição Federal, conflito entre os interesses individual e coletivo resolve-se a favor deste último. **PROPRIEDADE - MITIGAÇÃO.** O direito de propriedade não se revela absoluto. Está relativizado pela Carta da República - artigos 5º, incisos XXII, XXIII e XXIV, e 184. **ATO ADMINISTRATIVO - PRESUNÇÃO.** Os atos administrativos gozam da presunção de merecimento. **RESERVA DE PROTEÇÃO AMBIENTAL - CRIAÇÃO - ALTERAÇÃO - SUPRESSÃO.** A criação de reserva ambiental faz-se mediante ato administrativo, surgindo a lei como exigência formal para a alteração ou a supressão - artigo 225, inciso III, do Diploma Maior. **RESERVA AMBIENTAL - CONSULTA PÚBLICA E ESTUDOS TÉCNICOS.** O disposto no § 2º do artigo 22 da Lei nº 9.985/2000 objetiva identificar a localização, a dimensão e os limites da área da reserva ambiental. **RESERVA EXTRATIVISTA - CONSELHO DELIBERATIVO GESTOR - OPORTUNIDADE.** A implementação do conselho deliberativo gestor de reserva extrativista ocorre após a edição do decreto versando-a. **RESERVA EXTRATIVISTA - REFORMA AGRÁRIA - INCOMPATIBILIDADE.** Não coabitam o mesmo teto, sob o ângulo constitucional, reserva extrativista e reforma agrária. **RESERVA EXTRATIVISTA - DESAPROPRIAÇÃO - ORÇAMENTO.** A criação de reserva extrativista prescinde de previsão orçamentária visando satisfazer indenizações (MS-25.284).

4. DEFESA DO PATRIMÔNIO CULTURAL BRASILEIRO

4.1. SÍTIOS ARQUEOLÓGICOS

STF - Supremo Tribunal Federal

Informativo 272 (14.06.2002)

FEDERAÇÃO: COMPETÊNCIA COMUM: PROTEÇÃO DO PATRIMÔNIO COMUM, INCLUÍDO O DOS SÍTIOS DE VALOR ARQUEOLÓGICO (CF, ARTS. 23, III, E 216, V): ENCARGO QUE NÃO COMPORTA DEMISSÃO UNILATERAL. 1. Lei estadual que confere aos municípios em que se localizam a proteção, a guarda e a responsabilidade pelos sítios arqueológicos e seus acervos, no Estado, o que vale por excluir, a propósito de tais bens do patrimônio cultural brasileiro (CF, art. 216, V), o dever de proteção e guarda e a conseqüente responsabilidade não apenas do Estado, mas também da própria União, incluídas na competência comum dos entes da Federação, a qual, substantivam incumbência de natureza qualificadamente irrenunciável. 2. A inclusão de determinada função administrativa no âmbito da competência comum não impõe que cada tarefa compreendida no seu domínio, por menos expressiva que seja, haja de ser objeto de ações simultâneas das três entidades federativas: donde, a previsão, no parágrafo único do art. 23 CF, de lei complementar que fixe normas de cooperação (v., sobre monumentos arqueológicos e pré-históricos, a L. 3.924/61), cuja edição, porém, é da competência da União e, de qualquer modo, não abrange o poder de demitirem-se a União ou os Estados dos encargos constitucionais de proteção dos bens de valor arqueológico para descarregá-los ilimitadamente sobre os Municípios. 3. Plausibilidade da argüição de inconstitucionalidade da lei estadual questionada: suspensão cautelar deferida. **FEDERAÇÃO: COMPETÊNCIA COMUM: PROTEÇÃO DO PATRIMÔNIO COMUM, INCLUÍDO O DOS SÍTIOS DE VALOR ARQUEOLÓGICO (CF, ARTS. 23, III, E 216, V): ENCARGO QUE NÃO COMPORTA DEMISSÃO UNILATERAL.** 1. L. est. 11.380, de 1999, do Estado do Rio Grande do Sul, confere aos municípios em que se localizam a proteção, a guarda e a responsabilidade pelos sítios arqueológicos e seus acervos, no Estado, o que vale por excluir, a propósito de tais bens do patrimônio cultural brasileiro (CF, art. 216, V), o dever de proteção e guarda e a conseqüente responsabilidade não apenas do Estado, mas também da própria União, incluídas na competência comum dos entes da Federação, que substantiva incumbência de natureza qualificadamente irrenunciável. 2. A inclusão de determinada função administrativa no âmbito da competência comum não impõe que cada tarefa compreendida no seu domínio, por menos expressiva que seja, haja de ser objeto de ações simultâneas das três entidades federativas: donde, a previsão, no parágrafo único do art. 23 CF, de lei complementar que fixe normas de cooperação (v. sobre monumentos arqueológicos e pré-históricos, a L. 3.924/61), cuja edição, porém, é da competência da União e, de qualquer modo, não abrange o poder de demitirem-se a União ou os Estados dos encargos constitucionais de proteção dos bens de valor arqueológico para descarregá-los ilimitadamente sobre os Municípios. 3. Ação direta de inconstitucionalidade julgada procedente (ADI-2544MC e ADI-2544).

4.2. RITUAL RELIGIOSO DE MATRIZ AFRICANA E SACRIFÍCIO DE ANIMAIS

STF - Supremo Tribunal Federal

Informativo 935 (29.03.2019) e 910 (10.08.2018)

DIREITO CONSTITUCIONAL. RECURSO EXTRAORDINÁRIO COM REPERCUSSÃO GERAL. PROTEÇÃO AO MEIO AMBIENTE. LIBERDADE RELIGIOSA. LEI 11.915/2003 DO ESTADO DO RIO GRANDE DO SUL. NORMA QUE DISPÕE SOBRE O SACRIFÍCIO RITUAL EM CULTOS E LITURGIAS DAS RELIGIÕES DE MATRIZ AFRICANA. COMPETÊNCIA CONCORRENTE DOS ESTADOS PARA LEGISLAR SOBRE FLORESTAS, CAÇA, PESCA, FAUNA, CONSERVAÇÃO DA NATUREZA, DEFESA DO SOLO E DOS RECURSOS NATURAIS, PROTEÇÃO DO MEIO AMBIENTE E CONTROLE DA POLUIÇÃO. SACRIFÍCIO DE ANIMAIS DE ACORDO COM PRECEITOS RELIGIOSOS. CONSTITUCIONALIDADE. 1. Norma estadual que institui Código de Proteção aos Animais sem dispor sobre hipóteses de exclusão de crime amoldam-se à competência concorrente dos Estados para legislar sobre florestas, caça, pesca, fauna, conservação da natureza, defesa do solo e dos recursos naturais, proteção do meio ambiente e controle da poluição (art. 24, VI, da CRFB). 2. A prática e os rituais relacionados ao sacrifício animal são patrimônio cultural imaterial e constituem os modos de criar, fazer e viver de diversas comunidades religiosas, particularmente das que vivenciam a liberdade religiosa a partir de práticas não institucionais. 3. A dimensão comunitária da liberdade religiosa é digna de proteção constitucional e não atenta contra o princípio da laicidade. 4. O sentido de laicidade empregado no texto constitucional destina-se a afastar a invocação de motivos religiosos no espaço público como justificativa para a imposição de obrigações. A validade de justificações públicas não é compatível com dogmas religiosos. 5. A proteção específica dos cultos de religiões de matriz africana é compatível com o princípio da igualdade, uma vez que sua estigmatização, fruto de um preconceito estrutural, está a merecer especial atenção do Estado. 6. Tese fixada: "É constitucional a lei de proteção animal que, a fim de resguardar a liberdade religiosa, permite o sacrifício ritual de animais em cultos de religiões de matriz africana". 7. Recurso extraordinário a que se nega provimento (RE 494601).

5. "VAQUEJADA"

STF - Supremo Tribunal Federal

Informativos 794 (14.08.2015); 828 (03.06.2016) e 842 (07.10.2016)

ADI E "VAQUEJADA". O Plenário, em conclusão e por maioria, julgou procedente ação direta para declarar a inconstitucionalidade da Lei 15.299/2013 do Estado do Ceará, que regulamenta a atividade de "vaquejada", em que uma dupla de vaqueiros montados em cavalos distintos busca derrubar um touro dentro de uma área demarcada. Na espécie, o requerente sustentava a ocorrência de exposição dos animais a maus-tratos e crueldade, ao passo que o governador do Estado-membro defendia a constitucionalidade da norma, por versar patrimônio cultural do povo nordestino. Haveria, portanto, conflito de normas constitucionais sobre direitos fundamentais – de um lado, o art. 225, § 1º, VII; de outro, o art. 215. O requerente alegava que o art. 225 da CF consagraria a proteção da fauna e da flora como modo de assegurar o direito ao meio ambiente sadio e equilibrado.

Seria, portanto, direito fundamental de terceira geração, fundado na solidariedade, de caráter coletivo ou difuso, dotado de altíssimo teor de humanismo e universalidade. Tal manutenção do ecossistema beneficiaria as gerações do presente e do futuro, visto que o indivíduo é considerado titular do direito e, ao mesmo tempo, destinatário dos deveres de proteção ("direito dever" fundamental). Sustentava que o STF, ao constatar conflito entre normas de direitos fundamentais, ainda que presente a manifestação cultural, conferiria interpretação mais favorável à proteção ao meio ambiente, sobretudo quando verificada situação de inequívoca crueldade contra animais. Tudo isso demonstra preocupação maior com a manutenção, em prol dos cidadãos de hoje e de amanhã, das condições ecologicamente equilibradas para uma vida mais saudável e segura. O Tribunal asseverou ter o autor juntado laudos técnicos comprobatórios das consequências nocivas à saúde dos bovinos, tais como fraturas nas patas, ruptura dos ligamentos e dos vasos sanguíneos, traumatismos e deslocamento da articulação do rabo e até seu arrancamento, das quais resultariam comprometimento da medula espinhal e dos nervos espinhais, dores físicas e sofrimento mental. Ante os dados empíricos evidenciados pelas pesquisas, é indiscutível o tratamento cruel dispensado às espécies animais envolvidas, em descompasso com o preconizado no art. 225, § 1º, VII, da CF. À parte das questões morais relacionadas ao entretenimento à custa do sofrimento dos animais, a crueldade intrínseca à "vaquejada" não permite a prevalência do valor cultural como resultado desejado pelo sistema de direitos fundamentais da Constituição. Portanto, o sentido da expressão "crueldade" constante da parte final do inciso VII do § 1º do art. 225 da CF alcança a tortura e os maus-tratos infligidos aos bovinos durante a prática impugnada, de modo a tornar intolerável a conduta humana autorizada pela norma estadual atacada (ADI-4983).

6. "BRIGAS DE GALO"

STF - Supremo Tribunal Federal

Informativo 471 (15.06.2007)

ADI E "BRIGAS DE GALO". Por entender caracterizada a ofensa ao art. 225, § 1º, VII, da CF, que veda práticas que submetam os animais a crueldade, o Plenário julgou procedente, com efeito ex tunc, pedido formulado em ação direta ajuizada pelo Procurador-Geral da República para declarar a inconstitucionalidade da Lei 7.380/98, do Estado do Rio Grande do Norte, que autoriza a criação, a exposição e as competições de aves das Raças Combatentes, conhecidas como "brigas de galo". Precedentes citados: ADI 2514/SC (DJU de 9.12.2005); ADI 1856 MC/RJ (DJU de 22.9.2000); RE 153531/SC (DJU de 13.3.98). ADI-3776.

STF - Supremo Tribunal Federal

Informativo 394 (01.07.2005)

ADI E BRIGAS DE GALO. Por ofensa ao art. 225, VII, § 1º, da CF, que veda práticas que submetam os animais a crueldade, o Plenário julgou procedente pedido formulado em ação direta ajuizada pelo Procurador-Geral da República para declarar a inconstitucionalidade da Lei 11.366/2000, do Estado de Santa Catarina, que autoriza e regulamenta a criação, a exposição e a realização de "brigas de galo". Precedentes citados: RE 153531/SC (DJU de 13.3.98) e ADI 1856 MC/RJ (DJU de 22.9.2000). ADI-2514.

STF - Supremo Tribunal Federal

Informativos 121 (04.09.1998) e 203 (22.09.2000)

CONSTITUCIONAL. MEIO-AMBIENTE. ANIMAIS: PROTEÇÃO: CRUELDADE. "BRIGA DE GALOS". I. – A Lei 2.895, de 20.03.98, do Estado do Rio de Janeiro, ao autorizar e disciplinar a realização de competições entre "galos combatentes", autoriza e disciplina a submissão desses animais a tratamento cruel, o que a Constituição Federal não permite: C.F., art. 225, § 1º, VII. II. – Cautelar deferida, suspendendo-se a eficácia da Lei 2.895, de 20.03.98, do Estado do Rio de Janeiro (ADIn-1.856MC).

7. "FARRA DO BOI"

STF - Supremo Tribunal Federal

Informativos 59 (14.02.1997); 74 (06.06.1997) e 102 (13.03.1998)

COSTUME - MANIFESTAÇÃO CULTURAL - ESTÍMULO - RAZOABILIDADE - PRESERVAÇÃO DA FAUNA E DA FLORA - ANIMAIS - CRUELDADE. A obrigação de o Estado garantir a todos o pleno exercício de direitos culturais, incentivando a valorização e a difusão das manifestações, não prescinde da observância da norma do inciso VII do artigo 225 da Constituição Federal, no que veda prática que acabe por submeter os animais à crueldade. Procedimento discrepante da norma constitucional denominado "farra do boi" (RE-153.531).

8. TERRAS QUILOMBOLAS E DE OUTRAS COMUNIDADES AMAZÔNICAS

STF - Supremo Tribunal Federal

Informativo 882 (20.10.2017)

AÇÃO DIRETA DE INCONSTITUCIONALIDADE. DIREITO CONSTITUCIONAL E ADMINISTRATIVO. REGULARIZAÇÃO FUNDIÁRIA DAS TERRAS DE DOMÍNIO DA UNIÃO NA AMAZÔNIA LEGAL. IMPUGNAÇÃO AOS ARTIGOS 4º, § 2º, 13, 15, INCISO I, §§ 2º, 4º E 5º, DA LEI Nº 11.952/2009. PREJUÍZO PARCIAL DA AÇÃO. ALTERAÇÃO SUBSTANCIAL E REVOGAÇÃO DE DISPOSITIVOS PROMOVIDA POR LEI SUPERVENIENTE. ADEQUADA PROTEÇÃO ÀS TERRAS QUILOMBOLAS E DE OUTRAS COMUNIDADES TRADICIONAIS AMAZÔNICAS. INCONSTITUCIONALIDADE DA INTERPRETAÇÃO QUE CONCEDE ESSAS TERRAS A TERCEIROS. INTERPRETAÇÃO CONFORME À CONSTITUIÇÃO. ARTIGOS 216, INCISO II, DO TEXTO CONSTITUCIONAL E 68 DO ADCT. AUSÊNCIA DE VISTORIA PRÉVIA NA REGULARIZAÇÃO DE IMÓVEIS DE ATÉ QUATRO MÓDULOS FISCAIS. PROTEÇÃO DEFICIENTE AO MEIO AMBIENTE SE DESACOMPANHADA DE

MEIOS EFICAZES PARA FISCALIZAÇÃO DOS REQUISITOS DE INGRESSO NO PROGRAMA TERRA LEGAL. INTERPRETAÇÃO CONFORME À CONSTITUIÇÃO. RESPEITO AO ARTIGO 225, CAPUT, DA CONSTITUIÇÃO. 1. Há prejuízo parcial da ação direta de inconstitucionalidade quando lei superveniente promova alteração substancial ou revogue dispositivo impugnado em demanda de controle concentrado, conforme jurisprudência pacífica desta Corte. No caso, a superveniência da Lei nº 13.465, de 11 de julho de 2017, alterou a redação do artigo 15, inciso I e § 2º, bem como revogou expressamente seus §§ 4º e 5º, circunstância que impede o conhecimento da ação, no ponto. 2. O direito ao meio ambiente equilibrado foi assegurado pela Constituição da República, em seu artigo 225, bem como em diversos compromissos internacionais do Estado Brasileiro. A região amazônica, dada a diversidade biológica, cultural, etnográfica e geológica, mereceu tutela especial do constituinte, tornando-se imperiosa a observância do desenvolvimento sustentável na região, conjugando a proteção à natureza e a sobrevivência humana nas áreas objeto de regularização fundiária. 3. Revela-se de importância ímpar a promoção de regularização fundiária nas terras ocupadas de domínio da União na Amazônia Legal, de modo a assegurar a inclusão social das comunidades que ali vivem, por meio da concessão de títulos de propriedade ou concessão de direito real de uso às áreas habitadas, redução da pobreza, acesso aos programas sociais de incentivo à produção sustentável, bem como melhorando as condições de fiscalização ambiental e responsabilização pelas lesões causadas à Floresta Amazônica. 4. O artigo 4º, § 2º da Lei nº 11.952/2009 vai de encontro à proteção adequada das terras dos remanescentes de comunidades quilombolas e das demais comunidades tradicionais amazônicas, ao permitir interpretação que possibilite a regularização dessas áreas em desfavor do modo de apropriação de território por esses grupos, sendo necessária interpretação conforme aos artigos 216, I da Constituição e 68 do ADCT, para assegurar a relação específica entre comunidade, identidade e terra que caracteriza os povos tradicionais. 5. Exige interpretação conforme à Constituição a previsão do artigo 13 da Lei nº 11.952/2009, ao dispensar a vistoria prévia nos imóveis rurais de até quatro módulos fiscais, a fim de que essa medida de desburocratização do procedimento seja somada à utilização de todos os meios eficazes de fiscalização do meio ambiente, como forma de tutela à biodiversidade e inclusão social dos pequenos proprietários que exercem cultura efetiva na área. 6. Ação Direta de Inconstitucionalidade conhecida parcialmente e, na parte conhecida, julgada parcialmente procedente (ADI-4269).

9. TERRAS INDÍGENAS

9.1. ESTATUTO JURÍDICO-CONSTITUCIONAL

STF - Supremo Tribunal Federal

Tema	1031	**Situação**	Acórdão de Repercussão Geral publicado	**Órgão julgador**	Plenário Virtual - RG
Questão Controvertida	Definição do estatuto jurídico-constitucional das relações de posse das áreas de tradicional ocupação indígena à luz das regras dispostas no artigo 231 do texto constitucional.				
Tese Firmada	-				
Informações Complementares	Há RG - Mérito Não Julgado. Recurso extraordinário em que se discute, à luz dos arts. 5º, incisos XXXV, LIV e LV; e 231 da Constituição Federal, o cabimento da reintegração de posse requerida pela Fundação do Meio Ambiente do Estado de Santa Catarina (FATMA) de área administrativamente declarada como de tradicional ocupação indígena, localizada em parte da Reserva Biológica do Sassafrás, em Santa Catarina. SCAN ME				

Processo / Recurso	**Repercussão Geral**	**Relator (a)**	**Acórdão Publicado**	**Embargos Declaratórios**	**Trânsito em Julgado**
RE 1017365/SC	22/02/2019	MIN. EDSON FACHIN	-/-/-	-	-

9.2. EMPREENDIMENTO DE MINERAÇÃO

STF - Supremo Tribunal Federal

Informativos 830 (17.06.2016) e 867 (02.06.2017)

PARALISAÇÃO DE ATIVIDADE ECONÔMICA E MEIO AMBIENTE. O Plenário, por maioria, deu provimento a dois agravos regimentais para indeferir o pedido de suspensão de liminar em que se discutia a paralisação de empreendimento de mineração em Município paraense no qual existentes comunidades indígenas, tendo em conta a proteção constitucional do meio ambiente, do índio e das atividades econômicas. Na mesma assentada, também por maioria, julgou prejudicados embargos de declaração. Em síntese, a Corte determinou o restabelecimento da decisão proferida em antecipação de tutela recursal pelo Desembargador do Tribunal Regional Federal da 1ª Região. Naquela decisão foi determinada a suspensão das atividades de mineração, o depósito mensal de R$ 1.000.000,00 a cada uma das sete aldeias indígenas afetadas e a multa diária para a hipótese de descumprimento do julgado no valor de R$ 10.000,00. No caso, o Colegiado afirmou haver um conflito entre dois valores. De um lado, o meio ambiente, presente na comunidade indígena e merecedora de proteção, nos termos da Constituição Federal de 1988; de outro, um aspecto patrimonial, que diz respeito não só à prestação de serviço, como também à arrecadação do Estado e do próprio Município. Salientou a presença de indícios de descumprimento pela mineradora de medidas preventivas, mitigadoras e compensatórias previstas na licença ambiental. Em juízo mínimo de delibação, constatou haver evidências de danos graves causados às comunidades indígenas pela atividade de mineração. Considerou que, ainda que esses indícios não sejam posteriormente confirmados no curso da ação civil pública, são suficientes para, com fundamento no princípio da precaução, justificar a suspensão da atividade minerária. Ademais, ressaltou que o pedido de suspensão de liminar é medida excepcional que pressupõe a existência de dano inafastável. Tendo em vista a complexidade fática da matéria e o não cabimento da apreciação de matéria de mérito nesse tipo de ação, o Tribunal decidiu devolver a discussão da matéria para as instâncias ordinárias. Vencidos o ministro Ricardo Lewandowski (relator), que recebia os embargos como agravo regimental e a ele negava provimento, e o ministro Gilmar Mendes, que recebia os embargos como agravo regimental e a ele dava provimento. Quanto aos demais recursos, também ficaram vencidos os ministros Ricardo Lewandowski (relator) e Gilmar Mendes, que negavam provimento aos agravos regimentais. Afirmavam que a paralisação das atividades econômicas de mineração na região poderia causar prejuízos econômicos elevados, imediatos e de difícil reparação ao Estado do Pará, inclusive com a possível e indesejável demissão de grande número de trabalhadores (SL-933).

CAPÍTULO 2 – LEGISLAÇÃO AMBIENTAL

1. CONFLITO DE LEIS NO TEMPO

1.1. RECEPÇÃO CONSTITUCIONAL

STF – Supremo Tribunal Federal

Informativo 985 (07.08.2020)

ARGUIÇÃO DE DESCUMPRIMENTO DE PRECEITO FUNDAMENTAL CONTRA A RESOLUÇÃO N. 3/2007 DO CONSELHO NACIONAL DE POLÍTICA ENERGÉTICA – CNPE. DETERMINAÇÃO PARA A CONDUÇÃO E RETOMADA DA CONSTRUÇÃO DA USINA DE ANGRA 3, PELA ELETROBRÁS-ELETRONUCLEAR. AUSÊNCIA DE AFRONTA A PRECEITOS FUNDAMENTAIS CONSIDERADAS AS LEGISLAÇÕES CONSTITUCIONAIS E INFRACONSTITUCIONAIS DE REGÊNCIA. ARGUIÇÃO JULGADA IMPROCEDENTE. 1. Impugnação de atos normativos de efeitos concretos com implicações de direito intertemporal alcançado diplomas normativos anteriores à Constituição de 1988. Cabimento da ação. Conhecimento. 2. A escolha da localidade de início das obras da Central Nuclear Almirante Álvaro Alberto, nela incluída a unidade de Angra 3, deu-se sob a égide da Carta de 1967, com as alterações promovidas pela Emenda Constitucional n. 1, de 1969, nos termos da al. i do inc. XVII do art. 8º.

Monopólio da União sobre minérios nucleares disciplinado por normas infraconstitucionais (Lei n. 4.811, de 27.8.1962). 3. Inexistência, no ordenamento constitucional pretérito, de exigência de lei formal para escolha de localidades que receberiam usinas nucleares. O art. 10 da Lei n. 6.189, de 16.12.1974, atribuía ao Poder Executivo competência para "autorizar a construção e operação" de usinas núcleo-elétricas por concessionárias de serviços de energia elétrica, "mediante Decreto, ouvidos os órgãos competentes do Ministério das Minas e Energia". 4. Recepcionado pela Constituição de 1988 como lei ordinária, teve-se o início das obras de Angra 3 sob a égide do Decreto n. 75.870/1975, não se havendo cogitar de submissão da matéria a novo processo legislativo. 5. A Constituição de 1988 manteve a opção política pela exploração da energia nuclear, de monopólio da União (inc. XXIII do art. 21, inc. XXIV do art. 22 e inc. V do art. 177), restrito o exercício dessa atividade, em território nacional, apenas "para fins pacíficos e mediante aprovação do Congresso Nacional" (al. a do inc. XXIII do art. 21). 6. Histórico da legislação infraconstitucional pós 1988. As deliberações administrativas dos órgãos do Poder Executivo, legalmente habilitados à condução da política energética nuclear, não desbordaram da previsão legal do art. 10 da Lei nº 6.189, de 16.12.1974, nos termos mantidos pela Lei nº. 7.781, de 27.6.1989. Discussão remanescente quanto ao órgão executivo competente para decidir sobre a retomada das obras de Angra 3: exame de legislação infraconstitucional, incabível nas ações de controle abstrato de constitucionalidade. 7. Arguição julgada improcedente (ARGUIÇÃO DE DESCUMPRIMENTO DE PRECEITO FUNDAMENTAL 204).

1.2. LEI FEDERAL POSTERIOR EM COMPETÊNCIA CONCORRENTE COM ESTADO

STF - Supremo Tribunal Federal

Informativo 937 - 19.04.2019

CONSTITUCIONAL. FEDERALISMO E RESPEITO ÀS REGRAS DE DISTRIBUIÇÃO DE COMPETÊNCIA. DIREITO AMBIENTAL. PESCA. LEI ESTADUAL 12.557/2006 DO RIO GRANDE DO SUL.

REGRAMENTO DA PESCA SEMIPROFISSIONAL NO ÂMBITO DO ESTADO-MEMBRO. NECESSIDADE DE OBSERVÂNCIA DA LEI FEDERAL DE NORMAS GERAIS ANTERIORES À LEI ESTADUAL. LEI FEDERAL SUPERVENIENTE. SUSPENSÃO DA LEI ESTADUAL NO QUE LHE FOR CONTRÁRIA. 1. As regras de distribuição de competências legislativas são alicerces do federalismo e consagram a fórmula de divisão de centros de poder em um Estado de Direito. A análise das competências concorrentes (CF, art. 24) deverá priorizar o fortalecimento das autonomias locais e o respeito às suas diversidades, de modo a assegurar o imprescindível equilíbrio federativo, em consonância com a competência legislativa remanescente prevista no § 1º do artigo 25 da Constituição Federal. 2. Compete à União, aos Estados e ao Distrito Federal legislar concorrentemente sobre pesca (CF/88, art. VI). À União cabe legislar sobre normas gerais, de observância cogente aos demais entes da federação (CF/88, art. 24, § 1º). 3. A superveniência de lei federal sobre normas gerais suspende a eficácia da lei estadual, no que lhe for contrária (CF/1988, art. 24, § 4º). Assim, lei estadual que entre em conflito com superveniente lei federal com normas gerais em matéria de legislação concorrente não é, por esse fato, inconstitucional, havendo apenas suspensão da sua eficácia. 4. É indelegável a uma entidade privada a "atividade típica de Estado, que abrange até poder de polícia, de tributar e de punir" (ADI 1.717, Rel. Min. SYDNEY SANCHES, DJ de 28/3/2003). 5. Medida Cautelar confirmada. Ação Direta julgada parcialmente procedente para declarar a inconstitucionalidade do art. 2º, *caput* e parágrafo único, e do art. 3º, caput e parágrafo único, ambos da Lei 12.557/2006 do Estado do Rio Grande do Sul (ADI-3829).

1.3. LEI ESTADUAL POSTERIOR EM COMPETÊNCIA CONCORRENTE COM A UNIÃO

STF - Supremo Tribunal Federal

Informativo 872 (11.08.2017)

AÇÃO DIRETA DE INCONSTITUCIONALIDADE. REPARTIÇÃO DE COMPETÊNCIAS. Lei Estadual 11.078/1999, de Santa Catarina, que estabelece normas sobre controle de resíduos de embarcações, oleodutos e instalações costeiras. Alegação de ofensa aos artigos 22, I, da Constituição Federal. Não ocorrência. Legislação estadual que trata de direito ambiental marítimo, e não de direito marítimo ambiental. Competência legislativa concorrente para legislar sobre proteção do meio ambiente e controle da poluição (art. 22, I, CF), e sobre responsabilidade por dano ao meio ambiente (art. 24, VIII, CF). Superveniência de lei geral sobre o tema. Suspensão da eficácia do diploma legislativo estadual no que contrariar a legislação geral. Ação julgada improcedente (ADI-2030).

1.4. FAIXA DE ÁREA *NON AEDIFICANDI*

STJ - Superior Tribunal de Justiça

Informativo 376 - 14.11.2008

EDCL. LEI AMBIENTAL SUPERVENIENTE. O TJ, ao julgar embargos de declaração em embargos de infringência, admitiu aplicar não o teor do art. 4º, III, da Lei n. 6.766/1979 (área não-edificável de quinze metros entorno de dutos), mas a nova redação do art. 4º, § 3º, da mesma lei, alterada pela Lei n. 10.932/2004 (que, ao final, diminuía a faixa da área non aedificandi a cinco metros entorno do duto), legislação essa modificada no decorrer do processo. Os dutos aqui se referem a canalização de um arroio. Diante desse panorama, é certo afirmar que o direito é regulado pela lei vigente à época de seu exercício. No caso, o pedido administrativo foi elaborado enquanto em vigor a referida Lei de Uso e Ocupação do Solo em sua redação primitiva. Assim, torna-se inviável aplicar a norma superveniente com o fito de validar ato praticado sob a égide da legislação anterior, ato que expressamente contrariava a lei então vigente. No caso, a matéria deve ser tratada nos termos em que proposta desde o início do processo, com fundamento na legislação então vigente e não de acordo com a alteração superveniente. Deveria o interessado, se entendesse conveniente, requerer à Administração a autorização para construir, agora baseada em novo fundamento, sob pena de inversão dos papéis do administrador e do juiz, pois é aquele o competente para a análise administrativa do pedido. Anote-se, outrossim, que somente são cabíveis embargos de declaração com efeitos infringentes quando existir omissão, contradição ou obscuridade no julgado, bem como para sanar possível erro material existente na decisão, pois, como consabido, inviável seu manejo para aplicar novo entendimento jurídico a respeito da demanda, quanto mais em razão de suposto error in judicando. Com esse entendimento, a Turma não conheceu do primeiro REsp do MP (por intempestividade) e deu provimento ao segundo, para aplicar a Lei n. 6.766/1979 com a redação então vigente à época da propositura da ação civil pública, limitando, assim, a edificação na faixa de quinze metros de cada lado do arroio (REsp 980.709-RS, Rel. Min. Humberto Martins, julgado em 11/11/2008).

1.5. DERROGAÇÃO EM CONFLITO DE LEIS PENAIS NO TEMPO

STJ - Superior Tribunal de Justiça

Informativo 229 - 19.11.2004

LEI N. 8.176/1991. DERROGAÇÃO. LEI N. 9.605/1998. O art. 2º da Lei n. 8.176/1991 trata de delito contra o patrimônio público, a produção de bens ou exploração de matéria-prima pertencente à União, sem que haja autorização legal ou em desacordo com o título autorizativo. Já o art. 55 da Lei n. 9.605/1998 cuida de crime contra o meio ambiente. Desse modo, visto que os referidos dispositivos tutelam bens jurídicos distintos, não há que se falar em derrogação, em conflito de leis penais no tempo (REsp 646.869-SP, Rel. Min. José Arnaldo da Fonseca, julgado em 18/11/2004).

2. CÓDIGO FLORESTAL

2.1. *TEMPUS REGIT ACTUM*

STJ - Superior Tribunal de Justiça

Informativo 673 - 03.07.2020

RESERVA LEGAL. NOVO CÓDIGO FLORESTAL. *TEMPUS REGICT ACTUM*. ART. 15. IRRETROATIVIDADE. ÁREA DE PRESERVAÇÃO

PERMANENTE – APP. CÔMPUTO. IMPOSSIBILIDADE. O art. 15 da Lei n. 12.651/2012, que admite o cômputo da área de preservação permanente no cálculo do percentual de instituição da reserva legal do imóvel, não retroage para alcançar situações consolidadas antes de sua vigência. (REsp 1.646.193-SP, Rel. Min. Napoleão Nunes Maia Filho, Rel. Acd. Min. Gurgel de Faria, Primeira Turma, por maioria, julgado em 12/05/2020, DJe 04/06/2020).

2.2. MEDIDA PROVISÓRIA PROIBINDO CONVERSÃO DE ÁREA FLORESTAL EM AGRÍCOLA

STF - Supremo Tribunal Federal

Informativo 157 (13.08.1999)

DIREITO CONSTITUCIONAL E CIVIL. MEIO-AMBIENTE: FLORESTA AMAZÔNICA. CÓDIGO FLORESTAL. ÁREAS FLORESTAIS. ÁREAS AGRÍCOLAS. DIREITO DE PROPRIEDADE. MEDIDA PROVISÓRIA: URGÊNCIA. AÇÃO DIRETA DE INCONSTITUCIONALIDADE DA MEDIDA PROVISÓRIA N 1.511, DE 22.08.1996, E DE SUAS SUCESSIVAS REEDIÇÕES, QUE DERAM NOVA REDAÇÃO AO ART. 44 DA LEI N 4.771/1965 (CÓDIGO FLORESTAL) E DISPUSERAM SOBRE A PROIBIÇÃO DO INCREMENTO DA CONVERSÃO DE ÁREAS FLORESTAIS EM ÁREAS AGRÍCOLAS NA REGIÃO NORTE E NA PARTE NORTE DA REGIÃO CENTRO-OESTE. MEDIDA CAUTELAR. 1. A jurisprudência do S.T.F. tem considerado da competência da Presidência da República e do Congresso Nacional a avaliação subjetiva da urgência da Medida Provisória. 2. É de se excetuar, apenas, a hipótese em que a falta de urgência possa ser constatada objetivamente. E, no caso, não há evidência objetiva da falta de urgência, sendo a relevância da Medida Provisória incontestável. 3. Embora válido o argumento de que M.P. não pode tratar de matéria submetida pela Constituição Federal a Lei Complementar, é de se considerar que, no caso, a Constituição Federal não exige Lei Complementar para alterações no Código Florestal, ao menos as concernentes à Floresta Amazônica. 4. Dispõe, com efeito, o § 4 do art. 225 da C.F.: "a Floresta Amazônica brasileira, a Mata Atlântica, a Serra do Mar, o Pantanal Mato-Grossense e a Zona costeira são patrimônio nacional, e sua utilização far-se-á, na forma da lei, dentro de condições que assegurem a preservação do meio-ambiente, inclusive quanto ao uso dos recursos naturais." 5. A lei, a que se refere o parágrafo, é a ordinária, já que não exige Lei Complementar. E matéria de Lei ordinária pode ser tratada em Medida Provisória, em face do que estabelece o art. 52 da C.F. 6. Embora não desprezíveis as alegações da inicial, concernentes a possível violação do direito de propriedade, sem prévia e justa indenização, é de se objetar, por outro lado, que a Constituição deu tratamento especial à Floresta Amazônica, ao integrá-la no patrimônio nacional, aduzindo que sua utilização se fará, na forma da lei, dentro de condições que assegurem a preservação do meio ambiente, inclusive quanto ao uso dos recursos naturais. 7. Assim, a um primeiro exame, o texto da MP impugnada não parece afrontoso a esse § 4º do art. 225 da C.F., que regula, especificamente, a utilização da terra na Floresta Amazônica. 8. Os fundamentos jurídicos da ação estão, portanto, seriamente abalados ("fumus boni iuris"). 9. Ausente, por outro lado, o requisito do "periculum in mora". É que as informações da Presidência da República evidenciaram a necessidade e a urgência da M.P. Ademais, perigo maior estaria no deferimento da cautelar, pois poderia tornar irreparáveis os danos ao Meio-Ambiente e à Floresta Amazônica, que a M.P. visou a evitar. 10. Medida cautelar indeferida. Plenário: decisão por maioria de votos (ADI-1.516-MC).

2.3. RESTRIÇÃO DA ATIVIDADE ECONÔMICA

STJ - Superior Tribunal de Justiça

Informativo 502 - 24.08.2012

AMBIENTAL. RESTRIÇÃO À ATIVIDADE ECONÔMICA. MADEIREIRA EXPLORADORA DE MOGNO. A edição de norma que suspende o transporte, a comercialização e a exportação de madeira, bem como as autorizações para exploração e desmatamento têm efeito sobre a madeira já derrubada, sob pena de esvaziar o comando normativo do ato protetivo. O Min. Relator asseverou que, caso a Instrução Normativa n. 3/1998 do Ibama – que restringiu a exploração de mogno – não pudesse ter o alcance por ela definido, deveria ser reconhecida sua parcial ilegalidade e inconstitucionalidade, pois o transporte, a comercialização e a exportação pressupõem logicamente que a madeira já esteja derrubada. Pelo contrário, a referida instrução normativa embasou-se no art. 14, b, da Lei n. 4.771/1965 e nos arts. 225, § 1º, V e VII, da CF. Ademais, os atos da Administração tendentes a proteger o ambiente, tal como a restrição à atividade econômica desenvolvida pela madeireira, devem ser plenamente aceitos, dada a previsão do art. 170, VI, da CF (REsp 1.183.279-PA, Rel. Min. Humberto Martins, julgado em 16/8/2012).

2.4. REFLORESTAMENTO E OBRIGAÇÃO *PROPTER REM*

STJ - Superior Tribunal de Justiça

Informativo 471 - 06.05.2011

REFLORESTAMENTO. OBRIGAÇÃO *PROPTER REM*. In casu, o recorrente propôs, na origem, ação ordinária contra o Ibama com o objetivo de anular auto de infração e embargo devido ao cultivo (utilização econômica) de área de preservação permanente em parte do imóvel rural do qual é proprietário. O tribunal a quo entendeu ser legal o procedimento adotado pelo Ibama, mantendo a multa e o embargo na propriedade particular. Contudo, no especial, o recorrente alega, entre outras questões, que sua propriedade foi objeto de desmatamento nas décadas de 40 e 50 do século passado, muito antes da vigência do Código Florestal (Lei n. 4.771/1965). Ressalta o Min. Relator ser inconteste nos autos que o recorrente é o proprietário da região na qual se encontra a área de preservação permanente objeto do litígio. Explica que, conforme prevê o art. 1º, § 2º, II, do Código Florestal, se a área de preservação permanente estiver com a cobertura florestal nativa, o proprietário terá o dever de preservá-la; se não estiver, sua obrigação será restaurar ou, ao menos, recuperar a área degradada. Assim, o fato de a região não estar coberta por vegetação nativa não retira a condição de área de preservação permanente. Dessa forma, embora esteja a área há muito tempo desmatada, o proprietário é que tem a obrigação de recuperá-la, em vez de explorá-la economicamente, como vinha ocorrendo. Essa obrigação de recuperá-la independe do fato de ter sido o proprietário o autor da degradação ambiental, mas decorre de obrigação propter rem, que adere ao título de domínio ou posse. Para o Min. Relator, o reflorestamento é medida tão ou mais importante que a própria preservação da vegetação ainda existente, visto considerar a imensidão de áreas devastadas ao longo do processo de desenvolvimento do país. Assevera não ser por outro motivo que o Código Florestal, em seu art. 18, determina que, nas terras de propriedade privada onde seja necessário o florestamento ou o reflorestamento de área de preservação permanente, o poder público federal poderá fazê-lo sem desapropriá-las, se não o fizer o proprietário. Com isso, o citado artigo não retirou do particular a obrigação de recuperar a área desmatada, mas apenas autorizou ao poder público adiantar-se no processo de recuperação, mas com a transferência dos custos ao proprietário, que é o obrigado principal. Para o Min. Relator, ficou prejudicada a controvérsia no REsp a respeito da ocorrência da prescrição da pretensão indenizatória da área cultivada em razão de não existir direito à reparação dos danos no caso. Diante do exposto, a Turma negou provimento ao recurso (REsp 1.237.071-PR, Rel. Min. Humberto Martins, julgado em 3/5/2011).

STJ - Superior Tribunal de Justiça

Informativo 439 - 18.06.2010

DEMARCAÇÃO. RESERVA LEGAL. AVERBAÇÃO. Na espécie, em ação civil pública (ACP), o tribunal a quo manteve sentença de procedência do pedido, determinando a demarcação e averbação de reserva legal, pois o fato de ter havido desmatamento, mesmo que realizado por antecessores, não afastaria a obrigação de instituir a reserva. No REsp, o recorrente aponta violação, entre outros temas, do art. 14, § 1º, da Lei n. 6.938/1981, alegando que não se poderia impor a obrigação de reparar dano ambiental a particular adquirente de imóvel já com o mencionado dano, porquanto ausente o nexo de causalidade, o que o isentaria da responsabilidade. Conforme explicitou o Min. Relator, em nosso sistema normativo (art. 16 e parágrafos da Lei n. 4.771/1965 - Código Florestal - e art. 99 da Lei n. 8.171/1991), a obrigação de demarcar, averbar e restaurar a área de reserva legal nas propriedades rurais constitui limitação administrativa ao uso da propriedade privada, a qual se destina a tutelar o meio ambiente, que deve ser defendido e preservado. Ademais, por ter como fonte a própria lei e por incidir sobre as propriedades em si, configura dever jurídico (obrigação ex lege) que se transfere automaticamente com a transferência do domínio (obrigação propter rem), podendo, em consequência, ser imediatamente exigível do proprietário atual independentemente de qualquer indagação a respeito da boa-fé do adquirente ou de outro nexo causal que não o que se estabelece pela titularidade do domínio. Ressaltou, ainda, que o percentual legal de reserva florestal tem por base a totalidade da área rural (art. 16 da Lei n. 4.771/1965), e não a parcela da área onde ainda existia vegetação. Nesse contexto, a Turma conheceu parcialmente do recurso e, nessa parte, negou-lhe provimento (REsp 1.179.316-SP, Rel. Min. Teori Albino Zavascki, julgado em 15/6/2010).

2.5. AVERBAÇÃO DE RESERVA FLORESTAL

STJ - Superior Tribunal de Justiça

Informativo 257 - 26.08.2005

AVERBAÇÃO DE RESERVA FLORESTAL. EXIGÊNCIA. CÓDIGO FLORESTAL. A Portaria n. 01/2003 do juiz de Direito da Comarca de Andrelândia, que permitia a transcrição de títulos aquisitivos de imóveis sem a respectiva averbação da reserva legal florestal na matrícula do imóvel (art. 16 do Código Florestal), é nula, pois esvazia o conteúdo do referido Código, desconsiderando o bem jurídico por ele protegido (RMS 18.301-MG, Rel. Min. João Otávio de Noronha, julgado em 24/8/2005).

2.6. QUEIMA DA PALHA DA CANA DE AÇÚCAR

STJ - Superior Tribunal de Justiça

Informativo 449 - 01.10.2010

AUTORIZAÇÃO. QUEIMA. PALHA. CANA-DE-AÇÚCAR. A palha da cana-de-açúcar está inclusa no regime previsto pelo art. 27 da Lei n. 4.771/1965 (Código Florestal), daí sua queima sujeitar-se à autorização dos órgãos ambientais competentes (parágrafo único do mencionado artigo de lei e do disposto no Dec. n. 2.661/1998), sem prejuízo de outras exigências inerentes à tutela ambiental decorrentes da constituição e das leis. Essa prática também proporciona a responsabilização civil por eventuais danos de qualquer natureza causados ao meio ambiente. A proibição de queima prevista no aludido artigo abrange todas as formas de vegetação, inclusive as culturas renováveis, tal qual a cana-de-açúcar decorrente da atividade agrícola. Anote-se não se tratar da palha recolhida no campo e transportada para a queima em forno ou equivalente equipamento, mas sim da queimada promovida no habitat natural, ao longo da lavoura, o que a caracteriza como qualquer outra vegetação. Conforme precedente, as queimadas, principalmente as promovidas pela atividade agrícola, são incompatíveis com os objetivos de proteção do meio ambiente estabelecidos pelo ordenamento jurídico, quanto mais em época de mudanças climáticas, quando qualquer exceção a essa proibição geral deve ser interpretada restritivamente pelo administrador e pelo juiz (EREsp 418.565-SP, Rel. Min. Teori Albino Zavascki, julgados em 29/9/2010).

STJ - Superior Tribunal de Justiça

Informativo 07.09.2009

ACP. QUEIMADAS. CANAVIAIS. In casu, trata-se originariamente de ação civil pública (ACP) ajuizada pelo MP estadual com o fim de proibir queimada da palha de cana-de-açúcar como método preparatório da colheita desse insumo e de condenar os infratores ao pagamento de indenização da ordem de 4.936 litros de álcool por alqueire queimado. A sentença julgou procedentes todos os pedidos e foi mantida pelo Tribunal a quo. Nessa instância especial, alegou-se que houve ofensa ao art. 27 da Lei n. 4.771/1965 (Código Florestal Brasileiro), uma vez que a queimada é permitida em certos casos, e que a extinção da sua prática não deve ser imediata, mas gradativa, na forma estabelecida pela lei. A Turma negou provimento ao agravo regimental, assentando que estudos acadêmicos ilustram que a queima da palha da cana-de-açúcar causa grandes danos ambientais e que, considerando o desenvolvimento sustentado, há instrumentos e tecnologias modernos que podem substituir tal prática sem inviabilizar a atividade econômica. A exceção prevista no parágrafo único do art. 27 do referido diploma legal (peculiaridades locais ou regionais) tem como objetivo a compatibilização de dois valores protegidos na CF/1988: o meio ambiente e a cultura (modos de fazer). Assim, sua interpretação não pode abranger atividades agroindustriais ou agrícolas organizadas, diante da impossibilidade de prevalência do interesse econômico sobre a proteção ambiental, visto que há formas menos lesivas de exploração (AgRg nos EDcl no REsp 1.094.873-SP, Rel. Min. Humberto Martins, julgado em 4/8/2009).

STJ - Superior Tribunal de Justiça

Informativo 321 - 01.06.2007

DIREITO AMBIENTAL. QUEIMADA. CANA-DE-AÇÚCAR. O legislador sempre buscou conciliar os interesses do segmento produtivo com os da população, que tem o direito ao equilíbrio do meio ambiente, mormente ao emprego do desenvolvimento sustentado. O art. 27 da Lei n. 4.771/1985 (Código Florestal), regulamentada pelo posterior Dec. n. 2.661/1998, proíbe o uso de fogo nas florestas e nas demais formas de vegetação, conceito que abrange todas as espécies, tanto culturas permanentes quanto renováveis. Aquela legislação ressalva, apenas, a possibilidade de obtenção de permissão do Poder Público para a prática de queimadas como integrante da atividade agropastoril e florestal, isso se as peculiaridades regionais assim o indicarem. Dessarte, visto que realizadas as queimadas da palha de cana-de-açúcar sem a respectiva licença ambiental, fato de ocorrência freqüente no país, e na certeza de que essas queimadas poluem a atmosfera, está evidenciada a ilicitude do ato a ponto de se impor condenação à abstenção dessa prática (REsp 578.878-SP, Rel. Min. João Otávio de Noronha, julgado em 22/5/2007).

STJ - Superior Tribunal de Justiça

Informativo 19 - 21.05.1999

DANO AO MEIO-AMBIENTE. QUEIMADAS. DECRETO ESTADUAL. Provida a irresignação do Ministério Público ante o reconhecimento da legalidade do conteúdo do decreto regulamentar estadual (Dec.

n.º 28.848/88, alterado pelo Dec. n.º 28.895/88), referente ao art. 27 do Código Florestal, proibindo a queima de áreas verdes para plantio de cana-de-açúcar, na faixa de um quilômetro do perímetro urbano das cidades (REsp 182.567-SP, Rel. Min. Humberto Gomes de Barros, julgado em 20/5/1999).

TÍTULO II

ASPECTOS JURÍDICOS DA POLUIÇÃO

1. DOMICILIARES

STF - Supremo Tribunal Federal

<table>
<tr><td>Tema</td><td>903</td><td>Situação</td><td>Acórdão de Repercussão Geral publicado</td><td>Órgão julgador</td><td>Plenário Virtual - RG</td></tr>
<tr><td colspan="2">Questão Controvertida</td><td colspan="4">a) Possibilidade de delegação, mediante contrato de concessão, do serviço de coleta e remoção de resíduos domiciliares; b) Natureza jurídica da remuneração do serviço de coleta e remoção de resíduos domiciliares prestado por concessionária, no que diz respeito à essencialidade e à compulsoriedade.</td></tr>
<tr><td colspan="2">Tese Firmada</td><td colspan="4">-</td></tr>
<tr><td colspan="2">Informações Complementares</td><td colspan="4">Há RG - Mérito Não Julgado.
Recurso extraordinário em que se discute, à luz dos arts. 1º, III; 5º, XXII; 97; 145, II; 150, I; 170, V; e 175, parágrafo único, II, da Constituição Federal, a possibilidade de delegação, mediante contrato de concessão, do serviço de coleta e remoção de lixo domiciliar, bem como a forma de remuneração de tais serviços, no que diz respeito à essencialidade e à compulsoriedade.
SCAN ME</td></tr>
</table>

Processo / Recurso	**Repercussão Geral**	**Relator (a)**	**Acórdão Publicado**	**Embargos Declaratórios**	**Trânsito em Julgado**
RE 847429/SC	17/06/2016	MIN. CÁRMEN LÚCIA	-/-/-	-	-

2. DESCARTE DE PNEUS USADOS

STF - Supremo Tribunal Federal

Informativos 538 (13.03.2009); 552 (26.06.2009) e 669 (08.06.2012)

ARGÜIÇÃO DE DESCUMPRIMENTO DE PRECEITO FUNDAMENTAL: ADEQUAÇÃO. OBSERVÂNCIA DO PRINCÍPIO DA SUBSIDIARIEDADE. ARTS. 170, 196 E 225 DA CONSTITUIÇÃO DA REPÚBLICA. CONSTITUCIONALIDADE DE ATOS NORMATIVOS PROIBITIVOS DA IMPORTAÇÃO DE PNEUS USADOS. RECICLAGEM DE PNEUS USADOS: AUSÊNCIA DE ELIMINAÇÃO TOTAL DE SEUS EFEITOS NOCIVOS À SAÚDE E AO MEIO AMBIENTE EQUILIBRADO. AFRONTA AOS PRINCÍPIOS CONSTITUCIONAIS DA SAÚDE E DO MEIO AMBIENTE ECOLOGICAMENTE EQUILIBRADO. COISA JULGADA COM CONTEÚDO EXECUTADO OU EXAURIDO: IMPOSSIBILIDADE DE ALTERAÇÃO. DECISÕES JUDICIAIS COM CONTEÚDO INDETERMINADO NO TEMPO: PROIBIÇÃO DE NOVOS EFEITOS A PARTIR DO JULGAMENTO. ARGUIÇÃO JULGADA PARCIALMENTE PROCEDENTE. 1. Adequação da arguição pela correta indicação de preceitos fundamentais atingidos, a saber, o direito à saúde, direito ao meio ambiente ecologicamente equilibrado (arts. 196 e 225 da Constituição Brasileira) e a busca de desenvolvimento econômico sustentável: princípios constitucionais da livre iniciativa e da liberdade de comércio interpretados e aplicados em harmonia com o do desenvolvimento social saudável. Multiplicidade de ações judiciais, nos diversos graus de jurisdição, nas quais se têm interpretações e decisões divergentes sobre a matéria: situação de insegurança jurídica acrescida da ausência de outro meio processual hábil para solucionar a polêmica pendente: observância do princípio da subsidiariedade. Cabimento da presente ação. 2. Argüição de descumprimento dos preceitos fundamentais constitucionalmente estabelecidos: decisões judiciais nacionais permitindo a importação de pneus usados de Países que não compõem o Mercosul: objeto de contencioso na Organização Mundial do Comércio – OMC, a partir de 20.6.2005, pela Solicitação de Consulta da União Europeia ao Brasil. 3. Crescente aumento da frota de veículos no mundo a acarretar também aumento de pneus novos e, consequentemente, necessidade de sua substituição em decorrência do seu desgaste. Necessidade de destinação ecologicamente correta dos pneus usados para submissão dos procedimentos às normas constitucionais e legais vigentes. Ausência de eliminação total dos efeitos nocivos da destinação dos pneus usados, com malefícios ao meio ambiente: demonstração pelos dados. 4. Princípios constitucionais (art. 225) a) do desenvolvimento sustentável e b) da equidade e responsabilidade intergeracional. Meio ambiente ecologicamente equilibrado: preservação para a geração atual e para as gerações futuras. Desenvolvimento sustentável: crescimento econômico com garantia paralela e superiormente respeitada da saúde da população, cujos direitos devem ser observados em face das necessidades atuais e daquelas previsíveis e a serem prevenidas para garantia e respeito às gerações futuras. Atendimento ao princípio da precaução, acolhido constitucionalmente, harmonizado com os demais princípios da ordem social e econômica. 5. Direito à saúde: o depósito de pneus ao ar livre, inexorável com a falta de utilização dos pneus inservíveis, fomentado pela importação é fator de disseminação de doenças tropicais. Legitimidade e razoabilidade da atuação estatal preventiva, prudente e precavida, na adoção de políticas públicas que evitem causas do aumento de doenças graves ou contagiosas. Direito à saúde: bem não patrimonial, cuja tutela se impõe de forma inibitória, preventiva, impedindo-se atos de importação de pneus usados, idêntico procedimento adotado pelos Estados desenvolvidos, que deles se livram. 6. Recurso Extraordinário n. 202.313, Relator o Ministro Carlos Velloso, Plenário, DJ 19.12.1996, e Recurso Extraordinário n. 203.954, Relator o Ministro Ilmar Galvão, Plenário, DJ 7.2.1997: Portarias emitidas pelo Departamento de Comércio Exterior do Ministério do Desenvolvimento, Indústria e Comércio Exterior - Decex harmonizadas com o princípio da legalidade; fundamento direto no art. 237 da Constituição da República. 7. Autorização para importação de remoldados provenientes de Estados integrantes do Mercosul limitados ao produto final, pneu, e não às carcaças: determinação do Tribunal ad hoc, à qual teve de se submeter o Brasil em decorrência dos acordos firmados pelo bloco econômico: ausência de tratamento discriminatório nas relações comerciais firmadas pelo Brasil. 8. Demonstração de que: a) os elementos que compõem o pneus, dando-lhe durabilidade, é responsável pela demora na sua decomposição quando descartado em aterros; b) a dificuldade de seu armazenamento impele a sua queima, o que libera substâncias tóxicas e cancerígenas no ar; c) quando compactados inteiros, os pneus tendem a voltar à sua forma original e retornam à superfície, ocupando espaços que são escassos e de grande valia, em especial nas grandes cidades; d) pneus inservíveis e descartados a céu aberto são criadouros de insetos e outros transmissores de doenças; e) o alto índice calorífico dos pneus, interessante para as indústrias cimenteiras, quando queimados a céu aberto se tornam focos de incêndio difíceis de extinguir, podendo durar dias, meses e até anos; f) o Brasil produz pneus usados em quantitativo suficiente para abastecer as fábricas de remoldagem de pneus, do que decorre não faltar matéria-prima a impedir a atividade econômica. Ponderação dos princípios constitucionais: demonstração de que a importação de pneus usados ou remoldados afronta os preceitos constitucionais de saúde e do meio ambiente ecologicamente equilibrado (arts. 170, inc. I e VI e seu parágrafo único, 196 e 225 da Constituição do Brasil). 9. Decisões judiciais com trânsito em julgado, cujo conteúdo já tenha sido executado e exaurido o seu objeto não são desfeitas: efeitos acabados. Efeitos cessados de decisões judiciais pretéritas, com indeterminação temporal quanto à autorização concedida para importação de pneus: proibição a partir deste julgamento por submissão ao que decidido nesta arguição. 10. Arguição de Descumprimento de Preceito Fundamental julgada parcialmente procedente (ADPF-101).

STF - Supremo Tribunal Federal

Informativo 492 (14.12.2007)

IMPORTAÇÃO DE PNEUS USADOS E GRAVE LESÃO. O Tribunal, por maioria, negou provimento a agravo regimental interposto contra decisão da Min. Ellen Gracie, Presidente, que deferira pedido de suspensão de decisão monocrática que, em antecipação de tutela recursal nos autos de apelação em trâmite perante o TRF da 2ª Região, assegurara a expedição, em favor da empresa recorrente, de licenças de importação de carcaças de pneumáticos usados, matéria-prima utilizada em processo de industrialização de pneus reformados. Por votação majoritária, o Tribunal rejeitou a preliminar de não-conhecimento do pedido suspensivo, com base na orientação fixada pela Corte no sentido de que o Presidente do Supremo pode suspender liminares deferidas por relatores, no âmbito dos tribunais de justiça, independentemente de interposição de agravo pelo Poder Público. Vencido, no ponto, o Min. Marco Aurélio que não conhecia do pedido suspensivo, ao fundamento de não caber, per saltum, vir-se ao Supremo para pleitear uma reforma que deveria ser alcançada pelo próprio tribunal a que integrado o autor do ato que se pretende lesivo ao meio ambiente. No mérito, entendeu-se que a decisão agravada deveria ser mantida, porquanto demonstradas, na espécie, as graves lesões previstas no art. 4º da Lei 8.427/92. Reputou-se objetivamente comprovada a grave lesão à ordem pública, considerada em termos de ordem administrativa, haja vista a proibição geral de importação de bens de consumo ou matéria--prima usada, bem como a ocorrência de grave lesão ao manifesto e inafastável interesse público decorrente da efetiva possibilidade de danos irreparáveis ao meio ambiente ecologicamente equilibrado e à saúde (CF, art. 225). Registrou-se que, à exceção do período compreendido entre as Portarias DECEX 1/92 e 18/92, desde a edição da Portaria DECEX 8/91, não é permitida a importação de bens de consumo usados. Asseverou-se que a proibição geral de importação de bens de consumo ou de matéria-prima usada vigorou até a edição da Portaria SECEX 2/2002, consolidada na Portaria SECEX 17/2003 e, mais recentemente, na Portaria SECEX 35/2006, que adequou a legislação nacional à decisão proferida pelo Tribunal Arbitral do Mercosul para reiterar a vedação, com exceção da importação de pneus recauchutados e usados remoldados originários de países integrantes do Mercosul. Afirmou-se que o debate que se desenvolve na origem ultrapassaria os interesses circunscritos à atividade de certo setor da economia, adquirindo dimensão maior em face do problema global de gestão de tratamento dos pneumáticos usados (resíduos sólidos), ressaltando, no ponto, que o exercício da atividade empresarial deve ser compatível com os demais princípios constitucionais, principalmente com os fundamentos inscritos no art. 170 da CF. Enfatizou-se o fato de se ter, além do expressivo passivo ambiental brasileiro produzido anualmente, a importação, sub judice, de milhões de pneus usados, sem que o país disponha de processo tecnológico de destinação final ambientalmente segura, eficaz e econômica, haja vista que os métodos ora adotados não decompõem esses resíduos, mas apenas os transformam, por incineração, o que provoca a emissão de substâncias extremamente tóxicas e mutagênicas, que causam severos efeitos à saúde e ao meio ambiente. Aduziu-se, também, que a importação de carcaças de pneumáticos usados interfere nos programas desenvolvidos pelo Poder Público para a redução e o controle desses resíduos sólidos produzidos no Brasil, o que ensejou, inclusive, a posterior inserção, pela Resolução CONAMA 301/2003, do art. 12-A à Resolução CONAMA 258/99, que estendeu as regras contidas nesta aos pneus usados que ingressarem em território nacional por força de decisão judicial. Acrescentou-se que os pneumáticos são notoriamente fontes de proliferação e disseminação de vetores, que possibilitam o desenvolvimento de muitas doenças graves. Observou-se, ainda, não haver no ordenamento jurídico brasileiro vedação ao exercício da atividade proposta pela agravante na industrialização de pneus remoldados, recauchutagem e vulcanização de pneumáticos, e que tanto o Poder Legislativo quanto o Executivo se empenham em promover o setor nacional de reaproveitamento dos resíduos e pneumáticos, para evitar a produção desnecessária de resíduos adicionais ao passivo ambiental nacional. Por fim, salientando não caber nos presentes autos o aprofundamento de todas questões apresentadas pela empresa recorrente a respeito da constitucionalidade do conjunto de normas em vigor – especialmente de ordem ambiental e de comércio exterior – que veda, especificamente, a importação de pneus usados, mencionou-se a existência de processos de controle concentrado de constitucionalidade, em trâmite perante a Corte, nos quais se busca discutir tal matéria. Vencidos os Ministros Ricardo Lewandowski, Eros Grau e Marco Aurélio, que davam provimento ao recurso (STA-118).

3. CARVÃO MINERAL

STJ - Superior Tribunal de Justiça

Informativo 320 - 18.05.2007

AÇÃO CIVIL PÚBLICA. POLUIÇÃO AMBIENTAL. CARVÃO MINERAL. RESPONSABILIDADES. Na espécie, restou firmada, nas instâncias ordinárias, a degradação ambiental decorrente das atividades extrativas de carvão mineral, poluição ocasionada no município de Criciúma e adjacências no Estado de Santa Catarina. Note-se que o Ministério Público Federal ajuizou a ação civil pública contra a União, contra as mineradoras e seus sócios com o objetivo de recuperação das áreas atingidas. A Companhia Siderúrgica Nacional (CSN) e o Estado de Santa Catarina passaram a compor o pólo passivo quando já transcorriam os trâmites processuais. Para o Min. Relator, no recurso da União que restou improvido, a primeira questão está afeta à responsabilidade civil do Estado por omissão, e o acórdão recorrido concluiu que a União foi omissa no dever de fiscalizar, permitindo às mineradoras o exercício de suas atividades sem nenhum controle ambiental. Destacou o Min. Relator que essa obrigação legal de administração, fiscalização e controle encontra-se no DL n. 227/1967, na Lei n. 7.805/1989 e na própria Constituição (art. 225, §§ 1º, 2º e 3º). Portanto, sendo dever do Estado a fiscalização, preservação e restauração do "processo ecológico", omitindo-se desse dever, aqui consubstanciado no poder-dever de polícia ambiental, exsurge de fato a obrigação de indenizar. Observou, ainda, que, se a lei impõe ao Estado o controle e a fiscalização da atividade mineradora, possibilitando aplicação de penalidade, não lhe compete optar por não fazê-lo, porquanto inexiste discricionariedade, mas obrigatoriedade de a União cumprir a conduta impositiva. Quanto à questão de que, no caso de a União arcar com a reparação, a sociedade estaria sendo penalizada, arcando com esses custos, lembra o Min. Relator que esse desiderato apresenta-se consetâneo com o princípio da eqüidade, uma vez que a atividade industrial responsável pela degradação ambiental gera divisas para o país e contribui com percentual significativo na geração de energia, o que beneficia como um todo a sociedade que, por outro, arca com esses custos porque se trata de diluição indireta efetivada via arrecadação tributária (o que já ocorre). Outrossim, a União tem o dever de exigir dos outros devedores que solvam quantias eventualmente por ela despendidas, pois há interesse público reclamando que o prejuízo ambiental seja ressarcido, primeiro por aqueles que, exercendo atividade poluidora, devem responder pelo risco de sua ação, mormente quando auferiram lucro no negócio explorado. Quanto à prescrição, aduz que é imprescritível o direito de ação coletiva em se tratando de pretensão que visa à recuperação de ambiente degradado, pois o dano apontado tem a característica de violação continuada. Registrou, ainda, que as providências que a União e as empresas mineradoras vêm tomando não exime do dever de indenizar (o objeto da ação cinge-se à poluição de época pretérita), mas terão impacto naquilo que forem coincidentes na fase de liquidação, minimizando-lhes o ônus ora imposto. O REsp da CNS não foi conhecido. Já o recurso das mineradoras, para algumas restou não conhecido porquanto os advogados indicados no recurso não o subscreveram. Quanto às demais mineradoras, foi reconhecida a obrigação de reconstituir todo o meio ambiente degradado de forma solidária, mas encontra limite na configuração do dano e no correlato dever de indenizar (art. 1.518 do CC/1916 e art. 942 do CC em vigor). Assim, cada mineradora será responsabilizada pela reparação ambiental da extensão de terras que houver poluído, direta ou indiretamente. Quanto à poluição das bacias hidrográficas, não foi objeto do recurso, permanecendo o decidido no acórdão recorrido. Quanto ao recurso do MP, reconheceu-se apenas a aplicação da desconsideração da pessoa jurídica com relação às mineradoras, para que seus sócios administradores respondam pela reparação ambiental em regime de responsabilidade subsidiária, apesar de a previsão legal de, em casos de danos ambiental, a responsabilidade ser solidária com suas administradas nos termos do art. 3º, parágrafo único, e art. 4º, § 1º, da Lei n. 9.605/1998 e art. 3º, IV, da Lei n. 6.938/1981, associado ao art. 14, § 1º, da mesma lei, mas ao caso aplica-se o benefício do art. 897 do CPC, conforme o DL n. 1.608/1939, que prevê que a responsabilidade dos sócios deve ser subsidiária (REsp 647.493-SC, Rel. Min. João Otávio de Noronha, julgado em 15/5/2007).

CAPÍTULO 2 - POLUIÇÃO SONORA

STJ - Superior Tribunal de Justiça

Informativo 283 - 05.05.2006

CRIME. MEIO AMBIENTE. POLUIÇÃO SONORA. Trata-se do sócio-proprietário de empresa acusado de crime contra o meio ambiente devido à poluição sonora por ter promovido shows nos finais de semana, ao vivo ou som mecânico, utilizando-se de equipamentos de alta potência, produzindo sons além do permitido. Para o Min. Relator, se não restar comprovada a mínima relação de causa e efeito entre as imputações, somente sendo atribuída a autoria apenas pela condição de sócio-proprietário da empresa, configura a indevida responsabilidade objetiva, vedada no nosso ordenamento penal. E a inexistência absoluta de elementos hábeis em descrever a relação entre os fatos delituosos e a autoria ofende o princípio constitucional da ampla defesa, tornando inepta a denúncia. Isso posto, a Turma concedeu a ordem (HC 48.276-MT, Rel. Min. Gilson Dipp, julgado em 4/5/2006).

CAPÍTULO 3 - POLUIÇÃO E PADRÃO DE MEDIDA DE ODOR

STJ - Superior Tribunal de Justiça

Informativo 191 - 14.11.2003

POLUIÇÃO AMBIENTAL. ODOR. AFERIÇÃO. O Dec. n. 8.468/1976 do Estado de São Paulo adotou padrão de medida de odor para aferição de poluição ambiental vago, inseguro e em discrepância com o sistema erigido pela Lei n. 6.938/1981, visto que delegou aos narizes dos técnicos credenciados a apuração dos limites de tolerância. Também relacionou o padrão com o limite da propriedade em que se localiza a atividade poluidora, o que permite ao grande proprietário poluir mais que o pequeno, confundindo a questão ambiental com o problema fundiário. Com esse entendimento, a Turma deu provimento ao recurso quanto à multa aplicada (REsp 399.355-SP, Rel. Min. Humberto Gomes de Barros, julgado em 11/11/2003).

TÍTULO III

ESTUDO E LICENCIAMENTO AMBIENTAIS

CAPÍTULO 1 - ESTUDO DE IMPACTO AMBIENTAL

1. OBRIGATORIEDADE

1.1. ÁREA DE FLORESTAMENTO E REFLORESTAMENTO

STF - Supremo Tribunal Federal

Informativos 231 (08.06.2001) e 236 (10.08.2001)

AÇÃO DIRETA DE INCONSTITUCIONALIDADE. ARTIGO 182, § 3º, DA CONSTITUIÇÃO DO ESTADO DE SANTA CATARINA. ESTUDO DE IMPACTO AMBIENTAL. CONTRAIEDADE AO ARTIGO 225, § 1º, IV, DA CARTA DA REPÚBLICA. A norma impugnada, ao dispensar a elaboração de estudo prévio de impacto ambiental no caso de áreas de florestamento ou reflorestamento para fins empresariais, cria exceção incompatível com o disposto no mencionado inciso IV do § 1º do artigo 225 da Constituição Federal. Ação julgada procedente, para declarar a inconstitucionalidade do dispositivo constitucional catarinense sob enfoque (ADI-1.086).

1.2. COMPETÊNCIA DO CTNBIO

STF - Supremo Tribunal Federal

Informativo 163 (24.09.1999)

I. Ação direta de inconstitucionalidade: descabimento, de regra, para o controle abstrato da argüição de inconstitucionalidade mediata de atos normativos secundários – em particular, dos decretos regulamentares – por alegada violação de normas infraconstitucionais interpostas, mormente quando controvertida a inteligência destas. II. Meio ambiente e engenharia genética: liberação de OGM (organismos geneticamente modificados):

impugnação ao D. 1.752/95, especialmente ao seu art. 2º, XIV, relativo à competência, na matéria, do CTNBio e à possibilidade de o órgão dispensar para exarar parecer a respeito o Estudo de Impacto Ambiental e o conseqüente RIMA: controvérsia intragovernamental entre o Ministério da Ciência e Tecnologia e o do Meio Ambiente sobre a vinculação ou não do CONAMA ao parecer do CTNBio, em face da legislação formal pertinente (LL 6.938/81 e 8.974/95), que evidencia a hierarquia regulamentar do decreto questionado e o caráter mediato ou reflexo da inconstitucionalidade que se lhe irroga: matéria insusceptível de deslinde na ação direta de inconstitucionalidade (cf. n. I supra), mas adequada a outras vias processuais, a exemplo da ação civil pública (ADI-2.007MC).

2. RELATÓRIO DE IMPACTO AMBIENTAL SOBRE CRIVO DO PODER LEGISLATIVO

STF - Supremo Tribunal Federal

Informativos 371 (26.11.2004) e 378 (28.02.2005)

AÇÃO DIRETA DE INCONSTITUCIONALIDADE. ART. 187 DA CONSTITUIÇÃO DO ESTADO DO ESPÍRITO SANTO. RELATÓRIO DE IMPACTO AMBIENTAL. APROVAÇÃO PELA ASSEMBLÉIA LEGISLATIVA. VÍCIO MATERIAL. AFRONTA AOS ARTIGOS 58, § 2º, E 225, § 1º, DA CONSTITUIÇÃO DO BRASIL. 1. É inconstitucional preceito da Constituição do Estado do Espírito Santo que submete o Relatório de Impacto Ambiental - RIMA - ao crivo de comissão permanente e específica da Assembléia Legislativa. 2. A concessão de autorização para desenvolvimento de atividade potencialmente danosa ao meio ambiente consubstancia ato do Poder de Polícia - ato da Administração Pública - entenda-se ato do Poder Executivo. 3. Ação julgada procedente para declarar inconstitucional o trecho final do artigo § 3º do artigo 187 da Constituição do Estado do Espírito Santo (ADI-1.505).

3. PARECER TÉCNICO SOB CRIVO DE CONSELHO ESTADUAL DO MEIO AMBIENTE

STF - Supremo Tribunal Federal

Informativo 209 (10.11.2000)

IMPACTO AMBIENTAL E PARECER DO COEMA. O Tribunal indeferiu pedido de medida cautelar em ação direta de inconstitucionalidade ajuizada pelo Partido do Movimento Democrático Brasileiro – PMDB contra o art. 264 da Constituição do Estado do Ceará, na redação dada pela EC 22/95, que dispõe que "Qualquer obra ou atividade pública ou privada, para as quais a Superintendência Estadual do Meio Ambiente – SEMACE exigir Estudo de Impacto Ambiental, deverá ter o parecer técnico apreciado pelo Conselho Estadual do Meio Ambiente-COEMA, com a publicação da resolução, aprovada ou não, publicada no Diário Oficial do Estado". Considerou-se, à primeira vista, não haver plausibilidade jurídica suficiente nos fundamentos da inicial para a concessão da liminar – em que se alegava ofensa ao princípio da autonomia municipal e aos arts. 23, VI, 24, VI e 30, I, da CF –, nem estar caracterizado o periculum in mora, tendo em vista que a lei impugnada fora promulgada há mais de 4 anos da data do ajuizamento da ação (ADI-2142).

CAPÍTULO 2 - CONSULTA PÚBLICA

1. NECESSIDADE DE CONCLUSÃO DE ESTUDOS TÉCNICOS

STF - Supremo Tribunal Federal

Informativo 701 (12.04.2013)

AGRAVO REGIMENTAL EM MANDADO DE SEGURANÇA. CRIAÇÃO DE RESERVA EXTRATIVISTA. DILAÇÃO PROBATÓRIA. IMPOSSIBILIDADE. 1. As alegações de incompletude e parcialidade dos estudos técnicos que subsidiaram o decreto presidencial impugnado envolvem questões de fato, insuscetíveis de análise em sede de mandado de segurança, ação em que não cabe dilação probatória. Precedentes. 2. É incontroversa a publicação, em jornal de grande circulação no Estado da Bahia, de edital de chamamento para consulta pública. 3. O § 2º do art. 22 da Lei nº 9.985/2000 não exige que os estudos técnicos estejam concluídos por ocasião das consultas públicas, mas, tão somente, por ocasião da criação da própria unidade de conservação. 4. Agravo regimental não provido (AG. REG. EM MS N. 26.189-DF E N. 26.190-DF).

2. OBRIGATORIADADE

STF - Supremo Tribunal Federal

Informativo 579 (19.03.2010)

MANDADO DE SEGURANÇA. ESTAÇÃO ECOLÓGICA DA TERRA DO MEIO. PRELIMINAR DE ILEGITIMIDADE ATIVA REJEITADA. REALIZAÇÃO DE ESTUDOS TÉCNICOS E CONSULTA PÚBLICA ÀS POPULAÇÕES INTERESSADAS. FACULTATIVIDADE DE CONSULTA PÚBLICA PARA A CRIAÇÃO DE ESTAÇÃO ECOLÓGICA (§ 4º DO ART. 22 DA LEI 9.985/00). LEGALIDADE DA CRIAÇÃO DE MAIS DE UMA UNIDADE DE CONSERVAÇÃO DA NATUREZA A PARTIR DE PROCEDIMENTO ADMINISTRATIVO ÚNICO. INADEQUAÇÃO DA VIA ELEITA PARA SE PERQUIRIR DE SUPOSTA SUBSERVIÊNCIA A INTERESSES INTERNACIONAIS. 1. Sendo a impetrante associação legalmente constituída há mais de um ano, sua legitimidade ativa para impetração de mandado de segurança decorre diretamente do texto constitucional (inciso LXX do art. 5º). 2. Não há que falar em desrespeito às garantias do contraditório e da ampla defesa, dado que, à luz das provas dos autos, foram realizados estudos técnicos e consultas às populações interessadas, antes da criação da estação ecológica. 3. A consulta pública, que não tem natureza de plebiscito, visa a "subsidiar a definição da localização, da dimensão e dos limites mais adequados" (art. 5º do Decreto 4.340/02) para a unidade de conservação, sendo facultativa quando se tratar de proposta de criação de estação ecológica ou reserva biológica (§ 4º do art. 22 da Lei 9.985/00). 4. Não há ilegalidade na criação de mais de um tipo de unidade de conservação da natureza a partir de um único procedimento administrativo. 5. Por constituírem matéria fática, dependente de instrução probatória, as suposições da impetrante de que o verdadeiro motivo da criação da Estação Ecológica da Terra do Meio seria a subserviência brasileira a interesses internacionais não podem ser aferidas em sede de mandado de segurança. 6. Segurança denegada (MS-25.347).

STF - Supremo Tribunal Federal

Informativo 360 (10.09.2004)

MEIO AMBIENTE. Unidade de conservação. Estação ecológica. Ampliação dos limites originais na medida do acréscimo, mediante decreto do Presidente da República. Inadmissibilidade. Falta de estudos técnicos e de consulta pública. Requisitos prévios não satisfeitos. Nulidade do ato pronunciada. Ofensa a direito líquido e certo. Concessão do mandado de segurança. Inteligência do art. 66, §§ 2º e 6º, da Lei nº 9.985/2000. Votos vencidos. A ampliação dos limites de estação ecológica, sem alteração dos limites originais, exceto pelo acréscimo proposto, não pode ser feita sem observância dos requisitos prévios de estudos técnicos e consulta pública (MS-24665).

STF - Supremo Tribunal Federal

Informativo 316 (15.08.2003)

CRIAÇÃO DE UNIDADES DE CONSERVAÇÃO E CONSULTA PÚBLICA. Tendo em conta a ausência de regulamentação do art. 22 da Lei 9.985/2000 à época da edição do decreto impugnado, bem como a inobservância da exigência legal da precedência de consulta pública para criação de unidade de conservação da natureza, o Tribunal, por maioria, deferiu mandado de segurança para determinar a desconstituição do decreto presidencial que, fundado no referido art. 22, ampliara os limites territoriais da área de preservação do Parque Nacional da Chapada dos Veadeiros, ficando ressalvada a possibilidade de edição de novo decreto. Considerou-se que o parecer apresentado pelo Conselho Consultivo do Parque, instituído por Portaria do IBAMA, não substitui a exigência legal de consulta pública, uma vez que seus membros não têm poderes para representar a população local. Vencido o Min. Cezar Peluso, que indeferia o writ, por entender cumprida na espécie a exigência legal, já que o Decreto 4.340/2002, que regulamentou a Lei 9.985/2000, admite outras formas de oitiva da população para esta finalidade (Lei 9.985/2000, art. 22: "As unidades de conservação são criadas por ato do Poder Público. (...) § 2º A criação de uma unidade de conservação deve ser precedida de estudos técnicos e de consulta pública que permitam identificar a localização, a dimensão e os limites mais adequados para a unidade, conforme se dispuser em regulamento). MS-24184.

CAPÍTULO 3 - DECRETO COM CRITÉRIOS PARA O LICENCIAMENTO AMBIENTAL

STF - Supremo Tribunal Federal

Informativo 695 (22.02.2013)

AGRAVO REGIMENTAL. AÇÃO DIRETA DE INCONSTITUCIONALIDADE. DIREITOS CONSTITUCIONAL, ADMINISTRATIVO E AMBIENTAL. PODER REGULAMENTAR (ART. 84, IV, DA CONSTITUIÇÃO). DECRETO QUE ESTABELECE PARÂMETROS E CRITÉRIOS PARA O LICENCIAMENTO AMBIENTAL DE EMPREENDIMENTOS POTENCIALMENTE NOCIVOS AO PATRIMÔNIO ESPELEOLÓGICO BRASILEIRO. FARTA DISCIPLINA LEGAL. EVENTUAL OFENSA CONSTITUCIONAL MERAMENTE REFLEXA OU INDIRETA. INAPLICABILIDADE AO CASO DO ART. 225, § 1º, III, DA CARTA MAGNA. EXIGÊNCIA DE LEI APENAS PARA A ALTERAÇÃO E SUPRESSÃO DE ESPAÇOS TERRITORIAIS ESPECIALMENTE PROTEGIDOS, SITUAÇÃO DIVERSA DO CASO SUB JUDICE. AGRAVO CONHECIDO E DESPROVIDO. 1. O patrimônio espeleológico nacional goza de proteção legal, assim como encontra farta regulamentação em Lei o licenciamento ambiental de atividades potencialmente nocivas às cavidades naturais subterrâneas.

Artigos 3º, 16, 17 e 19 da Lei nº 7.805/89. Lei nº 8.876/94. Artigos 2º, II e IX, 3º, V, 4º, III, e 10 da Lei nº 6.938/81. Art. 36 da Lei nº 9.985/2000. Artigos 2º, IV, 3º, V, 4º, VII, 9º, IV, 10, 11, 12 e 17-L da Lei nº 6.938/81. 2. É cediço na doutrina que "a finalidade da competência regulamentar é a de produzir normas requeridas para a execução de leis quando estas demandem uma atuação administrativa a ser desenvolvida dentro de um espaço de liberdade exigente de regulação ulterior, a bem de uma aplicação uniforme da lei, isto é, respeitosa do princípio da igualdade de todos os administrados" (MELLO, Celso Antônio Bandeira de. Curso de Direito Administrativo. 21ª ed. São Paulo: Malheiros, 2006. p. 336). 3. O art. 225, § 1º, III, da Constituição somente exige a edição de lei para a alteração ou supressão de um espaço territorial delimitado de especial proteção ambiental, previamente criado por ato do poder público, este precedido de estudos técnicos e de consulta pública que permitam identificar a localização, a dimensão e os limites mais adequados para a unidade. 4. O thema iudicandum sub judice revela: (i) a Ação Direta de Inconstitucionalidade tem por fito a impugnação de Decreto Presidencial que determina a classificação das cavidades naturais subterrâneas brasileiras de acordo com o seu grau de relevância, definindo parâmetros para o licenciamento ambiental de empreendimentos que possam afetar tais recursos naturais; (ii) o próprio Decreto nº 99.556/90, nos seus consideranda, registra ser editado tendo em vista o disposto na Lei nº 6.938/81, a qual define que são recursos ambientais o subsolo e o solo, tratando do licenciamento ambiental para a proteção desses recursos nos artigos 9º, IV, 10, 11, 12 e 17-L; (iii) nenhum dispositivo do Decreto atacado realiza a alteração ou supressão de um espaço territorial especialmente protegido, bem como não se determina que as Unidades de Conservação existentes devem ser desprezadas no bojo do licenciamento ambiental de que trata o mencionado regulamento; (iv) conforme dispõe o art. 28 da Lei nº 9.985/2000, "São proibidas, nas unidades de conservação, quaisquer alterações, atividades ou modalidades de utilização em desacordo com os seus objetivos, o seu Plano de Manejo e seus regulamentos", sendo que eventual descumprimento dessa proibição no caso concreto deverá ser combatido pelas vias ordinárias, e não em sede abstrata. 5. A alegação de que o Executivo desbordou dos lindes da sua competência regulamentar resolve-se no plano da legalidade, não avançando à seara constitucional senão reflexa ou indiretamente. Precedentes (ADI 2243, Relator(a): Min. MARCO AURÉLIO, Tribunal Pleno, julgado em 16/08/2000, DJ 06-06-2003 PP-00029 EMENT VOL-02113-02 PP-00255; ADI 1900 MC, Relator(a): Min. MOREIRA ALVES, Tribunal Pleno, julgado em 05/05/1999, DJ 25-02-2000 PP-00050 EMENT VOL-01980-01 PP-00157; ADI 2626, Relator(a): Min. SYDNEY SANCHES, Relator(a) p/ Acórdão: Min. ELLEN GRACIE, Tribunal Pleno, julgado em 18/04/2004, DJ 05-03-2004 PP-00013 EMENT VOL-02142-03 PP-00354; ADI 1670, Relator(a): Min. ELLEN GRACIE, Tribunal Pleno, julgado em 10/10/2002, DJ 08-11-2002 PP-00021 EMENT VOL-02090-02 PP-00315). 6. Agravo conhecido e desprovido (AG. REG. NA ADI N. 4.218-DF).

CAPÍTULO 4 - EXTRAÇÃO DE ÁRVORES E NOVO LICENCIAMENTO

STJ - Superior Tribunal de Justiça

Informativo 418 - 04.12.2009

MEIO AMBIENTE. LIMITES. PARQUE NACIONAL. A recorrida alega que, afastada a possibilidade de extração das árvores mortas, caídas e secas, seu direito de propriedade estaria malferido. Contudo, tal entendimento encontra resistência no art. 1.228, § 1º, do CC/2002. A preservação da flora, da fauna, das belezas naturais e do equilíbrio ecológico, na espécie, não depende da criação de parque nacional. A proteção ao ecossistema é essencialmente pautada pela relevância da área pública ou privada a ser protegida. Se assim não fosse, a defesa do meio ambiente somente ocorreria em áreas públicas. A formalização de qualquer das modalidades de unidade de conservação de proteção integral invalida as licenças ambientais anteriormente concedidas. Ademais, no caso, a pretendida extração é danosa ao ecossistema do parque, o que impede a concessão de novas licenças (REsp 1.122.909-SC, Rel. Min. Humberto Martins, julgado em 24/11/2009).

CAPÍTULO 5 - CULTURAS RENOVÁVEIS

STJ - Superior Tribunal de Justiça

Informativo 291 - 04.08.2006

LICENÇA AMBIENTAL. CULTURAS RENOVÁVEIS. QUEIMADAS. Na queimada de apenas cinco hectares de cana-de-açúcar em proporção ínfima, descabe a condenação de indenização, porém é devida a obrigação de não-fazer consubstanciada na abstenção de fogo no preparo para o plantio e colheita de culturas renováveis, tais como lavoura de cana-de-açúcar, sob pena de imposição de multa diária estabelecida na sentença, ex vi do art. 27 do Código Florestal (REsp 439.456-SP, Rel. Min. João Otávio de Noronha, julgado em 3/8/2006).

CAPÍTULO 6 - CUMPRIMENTO DAS CONDICIONANTES DA LICENÇA PRÉVIA

STF - Supremo Tribunal Federal

Informativos 493 (19.12.2017) e 514 (08.08.2008)

AGRAVO REGIMENTAL. MEDIDA LIMINAR INDEFERIDA. AÇÃO CIVIL ORIGINÁRIA. PROJETO DE INTEGRAÇÃO DO RIO SÃO FRANCISCO COM AS BACIAS HIDROGRÁFICAS DO NORDESTE SETENTRIONAL. PERICULUM IN MORA NÃO EVIDENCIADO. 1. Como assentado na decisão agravada, a Ordem dos Advogados do Brasil – Seção da Bahia, AATR – Associação de Advogados de Trabalhadores Rurais no Estado da Bahia, GAMBA – Grupo Ambientalista da Bahia, IAMBA – Instituto de Ação Ambiental da Bahia, Associação Movimento Paulo Jackson – Ética, Justiça e Cidadania, PANGEA – Centro de Estudos Socioambientais e da AEABA – Associação dos Engenheiros Agrônomos da Bahia, não detêm legitimidade ativa para a ação prevista no art. 102, I, "f", da Constituição Federal. 2. A Licença de Instalação levou em conta o fato de que as condicionantes para a

Licença Prévia estão sendo cumpridas, tendo o IBAMA apresentado programas e planos relevantes para o sucesso da obra, dos quais resultaram novas condicionantes para a validade da referida Licença de Instalação. A correta execução do projeto depende, primordialmente, da efetiva fiscalização e empenho do Estado para proteger o meio ambiente e as sociedades próximas. 3. Havendo, tão-somente, a construção de canal passando dentro de terra indígena, sem evidência maior de que recursos naturais hídricos serão utilizados, não há necessidade da autorização do Congresso Nacional. 4. O meio ambiente não é incompatível com projetos de desenvolvimento econômico e social que cuidem de preservá-lo como patrimônio da humanidade. Com isso, pode-se afirmar que o meio ambiente pode ser palco para a promoção do homem todo e de todos os homens. 5. Se não é possível considerar o projeto como inviável do ponto de vista ambiental, ausente nesta fase processual qualquer violação de norma constitucional ou legal, potente para o deferimento da cautela pretendida, a opção por esse projeto escapa inteiramente do âmbito desta Suprema Corte. Dizer sim ou não à transposição não compete ao Juiz, que se limita a examinar os aspectos normativos, no caso, para proteger o meio ambiente. 6. Agravos regimentais desprovidos (AG. REG. NA MEDIDA CAUTELAR NA ACO-876).

CAPÍTULO 7 - LICITAÇÃO PARA CONCESSÃO FLORESTAL

STF - Supremo Tribunal Federal

Informativo 505 (09.05.2008)

DECISÃO: Trata-se de suspensão de tutela antecipada, com pedido de medida liminar, ajuizada pela União, contra decisão proferida pela Des. Selene Maria de Almeida, do Tribunal Regional Federal da 1ª Região – TRF da 1ª Região, nos autos do Agravo de Instrumento n° 2008.01.00.004474-1/RO. A petição inicial relata que, na origem, o Ministério Público Federal ajuizou ação civil pública, em face da União, para suspender, em sede de tutela antecipada, a concorrência nº 1/2007, referente à concessão da Floresta Nacional do Jamari/RO, bem como para que a então requerida se abstenha de praticar quaisquer outros atos tendentes à formalização de outra concorrência até decisão ulterior (fls. 51-62). Em 17 de janeiro de 2008, o juízo da Segunda Vara Federal da Seção Judiciária de Rondônia indeferiu a antecipação de tutela (fls. 40-47), sob o fundamento de que a concorrência nº 1/2007 estaria respaldada na Lei nº 11.284/2006, que regula a gestão de florestas públicas para a produção sustentável. Acrescentou que a Constituição Federal, em seu art. 225, não vedaria a referida concessão, mas tão-somente limitaria a utilização do meio-ambiente, impondo algumas restrições. Por fim, o magistrado de primeira instância asseverou que a concessão em exame não implicaria a transferência de domínio de área pública, uma vez que a própria lei contraria essa afirmação, ao impor uma série de restrições quanto ao uso da terra pública. Contra essa decisão, o Ministério Público Federal interpôs agravo de instrumento, com pedido de antecipação da tutela recursal, no TRF da 1ª Região (fls. 23-39). A relatora do agravo, Des. Maria Selene de Almeida, deferiu a antecipação de tutela "para sustar o processo de licitação da Floresta Nacional do Jamari até que o Serviço Florestal Brasileiro obtenha autorização prévia do Congresso Nacional, conforme determina o art. 49, XVII, da Constituição da República" (fls. 63-91). A decisão impugnada fundamenta-se, em síntese, na suposta usurpação da competência exclusiva conferida pelo art. 49, XVII, da Constituição Federal, ao Congresso Nacional para aprovar a concessão de terras públicas com área superior a dois mil e quinhentos hectares: "A questão jurídica da submissão da concessão ao Congresso Nacional, ex vi do art. 49, XVII, da Constituição, já foi matéria sujeita a polêmica entre os juristas, quando se verificou que o Projeto de Lei 4.776/05 não observava a referida norma constitucional. O Projeto de Lei 4776/2005 provocou muita polêmica entre ambientalistas, governo e membros do Parlamento, exatamente por causa dessa omissão. [...] A r. decisão agravada partiu do pressuposto de que a Lei 11.284/06, que retirou a possibilidade do Congresso Nacional examinar concessões de florestas de grandes áreas, é constitucional. Quanto ao argumento de que a lei presume-se constitucional, não se põe em discussão que, realmente, a lei goza, no ordenamento jurídico, da presunção de constitucionalidade, assim como o ato administrativo presume-se revestido de legalidade. Também não é admissível que o magistrado afaste tais presunções sem demonstração evidente, acima de qualquer dúvida razoável, de que está patente a violação à

Constituição. Por isso, na dúvida, a decisão do juízo singular ou colegiado deve ser pela confirmação da constitucionalidade da norma impugnada. O Projeto de Lei que deu origem a Lei 11.284/06 não previa a aprovação do Parlamento para a concessão da floresta com área superior a 2.500 hectares, ex vi do art. 49, XVII, da Constituição Federal de 1988. No Senado Federal, o projeto recebeu emenda para que se adequasse à Constituição no particular. A circunstância de ter havido veto presidencial, por si só, não transforma o texto inconstitucional em constitucional. A vontade do Poder Executivo ou de quem quer que seja não tem o condão de alterar a natureza das coisas. Do contrário, ter-se-ia a conclusão, oposta ao ordenamento jurídico, de que em todo caso de ocorrência de veto nasceria uma presunção absoluta da constitucionalidade da norma. Por outro lado, é bizantina a distinção entre concessão de terra pública e concessão florestal feita na decisão agravada. Concessão não é sinônimo de alienação nem transferência de domínio. Não se conhece em sede de Direito Administrativo a tese de que a concessão de bens, serviços ou terras públicas, implique em transferência de domínio ou que concessão e alienação de terras públicas tenham a mesma natureza jurídica. A r. decisão agravada vale-se de um raciocínio falacioso porque a concessão prevista no art. 49, XVII, da CF/88 não implica em alienação de propriedade. Ademais, conforme destacado pelo Ministério Público Federal - agravante, são bens imóveis o solo e tudo quanto lhe for incorporado natural ou artificialmente. A concessão é um ato administrativo pelo qual se institui um direito de uso, de aproveitamento e exploração. Por meio da concessão se constitui um direito real sobre coisas de domínio público. Contudo, é de sua essência a revogabilidade. Não há transmissão do domínio pleno e a exploração que venha a ocorrer será sempre limitada por esse domínio público. A doutrina subdivide a concessão em duas modalidades: a de serviço público e concessão dominial. A concessão de floresta pública seria dessa última espécie, porque implica na outorga de um privilégio ao vencedor da licitação sobre um bem imóvel da União. O conteúdo dominial da concessão de floresta pública altera o princípio da inalienabilidade do domínio público, mas não significa, ipso facto, em transmissão da propriedade do bem do Estado. Como qualquer outra modalidade de concessão, a de florestas públicas é passível de caducidade, revogabilidade, tem profundas limitações quanto à disponibilidade, à forma de uso, além de outros gravames impostos pelo

Poder Público. Inexiste na doutrina e na jurisprudência tese de que a concessão do domínio público, qualquer que seja, afaste a soberania do Estado das áreas dadas em concessão. Em resumo, a exigência de apreciação da matéria sub judice é do Congresso Nacional, pois a norma constitucional não faz distinção da exigência seja para concessão ou alienação. Além disso, a concessão de floresta é também uma espécie de concessão dominial, exatamente como prevista na Constituição. No caso, contudo, a presunção de legitimidade da norma jurídica, data venia, não subsiste diante das disposições claras do legislador constituinte que não permite que se conceda o uso de terras públicas com área superior a 2.500 hectares sem prévia anuência do Parlamento. A constituinte não faz qualquer distinção entre alienação do domínio ou mera concessão. Quem elabora a distinção, inexistente no texto da Constituição, é a r. decisão recorrida. Portanto, o pedido autoral tem fundamento constitucional legítimo, eis que a retirada da competência exclusiva do Congresso Nacional para examinar sobre a concessão de milhões de quilômetros de florestas públicas brasileiras é uma afronta direta ao art. 49, XVII, da Constituição da República. O caso não requer interpretação sutil, pois o texto da norma é de meridiana clareza e sua violação pela Lei 11.284/06" (fls. 12 e 27/28). É contra essa decisão que se insurge a requerente. Conforme aduzido na inicial, além do presente pedido de suspensão de tutela antecipada, a União pleiteou a reconsideração da decisão ora impugnada e, alternativamente, a remessa dos autos à Quinta Turma do TRF da 1ª Região para reexame da questão (fls. 92-131). A requerente alega que a decisão impugnada constituiria grave lesão à ordem pública. Nesse sentido, aponta a dispensabilidade da submissão prévia ao Congresso Nacional da aprovação da concorrência para concessão de florestas públicas, verbis: "Logo, a contracautela a ser buscada temporariamente (ou seja, até o trânsito em julgado da ação) objetiva sustar a eficácia de decisão que afronta não só disposições legais, mas também normas contidas no próprio texto constitucional – arts. 49, XVII, e 225 –, e que,pois, desrespeita a ordem público-administrativa traçada pelo constituinte originário. No caso dos autos, observa-se que a decisão antecipatória que ora se pretende suspender, ao sustar o processo de licitação da Floresta Nacional do Jamari/RO até que o Serviço Florestal Brasileiro obtenha autorização prévia do Congresso Nacional, violou tanto dispositivos da Constituição Republicana (art. 49, XVII, e art. 225), como também a própria diretriz contida na Lei nº 11.284/2006 (que disciplina, dentre outras matérias, a gestão de florestas públicas para a produção sustentável). [...] Conforme se verifica da redação da norma acima transcrita [art. 10 da Lei nº 11.284/2006], o seu § 4º, que determinada a submissão prévia do PAOF à apreciação do Congresso Nacional (nas hipóteses de concessões de florestas públicas com área superior a 2.500 hectares), foi vetado pelo Presidente da República, sob a justificativa de que 'o texto aprovado pelo Congresso Nacional se contrapõe ao princípio apontado no inciso VII do art. 2º – que diz: a garantia de condições estáveis e seguras que estimulem investimentos de longo prazo no manejo, na conservação e na recuperação das florestas; uma vez que determina sistemática de submeter o Plano Anual de Outorga Florestal ao Congresso Nacional, o que vincula sua aprovação, inclusive, a contingências políticas de curto prazo, além de criar novos processos administrativos para a tramitação da matéria'. Dessa forma, quando a concorrência (processo licitatório) objetivar a concessão de florestas públicas (exploração de produtos e serviços de uma unidade de manejo), não se mostra indispensável a submissão prévia ao Parlamento Nacional (como previsto no art. 49, XVII, da Constituição) para a aprovação ou não de tal certame" (fls. 11 e 13"). Defende, assim, a inaplicabilidade do disposto no art. 49, XVII, da Constituição Federal, às concessões florestais: "A necessidade de aprovação do Congresso Nacional, prevista no art. 49, inciso XVII, da Constituição de 1988, só deve ser aplicada nas hipóteses taxativamente previstas no dispositivo, quais sejam, a de alienação ou concessão de terras públicas com área superior a dois mil e quinhentos hectares. Não se aplica, portanto, às concessões florestais previstas na Lei nº 11.284, de 02 de março de 2006" (fl. 16). Ademais, sustenta que "a manutenção da decisão proferida no Agravo de Instrumento nº 2008.01.00.004474-1/RO poderá servir de paradigma para que os Juízos Federais de todo o país, em total desrespeito ao texto da Constituição de 1988 e às políticas públicas elaboradas pelo Poder Executivo, concedam liminares e determinem a suspensão (com a conseqüente anulação) de futuros editais de concorrências destinadas à concessão de florestas públicas no âmbito do território nacional" (fl. 19). Por fim, requer: "seja suspensa a eficácia da decisão monocrática proferida pela Desembargadora do Tribunal Regional Federal da 1ª Região, nos autos do Agravo de Instrumento nº 2008.01.00.004474-1/RO, tendo em vista a comprovada lesão à ordem pública. Requer, ainda, que o pedido seja processado e deferido, ainda que sobrevenha acórdão na ação de origem ou a manutenção, por órgão colegiado do Tribunal Regional Federal da 1ª Região, da medida de urgência ora impugnada, em ordem a suspender a eficácia executiva da decisão até o trânsito em julgado da decisão de mérito da ação de origem, tendo em vista o teor da Súmula nº 626 dessa Suprema Corte" (fls. 20/21). Decido. A base normativa que fundamenta o instituto da suspensão (Leis 4.348/64, 8.437/92, 9.494/97 e art. 297 do RI-STF) permite que a Presidência do Supremo Tribunal Federal, para evitar grave lesão à ordem, à saúde, à segurança e à economia públicas, suspenda a execução de decisões concessivas de segurança, de liminar ou de tutela antecipada, proferidas em única ou última instância, pelos tribunais locais ou federais, quando a discussão travada na origem for de índole constitucional. Assim, é a natureza constitucional da controvérsia que justifica a competência do Supremo Tribunal Federal para apreciar o pedido de contracautela, conforme a pacificada jurisprudência desta Corte, destacando-se os seguintes julgados: Rcl 497-AgR/RS, rel. Min. Carlos Velloso, Plenário, DJ 06.4.2001; SS 2.187-AgR/SC, rel. Min. Maurício Corrêa, DJ 21.10.2003; e SS 2.465/SC, rel. Min. Nelson Jobim, DJ 20.10.2004. Embora ainda não se tenha contemplado a questão com a necessária atenção, é certo que se, de um lado, a transferência para o Superior Tribunal de Justiça da atribuição para conhecer das questões relativas à observância do direito federal acabou por reduzir a competência do Supremo Tribunal Federal às controvérsias de índole constitucional, não subsiste dúvida de que, por outro lado, essa alteração deu ensejo à Excelsa Corte para redimensionar o conceito de questão constitucional. O próprio significado do princípio da legalidade, positivado no art. 5.º, II, da Constituição, deve ser efetivamente explicitado, para que dele se extraiam relevantes conseqüências jurídicas já admitidas pela dogmática constitucional. O princípio da legalidade, entendido aqui tanto como princípio da supremacia ou da preeminência da lei (Vorrang des Gesetzes), quanto como princípio da reserva legal (Vorbehalt des Gesetzes), contém limites não só para o Legislativo, mas também para o Poder Executivo e para o Poder Judiciário. A idéia de supremacia da Constituição, por outro lado, impõe que os órgãos aplicadores do direito não façam tabula rasa das normas constitucionais, ainda quando estiverem ocupados com a aplicação do direito ordinário. Daí porque se cogita, muitas vezes, sobre a necessidade de utilização da interpretação sistemática sob a modalidade da interpretação conforme à Constituição. É de se perguntar se, nesses casos, tem-se simples questão legal, ou se o tema pode ter contornos constitucionais e merece, por isso, ser examinado pelo Supremo Tribunal Federal. Ainda nessa linha de reflexão, deve-se questionar se a decisão judicial que se ressente de falta de fundamento legal poderia ser considerada contrária à Constituição, suscitando uma legítima questão constitucional. Na mesma linha de raciocínio seria, igualmente, lícito perguntar se a aplicação errônea ou equivocada do direito ordinário poderia dar ensejo a uma questão constitucional. Tal como outras ordens constitucionais, a Constituição brasileira consagra como princípio básico o postulado da legalidade segundo o qual "ninguém está obrigado a fazer ou deixar de fazer alguma coisa senão em virtude de lei" (CF, art. 5.º, II). O princípio da legalidade contempla, entre nós, tanto a idéia de supremacia da lei (Vorrang des Gesetzes), quanto a de reserva legal (Vorbehalt des Gesetzes). O princípio da reserva legal explicita as matérias que devem ser disciplinadas diretamente pela lei. Este princípio, na sua dimensão negativa, afirma a inadmissibilidade de utilização de qualquer outra fonte de direito diferente da lei. Na sua dimensão positiva, admite-se que apenas a lei pode estabelecer eventuais limitações ou restrições1. Por seu turno, o princípio da supremacia ou da preeminência da lei submete a administração e os tribunais ao regime da lei, impondo tanto a exigência de aplicação da lei (dimensão positiva) quanto a proibição de desrespeito ou de violação da lei (dimensão negativa)2. A propósito, são elucidativas as lições de Canotilho: "Em termos práticos, a articulação de suas dimensões aponta: (I) para a exigência da aplicação da lei pela administração e pelos tribunais (cfr. CRP arts. 206, 266/2), pois o cumprimento concretizador das normas legais não fica à disposição do juiz (a não ser que as 'julgue' inconstitucionais) ou dos órgãos e agentes da administração (mesmo na hipótese de serem inconstitucionais); (II) a proibição de a administração e os tribunais actuarem ou decidirem contra lei, dado que esta constitui um limite ('função limite', 'princípio da legalidade negativa') que impede não só as violações ostensivas das normas legais, mas também os 'desvios' ou 'fraudes' à lei através da via interpretativa; (III) nulidade ou anulabilidade dos actos da administração e das medidas judiciais ilegais; (VI) inadmissibilidade da 'rejeição' por parte dos órgãos e agentes da administração (mas já não por parte dos juízes), de leis por motivo de inconstitucionalidade. Neste sentido pôde um autor afirmar recentemente que o princípio da legalidade era um 'verdadeiro polícia na ordem jurídica' (J. Chevallier)."3 Problema igualmente relevante coloca-se em relação às decisões judiciais que, por falta de fundamento legal, acabam por lesar relevantes princípios da ordem constitucional. Por exemplo, uma decisão judicial que, sem fundamento legal, afete situação individual, revela-se igualmente contrária à ordem constitucional, pelo menos ao direito subsidiário da liberdade de ação (Auffanggrundrecht)4. Se se admite, como expressamente estabelecido na Constituição, que os direitos fundamentais vinculam todos os poderes e que a decisão judicial deve observar a Constituição e a lei, não é difícil compreender que a decisão judicial que se revele desprovida de base legal afronta algum direito individual específico, pelo menos o princípio da legalidade. A propósito, assinalou a Corte Constitucional alemã: "Na interpretação do direito ordinário, especialmente dos conceitos gerais indeterminados (Generalklausel) devem os tribunais levar em conta os parâmetros fixados na Lei Fundamental. Se o tribunal não observa esses parâmetros, então ele acaba por ferir a norma fundamental que deixou de observar; nesse caso, o julgado deve ser cassado no processo de recurso constitucional" (Verfassungsbeschwerde) (BverfGE 7, 198 (207); 12, 113 (124); 13, 318 (325)5. Não há dúvida de que essa orientação prepara algumas dificuldades, podendo converter a Corte Constitucional em autêntico Tribunal de revisão. É que, se a lei deve ser aferida em face de toda a Constituição, as decisões hão de ter a sua legitimidade verificada em face da Constituição e de toda a ordem jurídica. Se se admitisse que toda decisão contrária ao direito ordinário é uma decisão inconstitucional, ter-se-ia de acolher, igualmente, todo e qualquer recurso constitucional interposto contra decisão judicial ilegal6. Enquanto essa orientação prevalece em relação a leis inconstitucionais, não se adota o mesmo entendimento no que concerne às decisões judiciais. Por essas razões, procura o Tribunal formular um critério que limita a impugnação das decisões judiciais mediante recurso constitucional. Sua admissibilidade dependeria, fundamentalmente, da demonstração de que, na interpretação e aplicação do direito, o Juiz desconsiderou por completo ou essencialmente a influência dos direitos fundamentais, que a decisão se revela grosseira e manifestamente arbitrária na interpretação e aplicação do direito ordinário ou, ainda, que se ultrapassaram os limites da construção jurisprudencial7. Não raras vezes, observa a Corte Constitucional que determinada decisão judicial afigura-se insustentável, porque assente numa interpretação objetivamente arbitrária da norma legal (Sie beruth vielmehr auf schlechthin unhaltbarer und damit objektiv willkürlicher Auslegung der angewenderen Norm)8. Essa concepção da Corte Constitucional levou à formulação de uma teoria sobre os graus ou sobre a intensidade da restrição imposta aos direitos fundamentais (Stufentheorie), que admite uma aferição de constitucionalidade tanto mais intensa quanto maior for o grau de intervenção no âmbito de proteção dos direitos fundamentais9. Embora o modelo de controle de constitucionalidade exercido pelo Bundesverfassungsgericht revele especificidades decorrentes, sobretudo, do sistema concentrado, é certo que a idéia de que a não-observância do direito ordinário pode configurar uma afronta ao próprio direito constitucional tem aplicação também entre nós. Essa conclusão revela-se tanto mais plausível se se considera que, tal como a Administração, o Poder Judiciário está vinculado à Constituição e às leis (CF, art. 5.º, § 1.º). Enfim, é possível aferir uma questão constitucional na violação da lei pela decisão judicial. A decisão ou ato sem fundamento legal ou contrário ao direito ordinário viola, dessa forma, o princípio da legalidade. No presente caso, a controvérsia suscitada pela União diz respeito à lesão à ordem pública, entendida como ordem administrativa, decorrente da violação a dispositivos da Constituição da República (art. 49, XVII, e art. 225), que dizem respeito ao meio ambiente ecologicamente equilibrado, e, principalmente, da Lei n° 11.284/2006, a qual disciplina a gestão de florestas públicas para a produção sustentável. A presença da questão constitucional, portanto, é evidente. Feitas essas considerações preliminares, passo à análise do pedido, o que faço apenas e tão-somente com base nas diretrizes normativas que disciplinam as medidas de contracautela. Ressalte-se, não obstante, que, na análise do pedido de suspensão de decisão judicial, não é vedado ao Presidente do Supremo Tribunal Federal proferir um juízo mínimo de delibação a respeito das questões jurídicas presentes na ação principal, conforme tem entendido a jurisprudência desta Corte, da qual se destacam os seguintes julgados: SS 846-AgR/DF, rel. Ministro Sepúlveda Pertence, DJ 29.5.96; SS 1.272-AgR/RJ, rel. Ministro Carlos Velloso, DJ 18.5.2001. O art. 4º da Lei 8.437/92, c/c o art. 1º da Lei 9.494/97, autoriza o deferimento do pedido de suspensão da execução da tutela antecipada concedida nas ações movidas contra o Poder Público ou seus agentes, a requerimento da pessoa jurídica de direito público interessada, em caso de manifesto interesse público ou de flagrante ilegitimidade, e para evitar grave lesão à ordem, à saúde, à segurança e à economia públicas. No caso, entendo que está devidamente demonstrado o risco de grave lesão à ordem pública, entendida como ordem administrativa, no tocante ao regular funcionamento dos serviços da Administração Pública e à normal execução das atividades típicas do Estado-administração. A decisão impugnada suspendeu o processo de concessão da Floresta Nacional do Jamari-RO até que o Serviço Florestal Brasileiro obtenha autorização prévia do Congresso Nacional. Conforme demonstrou a Advocacia-Geral da União, "quando a concorrência (processo licitatório) objetivar a concessão de florestas públicas (exploração de produtos e serviços de uma unidade de manejo), não se mostra indispensável a submissão prévia ao Parlamento Nacional (como previsto no art. 49, XVII, da Constituição) para a aprovação ou não de tal certame" (fl. 13). Parece razoável, também, o argumento de que "não se pode confundir a concessão florestal com a concessão dominial (ou concessão de terras públicas)". Segundo bem descreve a AGU, "a primeira (concessão florestal), nos termos da Constituição da República e da Lei n° 11.284/2006, não implica a transferência da posse da terra pública, mas sim a delegação onerosa, feita pelo poder concedente, do direito de praticar manejo florestal sustentável para exploração de produtos e serviços numa unidade de manejo, mediante licitação, à pessoa jurídica, em consórcio ou não, que atenda às exigências do respectivo edital de licitação e demonstre capacidade para seu desempenho, por sua conta e risco e por prazo determinado" (fl. 15). O processo de licitação para a concessão florestal está disciplinado pela Lei n° 11.284, de 2 de março de 2006, a qual não exige a submissão do Plano Anual de Outorga Florestal - PAOF à prévia aprovação do Congresso Nacional. Ao contrário, conforme descreve a União, o § 4º do art. 10, "que determinava a submissão prévia do PAOF à apreciação do Congresso Nacional (nas hipóteses de concessões de florestas públicas com área superior a 2.500 hectares), foi vetado pelo Presidente da República, sob a justificativa de que 'o texto aprovado pelo Congresso Nacional se contrapõe ao princípio apontado no inciso VIII do art. 2º - que diz: 'a garantia de condições estáveis e seguras que estimulem investimentos de longo prazo no manejo, na conservação e na recuperação das florestas'; uma vez que determina sistemática de submeter o Plano Anual de Outorga Florestal ao Congresso Nacional, o que vincula sua aprovação, inclusive, a contingências políticas de curto prazo, além de criar novos processos administrativos para a tramitação da matéria". Ressalte-se que a questão relacionada à eventual inconstitucionalidade da referida lei em relação ao art. 49, inciso VII, da Constituição da República, é objeto da ADI nº 3.989/DF, Rel. Min. Eros Grau, e deverá ser apreciada, no momento oportuno, por esta Corte. Ademais, também está presente a probabilidade de concretização do denominado "efeito multiplicador" (SS 1.836-AgR/RJ, rel. Min. Carlos Velloso, Plenário, unânime, DJ 11.10.2001), ante a possibilidade de multiplicação de medidas liminares em demandas que contenham o mesmo objeto. Ante o exposto, defiro o pedido para suspender a execução da decisão proferida pela Des. Selene Maria de Almeida, do Tribunal Regional Federal da 1ª Região – TRF da 1ª Região, nos autos do Agravo de Instrumento nº 2008.01.00.004474-1/RO. Comunique-se, com urgência. Publique-se. (STA-235).

CAPÍTULO 8 – VÍCIO NO PROCESSO DE LICENCIAMENTO

STJ - Superior Tribunal de Justiça

Informativo 220 – 10.09.2004

PONTE JK. PARALISAÇÃO. OBRAS. VÍCIOS. LESÃO À ECONOMIA PÚBLICA. IMPACTO AMBIENTAL. A Corte Especial desproveu o agravo regimental do Parquet em razão da liminar revogada referente à decisão que determinou, em tutela antecipada, fossem sustadas as obras referentes à duplicação da Estrada Parque Dom Bosco (EPDB) e Estrada Parque Contorno (EPCT), com a complementação do sistema viário de acesso à Ponte JK do Lago Sul, sob a alegação de macular o processo de licenciamento ambiental, ante a ação civil pública proposta pelo Ministério Público contra o Distrito Federal e a Companhia Urbanizadora da Nova Capital do Brasil (Novacap). No caso, o Parquet alegou ofensa ao princípio do contraditório e ausência dos pressupostos de admissibilidade da pretensão do Distrito Federal, sem ter razão. Outrossim, a prévia oitiva da parte contrária, segundo o comando literal do art. 4º, § 2º, da Lei n. 8.437/1992, não tem caráter imperativo, a critério do Presidente do Tribunal, nos casos em que ausentes elementos aptos a fundamentá-la. Ademais, a pretendida paralisação das obras em questão acarretaria prejuízo maior aos valores sociais que a suspensão busca proteger, vista que as obras estão em vias significativas de conclusão com reflexos diretos sobre o interesse público atinente à conclusão delas (AgRg na STA 88-DF, Rel. Min. Edson Vidigal, julgado em 1º/9/2004).

CAPÍTULO 9 - REVISÃO JUDICIAL DE LICENÇA AMBIENTAL NEGADA

STF - Supremo Tribunal Federal

Tema	617	Situação	Trânsito em Julgado	Órgão julgador	Plenário Virtual - RG
Questão Controvertida	Renda a ser usada como Revisão judicial do ato de denegação de concessão de licença ambiental de pescador artesanal.para a concessão do auxílio-reclusão.				
Tese Firmada	A questão da validade de concessão judicial de licença ambiental para pescador artesanal, negada pelo Instituto Brasileiro do Meio Ambiente e dos Recursos Naturais Renováveis – IBAMA, tem natureza infraconstitucional, e a ela se atribuem os efeitos da ausência de repercussão geral, nos termos do precedente fixado no RE n. 584.608, rel. a Ministra Ellen Gracie, DJe 13/03/2009.				
Informações Complementares	SCAN ME				
Processo / Recurso	**Repercussão Geral**	**Relator (a)**	**Acórdão Publicado**	**Embargos Declaratórios**	**Trânsito em Julgado**
RE 716963/RS	Não há RG - Matéria Infraconstitucional	MIN. LUIZ FUX	10/12/2012	-	25/02/2013

TÍTULO IV

ESPAÇOS TERRITORIAIS ESPECIALMENTE PROTEGIDOS E RECURSOS HÍDRICOS

1. MARGENS DE CURSOS D'ÁGUA

1.1. EXTENSÃO DA FAIXA NÃO EDIFICÁVEL

STJ - Superior Tribunal de Justiça

Tema	1010	**Situação**	Afetado	**Órgão julgador**	PRIMEIRA SEÇÃO
Questão Controvertida	Extensão da faixa não edificável a partir das margens de cursos d'água naturais em trechos caracterizados como área urbana consolidada: se corresponde à área de preservação permanente prevista no art. 4°, I, da Lei n. 12.651/2012 (equivalente ao art. 2°, alínea 'a', da revogada Lei n. 4.771/1965), cuja largura varia de 30 (trinta) a 500 (quinhentos) metros, ou ao recuo de 15 (quinze) metros determinado no art. 4°, caput, III, da Lei n. 6.766/1979.				
Tese Firmada	-				
Informações Complementares	Afetação na sessão eletrônica iniciada em 24/4/2019 e finalizada em 30/4/2019 (Primeira Seção). Vide Controvérsia n. 73/STJ. Há determinação de suspensão da tramitação de todos os processos pendentes, individuais ou coletivos, que versem sobre a questão delimitada e tramitem no território nacional (acórdão publicado no DJe de 7/5/2019). SCAN ME				

Processo / Recurso	**Decisão de Afetação**	**Relator (a)**	**Acórdão Publicado**	**Embargos Declaratórios**	**Trânsito em Julgado**
REsp 1770760/SC; REsp 1770808/SC e REsp 1770967/SC	07/05/2019	BENEDITO GONÇALVES	-/-/-	-	-

1.2. PATAMAR MÍNIMO DE PROTEÇÃO POR LEI MUNICIPAL

STJ - Superior Tribunal de Justiça

Informativo 643 - 23.03.2019

ÁREA DE PRESERVAÇÃO PERMANENTE. PATAMAR MÍNIMO DE PROTEÇÃO IMPOSTO PELO CÓDIGO FLORESTAL. REDUÇÃO DO GRAU PROTETIVO POR LEGISLAÇÃO MUNICIPAL. IMPOSSIBILIDADE. PREVALÊNCIA DO CÓDIGO FLORESTAL. A legislação municipal não pode reduzir o patamar mínimo de proteção marginal dos cursos d'água, em toda sua extensão, fixado pelo Código Florestal (AREsp 1.312.435-RJ, Rel. Min. Og Fernandes, por unanimidade, julgado em 07/02/2019, DJe 21/02/2019).

2. RESTINGA

STJ - Superior Tribunal de Justiça

Informativo 418 - 04.12.2009

ÁREA. PRESERVAÇÃO PERMANENTE. RESTINGA. Trata-se de ação civil pública ajuizada pelo MP cujo objetivo é preservar a vegetação de restinga em razão da degradação de uma praia. Assim, o Tribunal a quo, soberano na análise das provas constantes dos autos, concluiu que a área caracteriza-se como restinga, que existe, no local, vegetação de restinga e presente, ainda, vegetação fixadora de dunas. Daí, a Turma entendeu que o argumento da recorrente de que houve uma confusão na segunda instância quanto ao conceito de restinga e vegetação de restinga não é suficiente para infirmar o acórdão recorrido. O art. 2º, f, da Lei n. 4.771/1965 (Código Florestal) considera como de preservação permanente a vegetação situada em restingas como fixadoras de dunas ou estabilizadoras de mangues. Logo, a instância de origem aplicou o mencionado artigo em sua literalidade, pois afirmou que a área degradada caracteriza-se não só como restinga, mas possui vegetação fixadora de duna, o que é suficiente para caracterizar área de preservação permanente. Desse modo, a Turma negou provimento ao recurso (REsp 945.898-SC, Rel. Min. Eliana Calmon, julgado em 24/11/2009).

3. ÁREA DE PRESERVAÇÃO FLORESTAL E AQUISIÇÃO DE IMÓVEL

STJ - Superior Tribunal de Justiça

Informativo 323 - 15.06.2007

ÁREA TOMBADA. RESERVA FLORÍSTICA. INDENIZAÇÃO. AQUISIÇÃO. IMÓVEL. Descabe ação de indenização na hipótese de aquisição de imóvel em área de preservação florestal posterior aos Decretos estaduais ns. 10.251/1977 e 19.448/1982, referentes à criação do Parque Estadual da Serra do Mar, visto que deveria ser esse fato do conhecimento dos compradores, até pelo preço irrisório (simbólico) em relação ao tamanho da gleba, quando acertado na compra e venda (EREsp 209.297-SP, Rel. Min. Luiz Fux, julgados em 13/6/2007).

4. INCIDÊNCIA TRIBUTÁRIA

4.1. IPTU

STJ - Superior Tribunal de Justiça

Informativo 558 - 06.04.2015

DIREITO TRIBUTÁRIO. INCIDÊNCIA DE IPTU SOBRE IMÓVEL PARCIALMENTE SITUADO EM APP COM NOTA NON AEDIFICANDI. O fato de parte de um imóvel urbano ter sido declarada como Área de Preservação Permanente (APP) e, além disso, sofrer restrição administrativa consistente na proibição de construir (nota non aedificandi) não impede a incidência de IPTU sobre toda a área do imóvel. Nos termos da jurisprudência do STJ, "A restrição à utilização da propriedade referente a área de preservação permanente em parte de imóvel urbano (loteamento) não afasta a incidência do Imposto Predial e Territorial Urbano, uma vez que o fato gerador da exação permanece íntegro, qual seja, a propriedade localizada na zona urbana do município. Cuida-se de um ônus a ser suportado, o que não gera o cerceamento total da disposição, utilização ou alienação da propriedade, como ocorre, por exemplo, nas desapropriações." (REsp 1.128.981-SP, Primeira Turma, DJe 25/3/2010). O fato de parte do imóvel ser considerada como área non aedificandi (área com restrições legais ou contratuais onde não é permitido construir) não afasta o referido entendimento, pois não há perda da propriedade, mas apenas restrições de uso, a fim de viabilizar que a propriedade atenda à sua verdadeira função social. Logo, se o fato gerador do IPTU, conforme o disposto no art. 32 do CTN, é a propriedade de imóvel urbano, a simples limitação administrativa de proibição para construir não impede a sua configuração. Ademais, não há lei que preveja isenção tributária para a situação analisada, conforme a exigência dos arts. 150, § 6º, da CF e 176 do CTN. (AgRg no REsp 1.469.057-AC, Segunda Turma, DJe 20/10/2014). REsp 1.482.184-RS, Rel. Min. Humberto Martins, julgado em 17/3/2015, DJe 24/3/2015.

STJ - Superior Tribunal de Justiça

Informativo 427 - 19.03.2010

IPTU. ÁREA. PRESERVAÇÃO PERMANENTE. LOTEAMENTO. A Turma entendeu que a restrição à utilização da propriedade no que concerne à área de preservação permanente em parte de imóvel urbano, no caso, um loteamento, não afasta a incidência do Imposto Predial e Territorial Urbano (IPTU), pois não houve alteração do fato gerador da exação, que é a propriedade localizada na zona urbana do município. Na verdade, constitui um ônus a ser suportado pelo proprietário que não gera cerceamento total de disposição, utilização ou alienação da propriedade, como acontece nas desapropriações. Na espécie, a limitação não tem caráter absoluto, uma vez que poderá haver a exploração da área mediante prévia autorização da secretaria municipal do meio ambiente. Assim, como não há lei prevendo a exclusão daquelas áreas da base de cálculo do referido imposto (art. 150, § 6º, da CF/1988 e art. 176 do CTN), incide, no caso, o IPTU (REsp 1.128.981-SP, Rel. Min. Benedito Gonçalves, julgado em 18/3/2010).

4.2. ITR

STJ - Superior Tribunal de Justiça

Informativo 375 - 07.11.2008

ITR. ÁREA. PRESERVAÇÃO PERMANENTE. IBAMA. A Turma reiterou o entendimento de que o imposto territorial rural (ITR) é tributo sujeito a lançamento por homologação e que o art. 10, § 7º, da Lei n. 9.393/1996 permite a exclusão da área de preservação permanente da base de cálculo do referido imposto, sem necessidade de ato declaratório ambiental do Ibama (REsp 898.537-GO, Rel. Min. Eliana Calmon, julgado em 6/11/2008).

STJ - Superior Tribunal de Justiça

Informativo 308 - 15.12.2006

ITR. CÁLCULO. EXCLUSÃO. ÁREA. PRESERVAÇÃO PERMANENTE. ATO DECLARATÓRIO AMBIENTAL. No âmbito do art. 10 da Lei n. 9.393/1996 ou mesmo da Lei n. 4.771/1965, não se vislumbra fundamento que valide a Instrução Normativa n. 67/1997 da Secretaria da Receita Federal, quanto à exigência, como obrigação acessória, de apresentação do respectivo ato declaratório ambiental - ADA expedido pelo Ibama, para que se exclua a área reservada à preservação permanente ou reserva legal da área tributável para fins de cálculo de ITR. Quando esses diplomas referem-se à declaração por parte do poder público de áreas de preservação permanente ou interesse ecológico, estão a referir-se às de especial afetação por ato administrativo. Destaca-se que a MP n. 2.166-67/2001, vigente, porém não-prequestionada na hipótese, dispensou o ADA para aquele fim. Com esse entendimento, a Turma, ao prosseguir o julgamento, deu provimento ao recurso especial (REsp 665.123-PR, Rel. Min. Eliana Calmon, julgado em 12/12/2006).

CAPÍTULO 2 - RESERVA LEGAL

1. CADASTRO AMBIENTAL RURAL (CAR)

1.1. IRDR

STJ - Superior Tribunal de Justiça

Controvérsia	165	**Situação da Controvérsia**	Controvérsia Pendente	**Órgão julgador**	PRIMEIRA SEÇÃO
Teses Fixadas	Teses fixadas pelo TJMG no julgamento do IRDR e que foram impugnadas pelo recurso especial: Tese 1- A lei nº 12.651/2012 não extinguiu a imprescindibilidade da instituição de área de reserva legal nos imóveis rurais. Essa instituição dispensa, no entanto, a formalização por meio da averbação da reserva legal em cartório do registro de imóveis, bastando o registro no cadastro ambiental rural (CAR). Tese 2 - Inscrito o imóvel no CAR, torna-se indevida a multa fixada em TAC anterior; e é inexigível a obrigação enquanto não esgotado o prazo para a promoção do registro no CAR, tal como previsto na legislação superveniente e desde que haja previsão para sua aplicação em cláusula expressamente convencionada no TAC firmado pelas partes. Tese 3 - Demonstrado o cumprimento da obrigação ou a inscrição do imóvel no CAR não poderá ser exigida a multa, pois cobrar a "astreinte" a despeito do cumprimento da obrigação não retrata a melhor e mais justa solução, uma vez que o cumprimento da obrigação, de forma alternativa, ocorreu por autorização de lei superveniente. Tese 4 - Se a obrigação não for cumprida será sempre devida a multa, ainda que fixada em TAC firmado anteriormente à edição da lei nº 12.651/2012. Tese 5 - Se a regularização da reserva legal (no cartório de imóveis) ou a inscrição no CAR só ocorreu após o ajuizamento da execução poderá a multa ser reduzida, como o autorizam o artigo 645 do CPC/73 e 814 do CPC/2015, a critério do juiz e de acordo com as circunstâncias do caso concreto, incidindo a partir da data da citação para a execução até a do cumprimento da obrigação".				
Informações Complementares	Tema em IRDR n. 30/TJMG (IRDR 1.0016.12.003371-3/005/MG) REsp em IRDR. SCAN ME				

Processo	**Repercussão Geral**	**Relator (a)**	**IRDR**	**Termo Inicial**	**Trânsito em Julgado**
REsp 1854593/MG	TJMG	NAPOLEÃO NUNES MAIA FILHO	Não	30/08/2017 e 19/05/2020	13/03/2020

1.2. REQUISITO PARA REGISTRO DA SENTENÇA DE USUCAPIÃO

STJ - Superior Tribunal de Justiça

Informativo 561 - 17.05.2015

DIREITO AMBIENTAL E CIVIL. REQUISITO PARA REGISTRO DA SENTENÇA DECLARATÓRIA DE USUCAPIÃO. Para que a sentença declaratória de usucapião de imóvel rural sem matrícula seja registrada no Cartório de Registro de Imóveis, é necessário o prévio registro da reserva legal no Cadastro Ambiental Rural (CAR). De fato, o art. 16, § 8º, da Lei 4.771/1965 (Código Florestal revogado) previa que a área de reserva legal deveria ser averbada à margem da inscrição de matrícula do imóvel no registro de imóveis competente, sendo vedada a alteração de sua destinação, nos casos de transmissão a qualquer título, de desmembramento ou de retificação da área. No mesmo sentido, há previsão no art. 167 da Lei 6.015/1973 (Lei dos Registros Públicos). Assim, por uma construção jurisprudencial, respaldada em precedentes do STJ, firmou-se o entendimento de que a averbação da reserva legal seria condição para o registro de qualquer ato de transmissão, desmembramento ou retificação de área de imóvel rural (REsp 831.212-MG, Terceira Turma, DJe 22/9/2009; RMS 18.301-MG, Segunda Turma, DJ 3/10/2005). Nessa linha de raciocínio, seria o caso de impor a averbação da reserva legal como condição para o registro da sentença de usucapião. Contudo, a Lei 12.651/2012 (novo Código Florestal) deu tratamento diverso à matéria da reserva legal ambiental. O novo Código instituiu o Cadastro Ambiental Rural (CAR), que passou a concentrar as informações ambientais dos imóveis rurais, sendo dispensada a averbação da reserva legal no Registro de Imóveis (art. 18, § 4º). Assim, ante esse novo cenário normativo, como condição para o registro da sentença de usucapião no Cartório de Registro de Imóveis, é necessário o prévio registro da reserva legal no CAR. A nova lei não pretendeu reduzir a eficácia da norma ambiental, pretendeu tão somente alterar o órgão responsável pelo "registro" da reserva legal, que antes era o Cartório de Registro de Imóveis, e agora passou a ser o órgão ambiental responsável pelo CAR. A propósito, verifica-se que a parte final do art. 16, § 8º, do Código revogado foi praticamente reproduzida no art. 18, caput, in fine, do novo Código Florestal, tendo havido apenas a supressão da hipótese de "retificação da área". A supressão da hipótese de "retificação de área" teve um propósito específico, de permitir, excepcionalmente, a mudança de localização da reserva legal. Desse modo, a omissão acerca da hipótese de "retificação de área" não atenuou a eficácia da norma em relação às outras hipóteses previstas na lei anterior e repetidas na lei nova (REsp 1.356.207-SP, Rel. Min. Paulo de Tarso Sanseverino, julgado em 28/4/2015, DJe 7/5/2015).

2. DESAPROPRIAÇÃO

STF - Supremo Tribunal Federal

Informativo 186 (28.04.2000)

REFORMA AGRÁRIA: APURAÇÃO DA PRODUTIVIDADE DO IMÓVEL E RESERVA LEGAL. A "reserva legal", prevista no art. 16, § 2º, do Código Florestal, não é quota ideal que possa ser subtraída da área total do imóvel rural, para o fim do cálculo de sua produtividade (cf. L. 8.629/93, art. 10, IV), sem que esteja identificada na sua averbação (v.g., MS 22.688). II. Reforma agrária: desapropriação: vistoria e notificação. Ainda que, na linha do entendimento majoritário do Tribunal, se empreste à notificação prévia da vistoria do imóvel expropriando, prevista no art. 2º, § 2º, da L. 8.629/93, as galas de requisito de validade da expropriação subseqüente, não se trata de direito indisponível: não pode, pois, invocar a sua falta, o proprietário que, expressamente, consentiu que, sem ela, se iniciasse a vistoria (MS-23.370-2).

STJ - Superior Tribunal de Justiça

Informativo 539 - 15.05.2014

DIREITO ADMINISTRATIVO. CONSIDERAÇÃO DE RESERVA FLORESTAL NO CÁLCULO DA PRODUTIVIDADE DO IMÓVEL RURAL PARA FINS DE DESAPROPRIAÇÃO. Não se encontrando averbada no registro imobiliário antes da vistoria, a reserva florestal não poderá ser excluída da área total do imóvel desapropriando para efeito de cálculo da produtividade do imóvel rural. Precedente citado do STJ: AgRg no AREsp 196.566-PA, Segunda Turma, DJe 24/9/2012 (AgRg no REsp 1.301.751-MT, Min. Rel. Herman Benjamin, julgado em 8/4/2014).

3. AVERBAÇÃO DE ÁREA FLORESTAL PARA RETIFICAÇÃO DE REGISTRO DE IMÓVEL

STJ - Superior Tribunal de Justiça

Informativo 405 - 04.09.2009

AVERBAÇÃO. ÁREA FLORESTAL. IMÓVEL RURAL. A questão resume-se em estabelecer se é necessária a averbação de área florestal em imóvel rural como pressuposto do pedido formulado pelo proprietário de retificação da respectiva área na matrícula do bem. Inicialmente, a Min. Relatora destacou que a matéria já foi analisada por este Superior Tribunal por ocasião do julgamento do RMS 18.301-MG, DJ de 3/10/2005, em que ficou decidido ser correta a interpretação do Código Florestal no sentido de considerar a averbação da reserva legal como condição da transcrição de títulos aquisitivos de propriedade. A norma do art. 1º da Lei n. 4.771/1965 foi plenamente recepcionada pela CF/1988. Sempre que uma lei comporta mais de uma interpretação, é necessário interpretá-la do modo mais coerente com o sistema no qual está inserida. A defesa do meio ambiente naturalmente implica restrição ao direito de propriedade. E a melhor forma de tornar efetiva essa obrigação é vincular qualquer modificação na matrícula do imóvel à averbação da reserva florestal. Interpretar a norma do art. 16 da Lei n. 4.771/1965 de outra maneira implicaria retirar do art. 212 da CF/1988 e de seus incisos parte de seu potencial de proteção ambiental. Diante disso, a Turma conheceu do recurso e deu provimento a ele, determinando que seja constituída área de reserva florestal no imóvel controvertido como condição à retificação de área pleiteada, nos termos do art. 16, § 8º, do Código Florestal (REsp 831.212-MG, Rel. Min. Nancy Andrighi, julgado em 1º/9/2009).

4. ISENÇÃO TRIBUTÁRIA

STJ - Superior Tribunal de Justiça

Informativo 533 - 12.02.2014

DIREITO TRIBUTÁRIO. ISENÇÃO DE ITR RELATIVA À ÁREA DE RESERVA LEGAL. A isenção de Imposto Territorial Rural (ITR) prevista no art. 10, § 1º, II, a, da Lei 9.393/1996, relativa a área de reserva legal, depende de prévia averbação desta no registro do imóvel (AgRg no REsp 1.243.685-PR, Rel. Min. Benedito Gonçalves, julgado em 5/12/2013).

STJ - Superior Tribunal de Justiça

Informativo 08.04.2011

ISENÇÃO. AVERBAÇÃO. RESERVA LEGAL. Trata a controvérsia de prescindibilidade da averbação da reserva legal para fins de gozo da isenção fiscal prevista no art. 10, II, a, da Lei n. 9.393/1996. A Turma, por maioria, entendeu que a imposição da averbação para efeito de concessão do benefício fiscal poderia funcionar a favor do meio ambiente, ou seja, como mecanismo de incentivo à averbação e, via transversa, impediria a degradação ambiental. Apenas a determinação prévia da averbação (e não da prévia comprovação) seria útil aos fins tributário e ambiental. A prova da averbação de reserva legal é dispensada no momento da declaração tributária, mas não a existência da averbação em si. Assim, a Turma, por maioria, deu provimento ao recurso (REsp 1.027.051-SC, Rel. originário Min. Humberto Martins, Rel. para acórdão Min. Mauro Campbell Marques, julgado em 7/4/2011).

STJ - Superior Tribunal de Justiça

Informativo 439 - 18.06.2010

ITR. ISENÇÃO. RESERVA LEGAL. AVERBAÇÃO. A questão está em saber se há necessidade de prévia averbação em cartório de área de reserva legal para não incidir o imposto territorial rural (ITR). Como consabido, a área de reserva legal é isenta da incidência do ITR (art. 10, § 1º, II, a, da Lei n. 9.393/1996). Dessa forma, diante dessa proteção legal, torna-se ilegítimo condicionar o reconhecimento do referido benefício à prévia averbação dessa área no registro de imóveis. Ademais, a Lei n. 11.428/2006 reafirmou tal benefício, reiterando a exclusão da área de reserva legal de incidência da exação. Com efeito, a isenção não pode ser afastada por força de interpretação, pois o art. 111, II, do CTN prevê que a lei tributária de isenção deve ser interpretada literalmente, não comportando interpretação extensiva quanto à sua incidência ou afastamento. No caso dos autos, embora não houvesse a averbação da área demarcada como reserva legal na época do fato gerador (1998), o que só ocorreu em 2002, deve ser promovida a subtração da referida área da base de cálculo do ITR; pois, mesmo enquanto não averbada, já havia a proteção legal sobre o limite mínimo de 20% da área rural (Lei n. 4.771/1965, art. 16). Diante do exposto, a Turma negou provimento ao recurso da Fazenda Nacional (REsp 969.091-SC, Rel. Min. Luiz Fux, julgado em 15/6/2010).

CAPÍTULO 3 - UNIDADE DE CONSERVAÇÃO

1. CRIAÇÃO E MODIFICAÇÃO POR ATO DIVERSO DE LEI

STF - Supremo Tribunal Federal

Informativo 962 (06.12.2019)

AÇÃO DIRETA DE INCONSTITUCIONALIDADE. ARTIGO 22, CAPUT E §§ 5º E 6º, DA LEI Nº 9.985/2000. CRIAÇÃO E MODIFICAÇÃO DE UNIDADES DE CONSERVAÇÃO POR MEIO DE ATO NORMATIVO DIVERSO DE LEI. OFENSA AO ART. 225, § 1º, III, DA CONSTITUIÇÃO FEDERAL. NÃO OCORRÊNCIA. IMPROCEDÊNCIA DA AÇÃO. 1. A proteção do meio ambiente e a preservação dos biomas é obrigação constitucional comum a todos os entes da Federação (art. 23, VI e VII, CF/88). Para tanto, a Lei Fundamental dota o Poder Público dos meios necessários à consecução de tais fins, incumbindo-o, inclusive, da atribuição de definir, em todas as unidades da Federação, espaços territoriais e seus componentes a serem especialmente protegidos, conforme estabelece o art. 225, § 1º, inciso III, da Constituição. 2. Constitucionalidade do art. 22, caput, da Lei nº 9.985/2000. A dicção do texto constitucional não provoca maiores problemas quanto à definição de ato normativo apto à instituição/criação de espaços territorialmente protegidos, dentre os quais se pode destacar as unidades de conservação regulamentadas pela Lei nº 9.985/2000. Tendo a Carta se referido à reserva de legislação somente como requisito de modificação ou supressão de unidade de conservação, abriu margem para que outros atos do Poder Público, além de lei em sentido estrito, pudessem ser utilizados como mecanismos de instituição de espaços ambientais protegidos. Precedentes. 3. A teor do art. 225, § 1º, inciso III, da Constituição Federal, a alteração e a supressão de espaços territoriais especialmente protegidos somente são permitidas por intermédio de lei. A finalidade da Carta Magna, ao fixar a reserva de legalidade, deve ser compreendida dentro do espírito de proteção ao meio ambiente nela insculpido. Somente a partir da teleologia do dispositivo constitucional é que se pode apreender seu conteúdo normativo. Nesse sentido, a exigência de lei faz-se presente quando referida modificação implicar prejudicialidade ou retrocesso ao status de proteção já constituído naquela unidade de conservação, com o fito de coibir a prática de atos restritivos que não tenham a aquiescência do Poder Legislativo. Se, para inovar no campo concreto e efetuar limitação ao direito à propriedade, a Constituição não requisitou do Poder Público a edição de lei, tanto mais não o faria para simples ampliação territorial ou modificação do regime de uso aplicável à unidade de conservação, a fim de conferir a ela superior salvaguarda (de proteção parcial para proteção integral). Por essa razão, não incidem em inconstitucionalidade as hipóteses mencionadas nos §§ 5º e 6º do art. 22 da Lei nº 9.985/2000, as quais dispensam a observância da reserva legal para os casos de alteração das unidades de conservação, seja mediante transformação da unidade de conservação do grupo de Uso Sustentável para o grupo de Proteção Integral, seja mediante a ampliação dos limites territoriais da unidade, desde que sem modificação de seus limites originais, exceto pelo acréscimo proposto. 4. Ação direta julgada improcedente (ADI 3646).

2. MEDIDA PROVISÓRIA QUE DIMINUI A PROTEÇÃO AO MEIO AMBIENTE

STF - Supremo Tribunal Federal

Informativo 873 (18.08.2017) e 896 (06.04.2018)

UNIDADES DE CONSERVAÇÃO: MEDIDA PROVISÓRIA E RETROCESSO SOCIOAMBIENTAL. O Plenário conheceu em parte de ação direta e, nessa parte, julgou procedente o pedido para, sem pronunciamento de nulidade, declarar a inconstitucionalidade da Medida Provisória 558/2012, convertida na Lei 12.678/2012. A ação direta foi conhecida apenas na parte em que aponta violação dos artigos 62 e 225, § 1º, III, da Constituição Federal (CF), relativamente às alterações de limites de parques e florestas nacionais, de área de proteção ambiental e de unidades de conservação, as quais foram promovidas com o objetivo de construção de usinas hidrelétricas. Quanto ao aspecto formal, o Tribunal reafirmou a possibilidade, ainda que em caráter excepcional, de declaração de inconstitucionalidade de medidas provisórias quando se afigure evidente o abuso do poder de legislar pelo Chefe do Executivo, em razão da indubitável ausência dos requisitos constitucionais de relevância e urgência. Asseverou que não ficou demonstrado, de forma satisfatória, a presença dos mencionados requisitos. À época da edição da medida provisória, os empreendimentos hidrelétricos que justificariam a desafetação das áreas protegidas ainda dependiam de licenciamentos ambientais, nos quais deveriam ser analisados os impactos e avaliada a conveniência e escolha dos sítios a serem efetivamente alagados. Reconheceu a impossibilidade de diminuição ou supressão de espaços territoriais especialmente protegidos por meio de medida provisória. A proteção ao meio ambiente é um limite material implícito à edição de medida provisória, ainda que não conste expressamente do elenco das limitações previstas no art. 62, § 1º, da CF (2). Ademais, normas que importem diminuição da proteção ao meio ambiente equilibrado só podem ser editadas por meio de lei formal, com amplo debate parlamentar e participação da sociedade civil e dos órgão e instituições de proteção ambiental, como forma de assegurar o direito de todos ao meio ambiente ecologicamente equilibrado. A adoção de medida provisória nessas hipóteses possui evidente potencial de causar prejuízos irreversíveis ao meio ambiente na eventualidade de não ser convertida em lei. Sob o prisma material, o Colegiado considerou que a norma impugnada contrariou o princípio da proibição de retrocesso socioambiental. Isso porque as alterações legislativas atingiram o núcleo essencial do direito fundamental ao meio ambiente ecologicamente equilibrado (art. 225 da CF). Enfatizou, ainda, que a aplicação do princípio da proibição do retrocesso socioambiental não pode engessar a ação legislativa e administrativa, sendo forçoso admitir certa margem de discricionariedade às autoridades públicas em matéria ambiental (ADI 4.350/DF). Contudo, o que se consumou foi a indevida alteração de reservas florestais com gravosa diminuição da proteção de ecossistemas, à revelia do devido processo legislativo, por ato discricionário do Poder Executivo, e em prejuízo da proteção ambiental de parques nacionais. Por fim, o Tribunal julgou procedente a ação, sem pronunciamento de nulidade, ao fundamento de que o irreversível alagamento das áreas desafetadas e a execução dos empreendimentos hidrelétricos já não permite a invalidação dos efeitos produzidos, dada a impossibilidade material de reversão ao "status quo ante" (ADI-4717).

CAPÍTULO 4 - ÁREA NUCLEAR

1. ESTAÇÃO ECOLÓGICA E IPTU

STJ - Superior Tribunal de Justiça

Informativo 657, de 25.10.2019

IMÓVEL PARTICULAR SITUADO INTEGRALMENTE EM UNIDADE DE CONSERVAÇÃO INTEGRAL. ESTAÇÃO ECOLÓGICA. LIMITAÇÃO ADMINISTRATIVA. DIREITO DE PROPRIEDADE. RESTRIÇÃO DO DOMÍNIO ÚTIL. IPTU. NÃO INCIDÊNCIA. A qualificação de imóvel como estação ecológica limita o direito de propriedade, o que afasta a incidência do IPTU (REsp 1.695.340-MG, Rel. Min. Mauro Campbell Marques, Segunda Turma, por unanimidade, julgado em 17/09/2019, DJe 24/09/2019).

CAPÍTULO 5 - RECURSOS HÍDRICOS

1. POLÍTICA DE GERENCIAMENTO E EXECUÇÃO

STF - Supremo Tribunal Federal

Informativo 968 (06.03.2020)

AÇÃO DIRETA DE INCONSTITUCIONALIDADE. LEI Nº 4.247, DE 16 DE DEZEMBRO DE 2003, DO ESTADO DO RIO DE JANEIRO, A QUAL DISPÕE SOBRE A COBRANÇA PELA UTILIZAÇÃO DOS RECURSOS HÍDRICOS DE DOMÍNIO DO ESTADO E ORGANIZA O SISTEMA ADMINISTRATIVO DE GESTÃO E EXECUÇÃO DA REFERIDA ATIVIDADE. CONHECIMENTO PARCIAL DA AÇÃO DIRETA, A QUAL, QUANTO À PARTE DE QUE SE CONHECE, É JULGADA IMPROCEDENTE. 1. Pertinência temática e legitimidade ativa da requerente. Relação de pertinência temática entre o objeto da ação e as finalidades institucionais perseguidas pela entidade sindical autora, na medida que o vício da legislação, se existente, atingiria necessariamente o setor econômico representado pela Confederação Nacional da Indústria (CNI), já que os industriais figuram como sujeitos passivos da cobrança pelo uso da água, insumo utilizado em sua atividade produtiva. 2. Existência de conflito de índole constitucional. A apreciação da compatibilidade entre a legislação geral federal e as normas estaduais editadas sob o pálio da competência concorrente reflete nítida situação de conflito legislativo de índole constitucional, ensejando a análise eventual ofensa direta às regras constitucionais de repartição da competência legislativa. 3. Prejudicialidade parcial da ação. Tendo em vista a alteração substancial realizada pela Lei estadual nº 5.234/08, resta prejudicada a ação no tocante aos arts. 11, incisos I, III, IV e V; e 24 da Lei nº 4.247, de 2003. 4. Política de cobrança pelo uso dos recursos hídricos. Sistema estadual de gerenciamento de recursos hídricos e suposta violação da lei geral federal. Constitucionalidade dos arts. 1º, 3º, 5º, 7º, 11, II, 18, da Lei fluminense nº 4.247/03. Embora a União detenha a competência exclusiva para "instituir sistema nacional de gerenciamento de recursos hídricos e definir critérios de outorga de direitos de seu uso" (art. 21, XIX, da CF/88), além de competência privativa para legislar sobre águas (art. 22, IV, da CF/88), não se há de olvidar que aos estados-membros compete, de forma concorrente, legislar sobre proteção ao meio ambiente (art. 24, VI e VIII, CF), o que inclui, evidentemente, a proteção dos recursos hídricos. Esse entendimento mostra-se consentâneo, inclusive, com a previsão constitucional que defere aos estados-membros o domínio das águas superficiais ou subterrâneas. A legislação impugnada está em conformidade com a Constituição Federal, na medida em que regulamentou, em nível estadual, a cobrança pelo uso da água, sem incorrer em violação do texto constitucional ou em invasão de competência legislativa própria da União. Embora a União detenha a competência para definir as normas gerais sobre a utilização dos recursos hídricos e a Lei Federal nº 9.433/97 tenha estabelecido o arcabouço institucional da Política Nacional de Recursos Hídricos, o arranjo institucional e as competências dos órgãos estaduais integrantes do Sistema Estadual de Gerenciamento de Recursos Hídricos deve obedecer aos ditames das leis estaduais, pois os estados-membros têm autonomia constitucional para formular suas leis de organização administrativa, inclusive para o setor de recursos hídricos. Pela análise da Lei Federal nº 9.433/97, verifica-se que essa não detalha – como não poderia fazer, sob pena de extrapolar a competência legislativa da União para editar normas gerais – as competências dos órgãos estaduais responsáveis pela implementação da Política Nacional de Recursos Hídricos. O Conselho Estadual de Recursos Hídricos (CERHI), em consonância com as competências definidas pela Lei Federal nº 9.433/97 para o Conselho Nacional de Recursos Hídricos (art. 35), possui atribuições de natureza normativa, consultiva e deliberativa (arts. 44 e 45 da Lei estadual nº 3.239/99), o que não impede que os estados-membros disponham de um órgão específico responsável pela gestão e pela execução da política em questão, atuando em consonância com as normas e as deliberações do conselho, o qual também fará parte do Sistema Nacional de Gerenciamento de Recursos Hídricos, a teor do inciso IV do art. 33 da Lei Federal nº 9.433/97. Da mesma forma, os comitês de bacia hidrográfica, conforme explicita o art. 52 da Lei estadual nº 3.239/99, "são entidades colegiadas, com atribuições normativa, deliberativa e consultiva, reconhecidos e qualificados por ato do Poder Executivo, mediante proposta do

Conselho Estadual de Recursos Hídricos (CERHI)", o que está em consonância com as atribuições definidas na Lei Federal nº 9.433/97. A Fundação Superintendência Estadual de Rios e Lagoas (SERLA), entidade da administração indireta, foi criada para exercer as funções de entidade administrativa executora da política pública, possuindo atribuições administrativas de arrecadação, cobrança e aplicação dos recursos, a teor dos arts. 1º e 3º da lei estadual. Por se tratar de órgão técnico, com atribuições executivas, deve atuar de acordo com as orientações e diretrizes fixadas pelos órgãos colegiados (Conselho Estadual dos Recursos Hídricos e Comitês de Bacia Hidrográfica). Não há disposição na Lei Federal nº 9.433/97 que atribua aos conselhos estaduais a competência para conceder as respectivas outorgas, restringindo-se a dispor no art. 14 que "a outorga efetivar-se-á por ato da autoridade competente do Poder Executivo Federal, dos Estados ou do Distrito Federal". 5. A atuação do órgão de execução prevista nos arts. 22, § 3º, e 23, parágrafo único, da Lei nº 3.239/99, alterados pela Lei nº 4.247/03, é supletiva, somente no caso de ausência de disposição específica no Plano Estadual de Recursos Hídricos ou do Plano da Bacia Hidrográfica. Trata-se de norma transitória, cuja aplicabilidade tem vez enquanto não for implementada a totalidade da política estadual de recursos hídricos e constituídos todos os comitês de bacia. Não fosse a norma de transição, a atividade de outorga – conforme expressa no art. 23, caput, da Lei nº 3.239/99 – e as concessões de outorga para a geração de energia elétrica (art. 22, § 3º) estariam impedidas, diante da falta de criação de comitês de bacia e do correspondente plano de bacia hidrográfica. 6. Quanto aos arts. 19 e 20 da Lei estadual nº 4.247/03, a definição dos aspectos técnicos da cobrança e a determinação das vazões consideradas insignificantes são matérias fáticas, adstritas à margem de análise técnica do legislador, não havendo como declarar inconstitucionais esses dispositivos sob o fundamento do princípio da razoabilidade, tendo em vista que configuram aspecto nitidamente concreto das normas impugnadas. 7. Política de aplicação dos recursos do Fundo Estadual de Recursos Hídricos. Constitucionalidade dos arts. 10, parágrafo único, parte final; 11, inciso II; e 23, na parte que altera o art. 49 da Lei nº 3.239/99, todos da Lei nº 4.247/03. A lei estadual priorizou a aplicação dos valores arrecadados com a cobrança pelo uso de recursos hídricos na bacia hidrográfica respectiva, reservando a ela noventa por cento da arrecadação. Por sua vez, o inciso II do art. 49, na parte que limita o uso dos recursos com a máquina administrativa e as despesas de pagamento de perícias a dez por cento do total arrecadado está em consonância com a autonomia financeira de que goza o Estado, em que pese a previsão contida no art. 22, § 1º, da Lei Federal nº 9.433/97, a qual limita esse tipo de aplicação a sete e meio por cento do arrecadado. Embora detenha a União a competência para legislar sobre recursos hídricos, a legislação federal deve ficar restrita às normas gerais, não podendo pormenorizar ao ponto de determinar como os estados-membros devem gerir seus próprios bens e aplicar seus recursos. 8. Regime de cobrança e de sanções administrativas relativas ao uso da água. Constitucionalidade dos arts. 15; 16, inciso II; e 17 da Lei estadual nº 4.247/03. Ausência de afronta do princípio da legalidade. Não se tem, no caso, exercício do poder de polícia administrativa a ensejar, em consequência, a cobrança de taxa (exação de natureza tributária) –, mas sim uma relação de natureza negocial entre o concedente e o usuário, a qual enseja a cobrança de preço público e a imposição de sanções contratuais decorrentes do não cumprimento das obrigações impostas no ato de outorga. As disposições da lei fluminense, além de terem delimitado os elementos essenciais das sanções, deixando para a regulamentação somente questões secundárias, estão ainda em consonância com a Lei Federal nº 9.433/97. Ademais, a vinculação da multa aos preceitos da Lei Federal nº 9.605/98 (art. 13, Lei nº 4.247/03) não ofende o princípio da autonomia federativa. Consistindo a multa, no caso, em sanção contratual decorrente do descumprimento das regras referentes ao ato de outorga, a legislação estadual estabeleceu somente um parâmetro para a aplicação da sanção pela entidade governamental competente. No mais, a remissão à previsão contida na lei nacional de sanções penais e administrativas de condutas lesivas ao meio ambiente não contrasta com a Lei Fundamental, já que a água também é considerada bem ambiental, cuja tutela geral é estabelecida na legislação federal em comento. 9. Ação direta de inconstitucionalidade prejudicada em relação aos arts. 11, incisos I, III, IV e V; e 24 da Lei nº 4.247, de 16 de dezembro de 2003, do Estado do Rio de Janeiro. Quanto à parte de que se conhece, a ação é julgada improcedente (ADI 3.336).

2. REGIME DE TRIBUTAÇÃO

STF - Supremo Tribunal Federal

Informativo 962 (06.12.2019)

TAXA SOBRE RECURSOS HÍDRICOS: CUSTOS DA ATIVIDADE ESTATAL DE FISCALIZAÇÃO E PRINCÍPIO DA PROPORCIONALIDADE O Plenário, por maioria, julgou procedente pedido formulado em ação direta para declarar a inconstitucionalidade dos arts. 2º; 3º, I e II; 5º; 6º, § 1º; 7º, § 1º e § 2º; 12, § 2º, I a III; e, por arrastamento, dos arts. 3º, parágrafo único; 4º, I e II; 6º, § 2º, I a IV; 8º, I e II, e parágrafo único, I a III; 9º; 10, parágrafo único, I a III; 11; e 12, § 1º, da Lei 2.388/2018 do Estado do Amapá. Essa lei instituiu e disciplinou, em âmbito local, a Taxa de Controle, Acompanhamento e Fiscalização das Atividades de Exploração e Aproveitamento de Recursos Hídricos – TFRH. Preliminarmente, o Tribunal converteu o julgamento da medida cautelar em julgamento definitivo de mérito e, na sequência, afastou a alegação de inconstitucionalidade formal. A Corte afirmou que a taxa é um tributo cuja exigência se faz orientada pelo princípio da retributividade [Constituição Federal (CF), art. 145, II]. A taxa possui caráter contraprestacional e sinalagmático: atrelando-se à execução efetiva ou potencial de um serviço público específico e divisível ou ao exercício regular do poder de polícia. O valor do tributo deve refletir, nos limites do razoável, o custeio da atividade estatal de que decorre. A TFRH tem por fato gerador o exercício, pelo ente estadual, do poder de polícia, considerados o aproveitamento e a exploração de recursos hídricos no território do Amapá, cujo valor corresponde a dois centésimos da Unidade Padrão Fiscal do Estado por volume, em metros cúbicos, do recurso utilizado – ou cinco centésimos da unidade por mil metros cúbicos, no caso da geração de energia. Nada obstante a aparente modicidade do fator numérico assinado no art. 6º da Lei estadual 2.388/2018, não se pode ignorar que as atividades sobre as quais recai a cobrança do tributo instituído, sobretudo a geração de energia elétrica, demandam o uso de quantidades expressivas de recursos hídricos. Sob tal ângulo, cumpre perquirir a proporcionalidade, isto é, a razoável e necessária equivalência entre o valor da TFRH e o custo da atividade estatal no exercício do poder de polícia. O Colegiado observou que, conforme se extrai da documentação apresentada pela requerente, a estimativa de arrecadação anual da Administração estadual com a cobrança do tributo – calculada com base na denominada vazão turbinada média anual em metros cúbicos por segundo referente a três usinas localizadas no Estado – alcançaria o importe de 88,9 milhões de reais. Esse montante é quase dez vezes superior ao orçamento anualmente destinado à Secretaria de Estado do Meio Ambiente, órgão incumbido, na forma do art. 3º do diploma atacado, de "planejar, organizar, dirigir, coordenar, executar, controlar e avaliar as ações setoriais relativas à utilização de recursos hídricos" e de "registrar, controlar e fiscalizar a exploração e o aproveitamento de recursos hídricos". A partir da análise das peças orçamentárias relativas aos anos de 2018 e 2019, os recursos destinados à Secretaria compreenderam, respectivamente, 8,3 milhões e 10,5 milhões de reais – alcançando-se a média de apenas 9,4 milhões de reais anuais. Não apenas os dados evidenciam a ausência de proporcionalidade entre o custo da atividade estatal de que decorre a taxa e o valor a ser despendido pelos particulares em benefício do ente público: a própria redação da lei questionada conduz à conclusão no sentido do caráter eminentemente arrecadatório do tributo instituído. Ao cuidar da destinação da receita auferida mediante o recolhimento da taxa, o legislador estadual previu, no § 12 do art. 12, o aporte de 10% do produto da arrecadação para o fomento de "iniciativas municipais relacionadas à Política Estadual de Recursos Hídricos", e de 20% para incremento do denominado "Fundo Estadual de Recursos Hídricos", designando os demais 70% à conta única do Tesouro Estadual. Assim, admitiu-se que parcela substancial do arrecadado sequer será direcionada ao custeio das despesas atinentes ao controle e à fiscalização das atividades de exploração e aproveitamento de recursos hídricos. Tratando-se de questão afeta aos domínios do Direito Tributário, há que observar de modo especial o princípio da razoabilidade, sob pena de chancelar-se situação jurídica de todo inaceitável. A teor do art. 150, IV, da CF, os entes federativos não podem instituir tributos com efeito de confisco. É vedado à União, aos Estados, ao Distrito Federal e aos Municípios, a título de cobrança fiscal, arrebatar propriedade do contribuinte: descaracterizada a correspondência entre o custo real da atuação estatal e o valor exigido do sujeito passivo da obrigação tributária. Ao onerar excessivamente as empresas que exploram recursos hídricos, a pretexto de suportar os gastos decorrentes do controle e da fiscalização das respectivas atividades, a taxa sob análise adquire feições verdadeiramente confiscatórias, no que, fazendo as vezes de espécie tributária diversa – imposto –, extrapola obtenção do fim que lhe fundamenta a existência, dificultando, ou mesmo inviabilizando, o desenvolvimento da atividade econômica, circunstância a justificar a atuação judicial no sentido de fulminar, em âmbito abstrato, os preceitos impugnados. (ADI-6211).

3. REGIME JURÍDICO DAS ÁGUAS SUBTERRÂNEAS

STJ - Superior Tribunal de Justiça

Informativo 678 - 25.09.2020

RECURSOS HÍDRICOS. CONDOMÍNIO RESIDENCIAL. POÇO ARTESIANO. FEDERALISMO HÍDRICO-AMBIENTAL. REGIME JURÍDICO DAS ÁGUAS SUBTERRÂNEAS. OUTORGA E AUTORIZAÇÃO AMBIENTAL. NECESSIDADE. É vedada a captação de água subterrânea para uso de núcleos residenciais, sem que haja prévia outorga e autorização ambiental do Poder Público. (EREsp 1.335.535-RJ, Rel. Min. Herman Benjamin, julgado em 26/09/2018).

TÍTULO V

INFRAÇÕES ADMINISTRATIVAS

CAPÍTULO 1 - PRESCRIÇÃO

1. PRAZO

1.1. QUANDO APLICADA PELO IBAMA

STJ - Superior Tribunal de Justiça

Tema	329	Situação	Trânsito em Julgado	Órgão julgador	PRIMEIRA SEÇÃO
Questão Controvertida	Cinge-se a controvérsia sobre o prazo prescricional para a cobrança de multa administrativa por infração à legislação do meio ambiente aplicada por órgão ou entidade da Administração Pública Federal, direta ou indireta: se quinquenal, nos termos do art. 1º do Decreto 20.910/32, ou vintenária, segundo o art. 177 do Código Civil de 1916.				
Tese Firmada	Prescreve em cinco anos, contados do término do processo administrativo, a pretensão da Administração Pública de promover a execução da multa por infração ambiental.				
Informações Complementares	"A questão debatida nos autos é, apenas em parte, coincidente com a veiculada no REsp 1.112.577/SP, também de minha relatoria e já julgado sob o regime do art. 543-C do CPC e da Resolução STJ n.º 08/2008. Neste caso particular, a multa foi aplicada pelo Ibama, entidade federal de fiscalização e controle do meio ambiente, sendo possível discutir a incidência da Lei 9.873, de 23 de novembro de 1999, com os acréscimos da Lei 11.941, de 27 de maio de 2009. No outro processo anterior, a multa decorria do poder de polícia ambiental exercido por entidade vinculada ao Estado de São Paulo, em que não seria pertinente a discussão sobre essas duas leis federais." A Lei 9.873/1999 não se aplica: a) às ações administrativas punitivas desenvolvidas por estados e municípios, pois o âmbito espacial da lei limita-se ao plano federal; b) às ações administrativas que, apesar de potencialmente desfavoráveis aos interesses dos administrados, não possuem natureza punitiva, como as medidas administrativas revogatórias, as cautelares ou as reparatórias; e c) por expressa disposição do art. 5º, às ações punitivas disciplinares e às ações punitivas tributárias, sujeitas a prazos prescricionais próprios, a primeira com base na Lei 8.112/90 e a segunda com fundamento no Código Tributário Nacional. SCAN ME				

Tema	329	Situação	Trânsito em Julgado	Órgão julgador	PRIMEIRA SEÇÃO
Súmula Originada do Tema	Súmula 467/STJ				

Processo / Recurso	Decisão de Afetação	Relator (a)	Acórdão Publicado	Embargos Declaratórios	Trânsito em Julgado
REsp 1115078/RS	25/11/2009	CASTRO MEIRA	06/04/2010	-	10/05/2010

1.2. QUANDO APLICADA POR ESTADO FEDERADO

STJ - Superior Tribunal de Justiça

Tema	147	Situação	Trânsito em Julgado	Órgão julgador	PRIMEIRA SEÇÃO
Questão Controvertida	Cinge-se a controvérsia sobre o prazo prescricional para cobrança de multa por infração à legislação ambiental.				
Tese Firmada	Em se tratando de multa administrativa, a prescrição da ação de cobrança somente tem início com o vencimento do crédito sem pagamento, quando se torna inadimplente o administrado infrator.				
Informações Complementares	A prescrição de multa por infração à legislação do meio ambiente aplicada por entidade de fiscalização estadual é de cinco anos, contados do vencimento do crédito sem pagamento. SCAN ME				

Processo / Recurso	Decisão de Afetação	Relator (a)	Acórdão Publicado	Embargos Declaratórios	Trânsito em Julgado
REsp 1112577/SP	30/04/2009	CASTRO MEIRA	08/02/2010	-	15/03/2010

1.3. NA AUSÊNCIA DE REGRA ESPECÍFICA

Tema	146	Situação	Trânsito em Julgado	Órgão julgador	PRIMEIRA SEÇÃO
Questão Controvertida	Cinge-se a controvérsia sobre o prazo prescricional para cobrança de multa por infração à legislação ambiental.				
Tese Firmada	É de cinco anos o prazo para a cobrança da multa aplicada ante infração administrativa ao meio ambiente, nos termos do Decreto nº 20.910/32, o qual que deve ser aplicado por isonomia, à falta de regra específica para regular esse prazo prescricional.				
Informações Complementares	1. Multa decorrente do poder de polícia ambiental exercido por entidade vinculada ao Estado de São Paulo, em que não é pertinente a discussão sobre a Leis Federal 9.873/1999, com os acréscimos da Lei 11.941/2009. (REsp 1115078/RS, Rel. Ministro CASTRO MEIRA, PRIMEIRA SEÇÃO, julgado em 24/03/2010, DJe 06/04/2010) 2."O prazo prescricional para a cobrança de multa administrativa continua sendo de cinco anos, até 27 de maio de 1999, por força do Decreto 20.910/32, e, a atualmente, de acordo com o art. 1º-A da Lei 9.873/1999 (com os acréscimos da Lei 11.941/2009)." (REsp 1115078/RS, Rel. Ministro CASTRO MEIRA, PRIMEIRA SEÇÃO, julgado em 24/03/2010, DJe 06/04/2010) SCAN ME				
Processo / Recurso	Decisão de Afetação	Relator (a)	Acórdão Publicado	Embargos Declaratórios	Trânsito em Julgado
REsp 1112577/SP	30/04/2009	CASTRO MEIRA	08/02/2010	-	15/03/2010

STJ - Superior Tribunal de Justiça

Informativo 428 - 02.04.2010

PRESCRIÇÃO. PRAZO QUINQUENAL. A possibilidade de a administração valer-se do prazo vintenário previsto no CC/2002 para impor sanções e de o administrado só ter o quinquenal do Dec. n. 20.910/1932 para veicular suas pretensões escapa dos cânones da razoabilidade e isonomia, princípios norteadores da atuação do administrador, máxime no campo sancionatório. Assim, as prescrições administrativas em geral, seja em ações judiciais tipicamente administrativas seja no processo administrativo, devem sujeitar-se ao prazo quinquenal previsto no referido decreto. Quanto ao crédito objeto de execução fiscal que não possui natureza tributária (como no caso, de multa ambiental), este Superior Tribunal já se posicionou no sentido de que o marco interruptivo da prescrição é o despacho do juiz que ordena a citação (REsp 1.057.754-SP, Rel. Min. Luiz Fux, julgado em 23/3/2010).

2. TERMO INICIAL

STJ - Superior Tribunal de Justiça

Tema	330	**Situação**	Trânsito em Julgado	**Órgão julgador**	PRIMEIRA SEÇÃO
Questão Controvertida	Cinge-se a controvérsia sobre o prazo prescricional para a cobrança de multa administrativa por infração à legislação do meio ambiente aplicada por órgão ou entidade da Administração Pública Federal, direta ou indireta: se quinquenal, nos termos do art. 1º do Decreto 20.910/32, ou vintenária, segundo o art. 177 do Código Civil de 1916.				
Tese Firmada	O termo inicial do prazo prescricional para o ajuizamento da ação executória 'é a constituição definitiva do crédito, que se dá com o término do processo administrativo de apuração da infração e constituição da dívida'.				
Informações Complementares	"A questão debatida nos autos é, apenas em parte, coincidente com a veiculada no REsp 1.112.577/SP, também de minha relatoria e já julgado sob o regime do art. 543-C do CPC e da Resolução STJ n.º 08/2008. Neste caso particular, a multa foi aplicada pelo Ibama, entidade federal de fiscalização e controle do meio ambiente, sendo possível discutir a incidência da Lei 9.873, de 23 de novembro de 1999, com os acréscimos da Lei 11.941, de 27 de maio de 2009. No outro processo anterior, a multa decorria do poder de polícia ambiental exercido por entidade vinculada ao Estado de São Paulo, em que não seria pertinente a discussão sobre essas duas leis federais." SCAN ME				
Processo / Recurso	**Decisão de Afetação**	**Relator (a)**	**Acórdão Publicado**	**Embargos Declaratórios**	**Trânsito em Julgado**
REsp 1115078/RS	25/11/2009	CASTRO MEIRA	06/04/2010	-	10/05/2010

3. CAUSAS DE INTERRUPÇÃO

STJ - Superior Tribunal de Justiça

<table>
<tr><td>Tema</td><td>331</td><td>Situação</td><td>Trânsito em Julgado</td><td>Órgão julgador</td><td>PRIMEIRA SEÇÃO</td></tr>
<tr><td colspan="2">Questão Controvertida</td><td colspan="4">Cinge-se a controvérsia sobre o prazo prescricional para a cobrança de multa administrativa por infração à legislação do meio ambiente aplicada por órgão ou entidade da Administração Pública Federal, direta ou indireta: se quinquenal, nos termos do art. 1º do Decreto 20.910/32, ou vintenária, segundo o art. 177 do Código Civil de 1916.</td></tr>
<tr><td colspan="2">Tese Firmada</td><td colspan="4">São causas de interrupção do prazo prescricional: a) o despacho do juiz que ordenar a citação em executivo fiscal; b) o protesto judicial; c) qualquer ato judicial que constitua em mora o devedor; d) qualquer ato inequívoco, ainda que extrajudicial, que importe em reconhecimento do débito pelo devedor; e) qualquer ato inequívoco que importe em manifestação expressa de tentativa de solução conciliatória no âmbito interno da administração pública federal.</td></tr>
<tr><td colspan="2">Informações Complementares</td><td colspan="4">Hipótese: execução fiscal para cobrança de multa administrativa por infração ao meio ambiente.
"A questão debatida nos autos é, apenas em parte, coincidente com a veiculada no REsp 1.112.577/SP, também de minha relatoria e já julgado sob o regime do art. 543-C do CPC e da Resolução STJ n.º 08/2008. Neste caso particular, a multa foi aplicada pelo Ibama, entidade federal de fiscalização e controle do meio ambiente, sendo possível discutir a incidência da Lei 9.873, de 23 de novembro de 1999, com os acréscimos da Lei 11.941, de 27 de maio de 2009. No outro processo anterior, a multa decorria do poder de polícia ambiental exercido por entidade vinculada ao Estado de São Paulo, em que não seria pertinente a discussão sobre essas duas leis federais."
SCAN ME</td></tr>
</table>

Processo / Recurso	Decisão de Afetação	Relator (a)	Acórdão Publicado	Embargos Declaratórios	Trânsito em Julgado
REsp 1115078/RS	25/11/2009	CASTRO MEIRA	06/04/2010	-	10/05/2010

CAPÍTULO 2 - PRESCRIÇÃO INTERCORRENTE

STJ - Superior Tribunal de Justiça

Tema	328	**Situação**	Trânsito em Julgado	**Órgão julgador**	PRIMEIRA SEÇÃO
Questão Controvertida	Cinge-se a controvérsia sobre o prazo prescricional para a cobrança de multa administrativa por infração à legislação do meio ambiente aplicada por órgão ou entidade da Administração Pública Federal, direta ou indireta: se quinquenal, nos termos do art. 1º do Decreto 20.910/32, ou vintenária, segundo o art. 177 do Código Civil de 1916.				
Tese Firmada	É de três anos o prazo para a conclusão do processo administrativo instaurado para se apurar a infração administrativa ('prescrição intercorrente').				
Informações Complementares	"A questão debatida nos autos é, apenas em parte, coincidente com a veiculada no REsp 1.112.577/SP, também de minha relatoria e já julgado sob o regime do art. 543-C do CPC e da Resolução STJ n.º 08/2008. Neste caso particular, a multa foi aplicada pelo Ibama, entidade federal de fiscalização e controle do meio ambiente, sendo possível discutir a incidência da Lei 9.873, de 23 de novembro de 1999, com os acréscimos da Lei 11.941, de 27 de maio de 2009. No outro processo anterior, a multa decorria do poder de polícia ambiental exercido por entidade vinculada ao Estado de São Paulo, em que não seria pertinente a discussão sobre essas duas leis federais." SCAN ME				

Processo / Recurso	**Decisão de Afetação**	**Relator (a)**	**Acórdão Publicado**	**Embargos Declaratórios**	**Trânsito em Julgado**
REsp 1115078/RS	25/11/2009	CASTRO MEIRA	06/04/2010	-	10/05/2010

CAPÍTULO 3 - DECADÊNCIA

1. PRAZO

STJ - Superior Tribunal de Justiça

Tema	324	Situação	Trânsito em Julgado	Órgão julgador	PRIMEIRA SEÇÃO
Questão Controvertida	Cinge-se a controvérsia sobre o prazo prescricional para a cobrança de multa administrativa por infração à legislação do meio ambiente aplicada por órgão ou entidade da Administração Pública Federal, direta ou indireta: se quinquenal, nos termos do art. 1º do Decreto 20.910/32, ou vintenária, segundo o art. 177 do Código Civil de 1916.				
Tese Firmada	É de cinco anos o prazo decadencial para se constituir o crédito decorrente de infração à legislação administrativa.				
Informações Complementares	Prescrição administrativa. "A questão debatida nos autos é, apenas em parte, coincidente com a veiculada no REsp 1.112.577/SP, também de minha relatoria e já julgado sob o regime do art. 543-C do CPC e da Resolução STJ n.º 08/2008. Neste caso particular, a multa foi aplicada pelo Ibama, entidade federal de fiscalização e controle do meio ambiente, sendo possível discutir a incidência da Lei 9.873, de 23 de novembro de 1999, com os acréscimos da Lei 11.941, de 27 de maio de 2009. No outro processo anterior, a multa decorria do poder de polícia ambiental exercido por entidade vinculada ao Estado de São Paulo, em que não seria pertinente a discussão sobre essas duas leis federais."				
Processo / Recurso	**Decisão de Afetação**	**Relator (a)**	**Acórdão Publicado**	**Embargos Declaratórios**	**Trânsito em Julgado**
REsp 1115078/RS	25/11/2009	CASTRO MEIRA	06/04/2010	-	10/05/2010

STJ - Superior Tribunal de Justiça

Informativo 407 - 18.09.2019

REFLORESTAMENTO. ATO ADMINISTRATIVO. DECADÊNCIA. Trata-se de REsp em que se discute a decadência para a Administração anular ato administrativo que aprovara um projeto de reflorestamento. Tal ato, entre outras irregularidades, não teria atendido às manifestações técnicas produzidas pelo Ibama e, ainda, evidenciou-se um flagrante desrespeito ao meio ambiente, na medida em que houve plantio de bambu em áreas de encostas em diversos estágios de desenvolvimento vegetativo, bem como a utilização de áreas de preservação permanente. A Turma conheceu parcialmente do recurso, mas lhe negou provimento, tendo em vista que, no caso, o ato de aprovação do projeto de reflorestamento ocorreu em 15/10/1997 e sua nulidade foi declarada em 17/6/2003. Assim, há que afastar a alegação de decadência, porquanto ausente o decurso do prazo quinquenal a contar da vigência da Lei n. 9.784/1999 (REsp 878.467-PE, Rel. Min. Teori Albino Zavascki, julgado em 15/9/2009).

2. TERMO INICIAL

2.1. ILÍCITO PERMANENTE OU CONTINUADO

STJ - Superior Tribunal de Justiça

Tema	326	**Situação**	Trânsito em Julgado	**Órgão julgador**	PRIMEIRA SEÇÃO
Questão Controvertida	Cinge-se a controvérsia sobre o prazo prescricional para a cobrança de multa administrativa por infração à legislação do meio ambiente aplicada por órgão ou entidade da Administração Pública Federal, direta ou indireta: se quinquenal, nos termos do art. 1º do Decreto 20.910/32, ou vintenária, segundo o art. 177 do Código Civil de 1916.				
Tese Firmada	O prazo decadencial para constituição do crédito decorrente de infração à legislação administrativa, 'no caso de infração permanente ou continuada, conta-se do dia em que tiver cessado' o ilícito.				

Tema	326	**Situação**	Trânsito em Julgado	**Órgão julgador**	PRIMEIRA SEÇÃO
Informações Complementares	Prescrição administrativa. "A questão debatida nos autos é, apenas em parte, coincidente com a veiculada no REsp 1.112.577/SP, também de minha relatoria e já julgado sob o regime do art. 543-C do CPC e da Resolução STJ n.º 08/2008. Neste caso particular, a multa foi aplicada pelo Ibama, entidade federal de fiscalização e controle do meio ambiente, sendo possível discutir a incidência da Lei 9.873, de 23 de novembro de 1999, com os acréscimos da Lei 11.941, de 27 de maio de 2009. No outro processo anterior, a multa decorria do poder de polícia ambiental exercido por entidade vinculada ao Estado de São Paulo, em que não seria pertinente a discussão sobre essas duas leis federais." SCAN ME				

Processo / Recurso	**Decisão de Afetação**	**Relator (a)**	**Acórdão Publicado**	**Embargos Declaratórios**	**Trânsito em Julgado**
REsp 1115078/RS	25/11/2009	CASTRO MEIRA	06/04/2010	-	10/05/2010

2.2. ILÍCITO INSTANTÂNEO

STJ - Superior Tribunal de Justiça

Tema	325	**Situação**	Trânsito em Julgado	**Órgão julgador**	PRIMEIRA SEÇÃO
Questão Controvertida	Cinge-se a controvérsia sobre o prazo prescricional para a cobrança de multa administrativa por infração à legislação do meio ambiente aplicada por órgão ou entidade da Administração Pública Federal, direta ou indireta: se quinquenal, nos termos do art. 1º do Decreto 20.910/32, ou vintenária, segundo o art. 177 do Código Civil de 1916.				
Tese Firmada	O prazo decadencial para constituição do crédito decorrente de infração à legislação administrativa 'conta-se da data da infração', 'caso se trate de ilícito instantâneo'.				

Tema	325	**Situação**	Trânsito em Julgado	**Órgão julgador**	PRIMEIRA SEÇÃO
Informações Complementares	Prescrição administrativa. "A questão debatida nos autos é, apenas em parte, coincidente com a veiculada no REsp 1.112.577/SP, também de minha relatoria e já julgado sob o regime do art. 543-C do CPC e da Resolução STJ n.º 08/2008. Neste caso particular, a multa foi aplicada pelo Ibama, entidade federal de fiscalização e controle do meio ambiente, sendo possível discutir a incidência da Lei 9.873, de 23 de novembro de 1999, com os acréscimos da Lei 11.941, de 27 de maio de 2009. No outro processo anterior, a multa decorria do poder de polícia ambiental exercido por entidade vinculada ao Estado de São Paulo, em que não seria pertinente a discussão sobre essas duas leis federais." SCAN ME				

Processo / Recurso	**Decisão de Afetação**	**Relator (a)**	**Acórdão Publicado**	**Embargos Declaratórios**	**Trânsito em Julgado**
REsp 1115078/RS	25/11/2009	CASTRO MEIRA	06/04/2010	-	10/05/2010

3. INTERRUPÇÃO

STJ - Superior Tribunal de Justiça

Tema	327	**Situação**	Trânsito em Julgado	**Órgão julgador**	PRIMEIRA SEÇÃO
Questão Controvertida	Cinge-se a controvérsia sobre o prazo prescricional para a cobrança de multa administrativa por infração à legislação do meio ambiente aplicada por órgão ou entidade da Administração Pública Federal, direta ou indireta: se quinquenal, nos termos do art. 1º do Decreto 20.910/32, ou vintenária, segundo o art. 177 do Código Civil de 1916.				
Tese Firmada	Interrompe-se o prazo decadencial para a constituição do crédito decorrente de infração à legislação administrativa: a) pela notificação ou citação do indiciado ou executado, inclusive por meio de edital; b) por qualquer ato inequívoco, que importe apuração do fato; pela decisão condenatória recorrível; por qualquer ato inequívoco que importe em manifestação expressa de tentativa de solução conciliatória no âmbito interno da administração pública federal.				

Tema	327	**Situação**	Trânsito em Julgado	**Órgão julgador**	PRIMEIRA SEÇÃO
Informações Complementares	Prescrição administrativa. "A questão debatida nos autos é, apenas em parte, coincidente com a veiculada no REsp 1.112.577/SP, também de minha relatoria e já julgado sob o regime do art. 543-C do CPC e da Resolução STJ n.º 08/2008. Neste caso particular, a multa foi aplicada pelo Ibama, entidade federal de fiscalização e controle do meio ambiente, sendo possível discutir a incidência da Lei 9.873, de 23 de novembro de 1999, com os acréscimos da Lei 11.941, de 27 de maio de 2009. No outro processo anterior, a multa decorria do poder de polícia ambiental exercido por entidade vinculada ao Estado de São Paulo, em que não seria pertinente a discussão sobre essas duas leis federais." SCAN ME				

Processo / Recurso	**Decisão de Afetação**	**Relator (a)**	**Acórdão Publicado**	**Embargos Declaratórios**	**Trânsito em Julgado**
REsp 1115078/RS	25/11/2009	CASTRO MEIRA	06/04/2010	-	10/05/2010

CAPÍTULO 4 - FISCALIZAÇÃO AMBIENTAL

1. COMPETÊNCIA

1.1. OMISSÃO DE ÓRGÃO ESTADUAL

STJ - Superior Tribunal de Justiça

Informativo 392 - 01.05.2009

IBAMA. FISCALIZAÇÃO. OMISSÃO. ORGÃO ESTADUAL. O nosso pacto federativo atribuiu competência aos entes da Federação para a proteção do meio ambiente, o que se dá mediante o poder de polícia administrativa (art. 78 do CTN). Esse poder envolve vários aspectos, entre eles, o poder de permitir o desempenho de certa atividade (desde que acorde com as determinações normativas) e de sancionar as condutas contrárias à norma. Anote-se que a contrariedade à norma pode ser anterior ou superveniente à outorga da licença, portanto a aplicação da sanção não está necessariamente vinculada àquele ato administrativo. Isso posto, não há que se confundir a competência do Ibama de licenciar (caput do art. 10 da Lei n. 6.938/1981) com sua competência para fiscalizar (§ 3º do mesmo artigo). Assim, diante da omissão do órgão estadual de fiscalização, mesmo que outorgante da licença ambiental, o Ibama pode exercer seu poder de polícia administrativa, quanto mais se a atividade desenvolvida pode causar dano ambiental em bem da União (AgRg no REsp 711.405-PR, Rel. Min. Humberto Martins, julgado em 28/4/2009).

1.2. POLÍCIA MILITAR AMBIENTAL E AUTO DE INFRAÇÃO

STJ - Superior Tribunal de Justiça

Informativo 390 - 17.04.2009

COMPETÊNCIA. POLÍCIA MILITAR AMBIENTAL. In casu, constatou-se dos autos que foi celebrado convênio entre o Ibama e a Polícia Militar Ambiental de estado-membro, tendo por objeto estabelecer um regime de mútua cooperação entre convenentes a fim de executar ações fiscalizatórias voltadas para a preservação e conservação do meio ambiente e dos recursos naturais renováveis, conforme prevê o art. 17-Q da Lei n. 6.938/1981, que trata da Política Nacional do Meio Ambiente. Diante disso, a Turma negou provimento ao recurso ao entendimento de que, sendo a Polícia Militar Ambiental órgão do Estado, atua em nome dele e, assim, é competente para a lavratura de auto de infração ambiental (REsp 1.109.333-SC, Rel. Min. Francisco Falcão, julgado em 14/4/2009).

1.3. TÉCNICO AMBIENTAL

STJ - Superior Tribunal de Justiça

Informativo 360 - 20.07.2008

VALIDADE. AUTO. INFRAÇÃO. TÉCNICO. AMBIENTAL. A Lei n. 9.605/1998 confere a todos os funcionários dos órgãos ambientais integrantes do sistema nacional do meio ambiente (Sisnama) o poder de lavrar autos de infração e instaurar processos administrativos, desde que designados para as atividades de fiscalização, o que, na hipótese, foi realizado com a Portaria n. 1.273/1998. A Lei n. 11.516/2007, que acrescentou o parágrafo único ao art. 6º da Lei n. 10.410/2002, autoriza o exercício de fiscalização aos titulares do cargo de técnico ambiental desde que precedido de ato de designação próprio da autoridade ambiental. Assim, a Turma deu provimento ao recurso do Ibama e manteve válido o auto de infração decorrente da apreensão de envelopes de agrotóxicos originários do Paraguai na propriedade do impetrante (REsp 1.057.292-PR, Rel. Min. Francisco Falcão, julgado em 17/6/2008).

2. PARTICIPAÇÃO DE ENTIDADES CIVIS NA FISCALIZAÇÃO

STF - Supremo Tribunal Federal

Informativos 291 (22.11.2002) e 300 (14.03.2003)

MUTIRÕES AMBIENTAIS: NÃO-CONHECIMENTO. Concluído o julgamento de mérito de ação direta (Lei 9.868/99, art. 12), ajuizada pela Confederação Nacional da Indústria - CNI contra a Instrução Normativa IBAMA 19/2001 e a Resolução CONAMA 3/88, que dispõem sobre a possibilidade de participação de entidades civis na fiscalização de reservas ecológicas e áreas de proteção ambiental, na qualidade de agentes ambientais voluntários. O Tribunal, por maioria, não conheceu da ação em virtude da natureza secundária dos atos impugnados, os quais, respectivamente, regulam a Lei 9.605/98 (art. 70, § 2º) e a Lei 6.938/81 (arts. 4º, 5º e 6º, II e VI), de modo que os eventuais excessos do poder regulamentar dos atos impugnados não revelariam inconstitucionalidade, mas sim eventual ilegalidade frente à Leis ordinárias regulamentadas, cuja análise é incabível em sede de controle abstrato de normas. Vencidos os Ministros Ilmar Galvão e Marco Aurélio (ADI-2714).

3. GRADAÇÃO DAS PENALIDADES ADMINISTRATIVAS

STJ - Superior Tribunal de Justiça

Informativo 561 - 17.05.2015

DIREITO AMBIENTAL. APLICAÇÃO DE MULTA INDEPENDENTEMENTE DE PRÉVIA ADVERTÊNCIA POR INFRAÇÃO AMBIENTAL GRAVE. Configurada infração ambiental grave, é possível a aplicação da pena de multa sem a necessidade de prévia imposição da pena de advertência (art. 72 da Lei 9.605/1998). De fato, na imposição de penalidade por infração ambiental, a gradação das penalidades é imposta pela própria Lei 9.605/1988, que obriga a autoridade competente a observar, primeiramente, a gravidade do fato e, posteriormente, os antecedentes do infrator e a sua situação econômica (arts. 6º da Lei 9.605/1998 e 4º do Decreto 6.514/2008). Esses são os critérios norteadores do tipo de penalidade a ser imposta. Feitas essas considerações, insta expor que a penalidade de advertência a que alude o art. 72, § 3º, I, da Lei 9.605/1998 tem aplicação tão somente nas infrações de menor potencial ofensivo, justamente porque ostenta caráter preventivo e pedagógico. Assim, na hipótese de infração de pequena intensidade, perfaz-se acertado o emprego de advertência e, caso não cessada e não sanada a violação, passa a ser cabível a aplicação de multa. Porém, no caso de transgressão grave, a aplicação de simples penalidade de advertência atentaria contra os princípios informadores do ato sancionador, quais sejam, a proporcionalidade e a razoabilidade (REsp 1.318.051-RJ, Rel. Min. Benedito Gonçalves, julgado em 17/3/2015, DJe 12/5/2015).

4. TAXAS

4.1. INSTITUIÇÃO POR PORTARIA

STF - Supremo Tribunal Federal

Informativos 145 (16.04.1999) e 152 (11.06.1999)

MEDIDA CAUTELAR EM AÇÃO DIRETA DE INCONSTITUCIONALIDADE: Portaria nº 31-N, de 12.03.99, e Portaria nº 33, de

18.03.99, ambas do Presidente do IBAMA, e Portaria nº 37, de 05.03.98, do Ministro do Meio Ambiente. 1. Só a lei pode instituir taxas a serem cobradas por contraprestação de serviços ou em razão do exercício do poder de polícia, a teor do que dispõem os artigos 145, II, e 150, I, da Constituição. 2. Suspensão cautelar da eficácia, com efeito ex nunc, das Portarias nºs. 31-N, de 12.03.99, e 33, de 18.03.99, do Presidente do IBAMA. 3. Ação não conhecida quanto à Portaria nº 37, de 05.03.98, do Ministro do Meio Ambiente, por ter sido objeto de impugnação genérica (ADI-1.982-MC).

4.2. CONTROLE E FISCALIZAÇÃO AMBIENTAL (TCFA)

4.2.1. *COMPETÊNCIA DA UNIÃO E ESTADO X BITRIBUTAÇÃO*

STF - Supremo Tribunal Federal

Informativo 667 (25.05.2012)

AGRAVO REGIMENTAL. TRIBUTÁRIO. TAXA DE FISCALIZAÇÃO AMBIENTAL. EXAÇÕES COBRADAS PELA UNIÃO E PELO ÓRGÃO ESTADUAL. BITRIBUTAÇÃO DESCARACTERIZADA. CONFISCO. RAZÕES RECURSAIS INSUFICIENTES PARA CONCLUIR PELA DESPROPORCIONALIDADE OU PELA IRRAZOABILIDADE DA COBRANÇA. É condição constitucional para a cobrança de taxa pelo exercício de poder de polícia a competência do ente tributante para exercer a fiscalização da atividade específica do contribuinte (art. 145, II da Constituição). Por não serem mutuamente exclusivas, as atividades de fiscalização ambiental exercidas pela União e pelo estado não se sobrepõem e, portanto, não ocorre bitributação. Ao não trazer à discussão o texto da lei estadual que institui um dos tributos, as razões recursais impedem que se examine a acumulação da carga tributária e, com isso, prejudica o exame de eventual efeito confiscatório da múltipla cobrança. Agravo regimental ao qual se nega provimento (AG. REG. NO RE-602.089).

4.2.2. HIPÓTESE DE INCIDÊNCIA E BASE DE CÁLCULO

STF - Supremo Tribunal Federal

Informativo 396 (12.08.2005)

LEI 10.165/2004 E TAXA DE CONTROLE E FISCALIZAÇÃO AMBIENTAL: CONSTITUCIONALIDADE. O Tribunal negou provimento a recurso extraordinário interposto contra acórdão do Tribunal Regional Federal da 1ª Região que declarara a constitucionalidade da Lei 10.165/2004, que instituiu a taxa de controle de fiscalização ambiental – TCFA. Entendeu-se que a Lei 10.165/2004, ao alterar a redação dos artigos 17-B, 17-C, 17-D, 17-F, 17-G, 17-H e 17-I da Lei 6.938/81 – inseridos pela Lei 9.960/2000 e impugnados na ADI 2178/DF (DJU de 21.2.2001), a qual fora julgada prejudicada – corrigiu as inconstitucionalidades antes apontadas no julgamento da medida cautelar na citada ação direta. Inicialmente, conheceu-se do recurso apenas em relação à alegada violação ao art. 145, II, da CF, em face da ausência de prequestionamento quanto aos demais dispositivos. No mérito, manteve-se o entendimento do acórdão recorrido, salientando-se que a taxa em questão decorre do poder de polícia exercido pelo IBAMA, e tem por hipótese de incidência a fiscalização de atividades poluidoras e utilizadoras de recursos ambientais, sendo dela sujeitos passivos todos os que exerçam referidas atividades, as quais estão elencadas no anexo VIII da lei. Além disso, a base de cálculo da taxa varia em razão do potencial de poluição e do grau de utilização de recursos naturais, tendo em conta o tamanho do estabelecimento a ser fiscalizado, em observância aos princípios da proporcionalidade e da retributividade (RE-416601).

STF - Supremo Tribunal Federal

Informativos 183 (31.03.2000) e 188 (12.05.2000)

AÇÃO DIRETA DE INCONSTITUCIONALIDADE. ARTIGO 8º DA LEI Nº 9.960, DE 28.01.2000, QUE INTRODUZIU NOVOS ARTIGOS NA

LEI Nº 6.938/81, CRIANDO A TAXA DE FISCALIZAÇÃO AMBIENTAL (TFA). ALEGADA INCOMPATIBILIDADE COM OS ARTIGOS 145, II; 167, IV; 154, I; E 150, III, B, DA CONSTITUIÇÃO FEDERAL. Dispositivos insuscetíveis de instituir, validamente, o novel tributo, por haverem definido, como fato gerador, não o serviço prestado ou posto à disposição do contribuinte, pelo ente público, no exercício do poder de polícia, como previsto no art. 145, II, da Carta Magna, mas a atividade por esses exercida; e como contribuintes pessoas físicas ou jurídicas que exercem atividades potencialmente poluidoras ou utilizadoras de recursos ambientais, não especificadas em lei. E, ainda, por não haver indicado as respectivas alíquotas ou o critério a ser utilizado para o cálculo do valor devido, tendo-se limitado a estipular, a forfait, valores uniformes por classe de contribuintes, com flagrante desobediência ao princípio da isonomia, consistente, no caso, na dispensa do mesmo tratamento tributário a contribuintes de expressão econômica extremamente variada. Plausibilidade da tese da inconstitucionalidade, aliada à conveniência de pronta suspensão da eficácia dos dispositivos instituidores da TFA. Medida cautelar deferida (ADI-2.178-MC).

OBS: Houve a perda do objeto da ADI: Em 14/02/2001, julgamento por despacho – PREJUDICADO: Vistos, etc. Trata-se de ação direta de inconstitucionalidade, ajuizada pela confederação nacional da indústria – CNI, tendo por objeto a lei nº 9.960/2000, que, introduzindo dispositivos na lei nº 6.938/81, estabeleceu preços públicos do instituto brasileiro do meio ambiente e dos recursos naturais renováveis – Ibama e instituiu, em seu favor, a taxa de fiscalização ambiental – TFA. O pedido de declaração de inconstitucionalidade veio acompanhado de requerimento de medida liminar, que foi deferido em 29.03.2000. Ocorre, entretanto, que a lei nº 10.165, de 27.12.2000, alterou a redação dos arts. 17-b, 17-c, 17-d, 17-f, 17-g, 17-h e 17-i da lei nº 6.938/81, introduzidos pela mencionada lei nº 9.960/2000 e impugnados nesta ação direta. Evidente, portanto, a perda de objeto do presente feito, conforme pacífica jurisprudência do supremo tribunal federal. Dessa forma, julgo prejudicada esta adi 2.178, na forma do art. 21, ix, do ri/stf. Publique-se.

4.2.3. SOBRE ATIVIDADE DA INDÚSTRIA DE PETRÓLEO E GÁS

STF - Supremo Tribunal Federal

Informativo 989 (04.09.2020)

CONSTITUCIONAL, TRIBUTÁRIO E AMBIENTAL. LEI 7.182/2015 DO ESTADO DO RIO DE JANEIRO. TAXA DE CONTROLE, MONITORAMENTO E FISCALIZAÇÃO AMBIENTAL (TFPG) EXIGIDA SOBRE ATIVIDADES DA INDÚSTRIA DE PETRÓLEO E GÁS. LEI COMPLEMENTAR 140/2011. NATUREZA SUPLEMENTAR, SUPLETIVA OU EMERGENCIAL DA FISCALIZAÇÃO NÃO EXCLUI PODER DE TAXAR DOS ESTADOSMEMBROS. VALOR DA TAXA. DESPROPORCIONALIDADE. PROCEDÊNCIA. 1. Reconhecida a legitimidade ativa da Associação Brasileira de Empresas de Exploração e Produção de Petróleo e Gás (ABEP), tendo em vista a assimétrica distribuição da indústria de petróleo e gás no território nacional e a expressividade das suas filiadas para o segmento como um todo, o que demonstra a sua abrangência nacional. Precedente. 2. Os artigos 23, VI e VII, e 24, VI, da Constituição Federal estabelecem um compromisso federativo de fiscalização ambiental das atividades potencialmente poluidoras, atribuindo aos Estados-Membros autoridade para promover medidas de fiscalização em atividades da indústria petrolífera, mesmo quando realizadas em perímetros sujeitos ao licenciamento por órgãos ambientais da União, como as localizadas em faixas de mar contíguas ao território nacional, o que é confirmado pelos arts. 15 e 17 da Lei Complementar 140/2011, bem como pelo art. 27, III, da Lei 9.966/2000. 3. O caráter subsidiário, supletivo ou emergencial das medidas de fiscalização pelos órgãos ambientais estaduais nas atividades da indústria petrolífera realizadas em águas marinhas não impede a instituição de taxas pelo exercício do poder de polícia, nem induz bitributação, sendo possível a sua compensação com taxas cobradas no âmbito federal (art. 17-P da Lei 6.938/1981). 4. A base de cálculo indicada pelo art. 4º da Lei 7.182/2015 – barril de petróleo extraído ou unidade equivalente de gás a ser recolhida – não guarda congruência com os custos das atividades de fiscalização exercidas pelo órgão ambiental estadual, o Instituto Estadual do Ambiente (INEA/RJ). Desproporcionalidade reconhecida. Nesse sentido: ADI 6211-MC, Rel. Min. MARCO AURÉLIO, Tribunal Pleno, julgado em 4/12/2019, acórdão pendente de publicação; e ADI 5374-MC, Rel. Min. ROBERTO BARROSO, decisão monocrática, DJe de 17/12/2018. 5. Ação direta julgada procedente (ADI 5.480 E 5.512).

4.2.4. EMPRESAS REVENDEDORAS DE COMBUSTÍVEIS

STJ - Superior Tribunal de Justiça

Informativo 237 - 04.03.2005

TAXA. CONTROLE. FISCALIZAÇÃO AMBIENTAL. POSSIBILIDADE. COBRANÇA. IBAMA. O Ibama está autorizado a cobrar a Taxa de Controle e Fiscalização Ambiental (TCFA) das empresas revendedoras de combustíveis (postos), conforme autorização do art. 17-B da Lei n. 6.938/1981 com a redação do art. 1º da Lei n. 10.165/2000 (REsp 695.368-RJ, Rel. Min. José Delgado, julgado em 3/3/2005).

4.3. PARA INSPEÇÃO DE IMPORTAÇÕES E EXPORTAÇÕES PESQUEIRAS

STF - Supremo Tribunal Federal

Informativos 202 (15.09.2000) e 209 (10.11.2000)

AÇÃO DIRETA DE INCONSTITUCIONALIDADE. ITEM 5.4 DO ANEXO I DA PORTARIA Nº 62, DE 20.03.2000, DO MINISTÉRIO DO MEIO AMBIENTE. MEDIDA CAUTELAR DEFERIDA. Dispositivo por meio do qual o Ministério do Meio Ambiente, sem lei que o autorizasse, instituiu taxa para inspeção de importações e exportações de produtos da indústria pesqueira, a ser cobrada pelo Instituto Brasileiro do Meio ambiente e dos Recursos Naturais Renováveis – IBAMA, com ofensa ao princípio da legalidade estrita, que disciplina o Direito Tributário. Plausibilidade das alegações de inconstitucionalidade. Medida cautelar deferida (ADI-2.247-MC).

4.4. GUIA DE TRANSPORTE

4.4.1. PRODUTOS FLORESTAIS

STJ - Superior Tribunal de Justiça

Informativo 217 - 13.08.2004

IBAMA. ATPF. FORMULÁRIO. É legal a taxa cobrada pelo Ibama destinada à aquisição do formulário-padrão de Autorização para Transporte de Produtos Florestais - ATPF (art. 17-A da Lei n. 6.938/1981 c/c art. 46 da Lei n. 9.608/1996), uma vez que a sua utilização é obrigatória para a circulação de produtos florestais (REsp 641.754-PB, Rel. Min. Castro Meira, julgado em 10/8/2004).

4.4.2. PLANTAS DESTINADAS À EXPOSIÇÕES E FEIRAS

STJ - Superior Tribunal de Justiça

Informativo 139 - 21.06.2002

ORQUÍDEA. REGISTRO. TRANSPORTE. A recorrente, associação de orquidófilos sem fins lucrativos, está obrigada a registrar-se no Cadastro Florestal da Secretaria de Meio Ambiente e sujeita-se à emissão de guia para realizar transporte das plantas destinadas às exposições e feiras (RMS 13.797-RS, Rel. Min. Humberto Gomes de Barros, julgado em 18/6/2002).

4.5. TAXA FLORESTAL

STF - Supremo Tribunal Federal

Informativo 243 (28.09.2001)

TAXA FLORESTAL. Por entender inocorrente a alegada ofensa à Constituição sustentada pela recorrente (artigos 145, II, § 2º e

150, I e IV), a Turma manteve acórdão do Tribunal de Justiça do Estado de Minas Gerais que concluíra pela constitucionalidade da cobrança da Taxa Florestal instituída pela Lei estadual 7.163/77, como remuneração pelo exercício do poder de polícia sobre o carvão vegetal consumido por empresas siderúrgicas em seu processo industrial. Precedentes citados: AG (AgRg) 196.465-MG (DJU 26.9.97); RE 239.397-MG (28.4.2000) e RE (AgRg) 240.357-MG (DJU 16.3.2001). RE-228332

STF - Supremo Tribunal Federal

Informativo 182 (24.03.2000)

TAXA FLORESTAL. Por entender inocorrente a alegada ofensa à Constituição sustentada pelo recorrente (artigos 5º, caput; 145, II, § 2º; 150, I e IV e art. 152), a Turma manteve acórdão do Tribunal de Justiça do Estado de Minas Gerais que concluíra pela constitucionalidade da Taxa Florestal instituída pela Lei estadual 7.163/77, como remuneração pelo exercício do poder de polícia sobre o carvão vegetal consumido por empresas siderúrgicas em seu processo industrial. Precedentes citados: Rp 1008-MG (RTJ 101/5) e AG (AgRg) 196.465-MG (DJU de 26.9.97). RE-239.397

STF - Supremo Tribunal Federal

Informativo 85 (26.09.1997)

CONSTITUCIONAL. TRIBUTÁRIO. TAXA FLORESTAL DO ESTADO DE MINAS GERAIS. C.F., art. 145, § 2º, art. 150, IV. I. – Base de cálculo da taxa florestal distinta da base de cálculo do ICMS: aquela, é o custo estimado da atividade estatal, esta é o valor decorrente da operação de circulação de mercadorias. II. – Alegação no sentido de que a taxa florestal tem caráter confiscatório: necessidade de reexame da questão de fato, o que não é possível em sede extraordinária. III. – R.E. inadmitido. Agravo não provido (AG(AgRg)-196.465).

5. APREENSÃO DO PRODUTO OU INSTRUMENTO DA INFRAÇÃO

5.1. EXCLUSIVIDADE E ESPECIFICIDADE

STJ - Superior Tribunal de Justiça

Tema	1036	**Situação**	Afetado	**Órgão julgador**	PRIMEIRA SEÇÃO

Questão Controvertida	Aferir se é condição para a apreensão do instrumento utilizado na prática da infração ambiental a comprovação de que o bem é de uso específico e exclusivo para a atividade ilícita (Lei n. 9.605/1998, art. 25, § 4º, atual § 5º).
Tese Firmada	-
Informações Complementares	Afetação na sessão eletrônica iniciada em 6/11/2019 e finalizada em 12/11/2019 (Primeira Seção). Vide Controvérsia n. 105/STJ. Há determinação de suspensão do processamento de todos os processos pendentes, individuais ou coletivos, que versem acerca da questão delimitada e tramitem no território nacional (acórdão publicado no DJe de 27/11/2019). SCAN ME

Processo / Recurso	**Decisão de Afetação**	**Relator (a)**	**Acórdão Publicado**	**Embargos Declaratórios**	**Trânsito em Julgado**
REsp 1814945/CE; REsp1814944/RN e REsp 1816353/RO	27/11/2019	MAURO CAMPBELL MARQUES	-/-/-	-	-

5.2. Guia de autorização de transporte

5.2.1. Ausência

STJ - Superior Tribunal de Justiça

Tema	405	**Situação**	Trânsito em Julgado	**Órgão julgador**	PRIMEIRA SEÇÃO
Questão Controvertida	Discute-se a possibilidade da liberação de veículo de carga, legalmente apreendido pelo transporte de madeira sem a competente autorização para transporte - ATPF - (Lei nº 9.605/98, art. 46, Parágrafo único) mediante pagamento de multa ou oferecimento de defesa administrativa, com respaldo no disposto no art. 2º, § 6º, inciso VIII, do Decreto nº 3.179/99.				
Tese Firmada	O art. 2º, § 6º, inc. VIII, do Decreto n. 3.179/99 (redação original), quando permite a liberação de veículos e embarcações mediante pagamento de multa, não é compatível com o que dispõe o art. 25, § 4º, da Lei n. 9.605/98; entretanto, não há ilegalidade quando o referido dispositivo regulamentar admite a instituição do depositário fiel na figura do proprietário do bem apreendido por ocasião de infração nos casos em que é apresentada defesa administrativa - anote-se que não se está defendendo a simplória liberação do veículo, mas a devolução com a instituição de depósito (e os consectários legais que daí advêm), observado, entretanto, que a liberação só poderá ocorrer caso o veículo ou a embarcação estejam regulares na forma das legislações de regência (Código de Trânsito Brasileiro, p. ex.).				
Informações Complementares	Conforme ponto 17 da ementa do REsp n. 1.133.965/BA, "toda esta sistemática é inaplicável aos casos ocorridos já na vigência do Decreto n. 6.514/08, que deu tratamento jurídico diverso à matéria (arts. 105 e ss. e 134 e ss.)". SCAN ME				

Processo / Recurso	**Decisão de Afetação**	**Relator (a)**	**Acórdão Publicado**	**Embargos Declaratórios**	**Trânsito em Julgado**
REsp 1133965/BA	12/04/2010	MAURO CAMPBELL MARQUES	11/05/2018	-	03/08/2018

5.2.2. *INOBSERVÂNCIA DOS LIMITES*

STJ - Superior Tribunal de Justiça

Informativo 658 - 08.11.2019

MADEIRA TRANSPORTADA IRREGULARMENTE. GUIA DE AUTORIZAÇÃO DE TRANSPORTE. INOBSERVÂNCIA DOS LIMITES. APREENSÃO DE TODA A MERCADORIA. POSSIBILIDADE. O transporte em quantidade excessiva de madeira, não acobertada pela respectiva guia de autorização, legitima a apreensão de toda a mercadoria (REsp 1.784.755-MT, Rel. Min. Og Fernandes, Segunda Turma, por unanimidade, julgado em 17/09/2019, DJe 01/10/2019).

5.3. GUARDA CONSIGO DE BEM APREENDIDO

STJ - Superior Tribunal de Justiça

<table>
<tr><td>Tema</td><td>1043</td><td>Situação</td><td>Afetado</td><td>Órgão julgador</td><td>PRIMEIRA SEÇÃO</td></tr>
<tr><td>Questão Controvertida</td><td colspan="5">Aferir se constitui direito subjetivo do infrator a guarda consigo, na condição de fiel depositário, do veículo automotor apreendido, até ulterior decisão administrativa definitiva (Decreto n. 6.514/2008, art. 106, II), ou se a decisão sobre a questão deve observar um juízo de oportunidade e conveniência da Administração Pública.</td></tr>
<tr><td>Tese Firmada</td><td colspan="5">-</td></tr>
<tr><td>Informações Complementares</td><td colspan="5">Afetação na sessão eletrônica iniciada em 11/12/2019 e finalizada em 17/12/2019 (Primeira Seção).
Vide Controvérsia n. 105/STJ.
Há determinação de suspensão do processamento de todos os processos pendentes, individuais ou coletivos, que versem acerca da questão delimitada e tramitem no território nacional (acórdão publicado no DJe de 4/2/2020).
SCAN ME</td></tr>
</table>

Tema	1043	Situação	Afetado	Órgão julgador	PRIMEIRA SEÇÃO	
Processo / Recurso		Decisão de Afetação	Relator (a)	Acórdão Publicado	Embargos Declaratórios	Trânsito em Julgado
REsp 1805706/CE e REsp 1814947/CE		04/02/2020	MAURO CAMPBELL MARQUES	-/-/-	-	-

5.4. VEÍCULO APREENDIDO OBJETO DE LOCAÇÃO

STJ - Superior Tribunal de Justiça

Informativo 659 - 22.11.2019

ILÍCITO AMBIENTAL. VEÍCULO UTILIZADO OBJETO DE LOCAÇÃO. APREENSÃO. POSSIBILIDADE. GARANTIA DO DIREITO DE DEFESA DO PROPRIETÁRIO ANTES DA DECISÃO SOBRE A DESTINAÇÃO DO BEM. NECESSIDADE. A autoridade administrativa deve notificar o proprietário do veículo locado para oportunizar que comprove a sua boa-fé antes de decidir sobre a destinação do bem apreendido pela prática de infração ambiental (AREsp 1.084.396-RO, Rel. Min. Og Fernandes, Segunda Turma, por unanimidade, julgado em 19/09/2019, DJe 18/10/2019).

5.5. DOAÇÃO DE BEM APREENDIDO

STJ - Superior Tribunal de Justiça

Informativo 426 - 12.03.2010

EXTRAÇÃO ILEGAL. MADEIRA. INTERPRETAÇÃO. ART. 25, § 2º, DA LEI N. 9.605/1998. Na espécie, discute-se a possibilidade de doação de toras de madeira apreendidas pelo Ibama (art. 25, § 2º, da Lei n. 9.605/1998) que, no caso, foram extraídas por invasores, sem qualquer contribuição dos proprietários do terreno. Houve crime ambiental (extração ilegal de madeira) e os criminosos não são os proprietários da plantação ou do terreno no qual esta foi erguida. No caso, há dúvida apenas quanto à propriedade do imóvel donde retirada a madeira. A Turma, ao prosseguir o julgamento, entendeu que, na busca de conciliar a mencionada norma com o direito de propriedade, em regra, aplica-se aquele dispositivo independentemente de autorização judicial. Contudo, havendo fundada dúvida sobre a dominialidade dos bens apreendidos e não sendo caso de os proprietários ou terceiros de boa-fé estarem diretamente envolvidos com a prática da infração (penal ou administrativa), a alienação deveria ser onerosa, com o depósito dos valores líquidos auferidos (descontadas as despesas de apreensão, transporte, armazenagem e processamento da venda) em conta bancária à disposição do juízo, cuja destinação final (se a União ou quem ela determinar, se os proprietários da terra) será auferida após incidente processual cabível. Na hipótese de inviabilidade (técnica, de fato ou por ausência de compradores) da alienação onerosa, o órgão ambiental poderá doar, de imediato, os bens apreendidos conforme disposto no art. 25, § 2º, da mencionada lei, garantindo-se aos prejudicados o direito de indenização contra os criminosos (REsp 730.034-PA, Rel. Min. Mauro Campbell Marques, julgado em 9/3/2010).

6. COMPENSAÇÃO AMBIENTAL

6.1. PRINCÍPIO DA LEGALIDADE E SEPARAÇÃO DOS PODERES

STF - Supremo Tribunal Federal

Informativos 431 (16.06.2006); 501 (11.04.2008) e 511 (16.06.2008)

AÇÃO DIRETA DE INCONSTITUCIONALIDADE. ART. 36 E SEUS §§ 1º, 2º E 3º DA LEI Nº 9.985, DE 18 DE JULHO DE 2000. CONSTITUCIONALIDADE DA COMPENSAÇÃO DEVIDA PELA IMPLANTAÇÃO DE EMPREENDIMENTOS DE SIGNIFICATIVO IMPACTO AMBIENTAL. INCONSTITUCIONALIDADE PARCIAL DO § 1º DO ART. 36. 1. O compartilhamento-compensação ambiental de que trata o art. 36 da Lei nº 9.985/2000 não ofende o princípio da legalidade, dado haver sido a própria lei que previu o modo de financiamento dos gastos com as unidades de conservação da natureza. De igual forma, não há violação ao princípio da separação dos Poderes, por não se tratar de delegação do Poder Legislativo para o Executivo impor deveres aos administrados. 2. Compete ao órgão licenciador fixar o quantum da compensação, de acordo com a compostura do impacto ambiental a ser dimensionado no relatório – EIA/RIMA. 3. O art. 36 da Lei nº 9.985/2000 densifica o princípio usuário-pagador, este a significar um mecanismo de assunção partilhada da responsabilidade social pelos custos ambientais derivados da atividade econômica. 4. Inexistente desrespeito ao postulado da razoabilidade. Compensação ambiental que se revela como instrumento adequado à defesa e preservação do meio ambiente para as presentes e futuras gerações, não havendo outro meio eficaz para atingir essa finalidade constitucional. Medida amplamente compensada pelos benefícios que sempre resultam de um meio ambiente ecologicamente garantido em sua higidez. 5. Inconstitucionalidade da expressão "não pode ser inferior a meio por cento dos custos totais previstos para a implantação do empreendimento", no § 1º do art. 36 da Lei nº 9.985/2000. O valor da compensação-compartilhamento é de ser fixado proporcionalmente ao impacto ambiental, após estudo em que se assegurem o contraditório e a ampla defesa. Prescindibilidade da fixação de percentual sobre os custos do empreendimento. 6. Ação parcialmente procedente (ADI-3.378).

6.2. DANO AMBIENTAL X COMPENSAÇÃO AMBIENTAL

STJ - Superior Tribunal de Justiça

Informativo 473 - 20.05.2011

DANO AMBIENTAL. INDENIZAÇÃO. COMPENSAÇÃO. BIS IN IDEM. In casu, trata-se de dois recursos especiais em que os recorrentes, entre outras alegações, sustentam violação do art. 36, caput e parágrafos, da Lei n. 9.985/2000, isso porque, uma vez acordada a devida compensação ambiental, a condenação à indenização por danos ambientais pelo mesmo fato geraria a ocorrência de *bis in idem*. Portanto, a questão cinge-se à possibilidade de cumular a indenização com a compensação. A Turma, entre outras considerações, consignou que a compensação tem conteúdo reparatório, em que o empreendedor destina parte considerável de seus esforços às ações que sirvam para contrabalançar o uso dos recursos naturais indispensáveis à realização do empreendimento previsto no estudo de impacto ambiental e devidamente autorizado pelo órgão competente. Observou-se que o montante da compensação deve ater-se àqueles danos inevitáveis e imprescindíveis ao empreendimento constante do EIA-RIMA, não se incluindo os danos não previstos e os que possam ser objeto de medidas mitigadoras ou preventivas. Por outro lado, a indenização por dano ambiental tem assento no art. 225, § 3º, da CF/1988, que cuida da hipótese de dano já ocorrido, em que o autor terá a obrigação de repará-lo ou indenizar a coletividade. E não há como incluir nesse contexto aquele dano que foi previsto e autorizado pelos órgãos ambientais já devidamente compensado. Desse modo, os dois institutos têm natureza distinta, não havendo bis in idem na cobrança de indenização desde que nela não se inclua a compensação anteriormente realizada ainda na fase de implantação do projeto. Registrou-se, ademais, que a indenização fixada na hipótese já se justificaria pela existência dos danos ambientais gerados pela obra que não foram contemplados por medidas que os minorassem ou evitassem. Ressaltou-se, ainda, que o simples fato de o governo do ente federado, um dos recorrentes, gravar determinado espaço como área de conservação ambiental não lhe permite degradar como melhor lhe aprouver outra extensão da mesma unidade sem observar os princípios estabelecidos na Carta da República. Diante disso, negou-se provimento a ambos os recursos (REsp 896.863-DF, Rel. Min. Castro Meira, julgado em 19/5/2011).

6.3. COMPENSAÇÃO FINANCEIRA PELA EXPLORAÇÃO DE RECURSOS MINERAIS (CFEM)

STF - Supremo Tribunal Federal

Informativo 243 (28.09.2001)

CFEM: CONSTITUCIONALIDADE. A Turma manteve acórdão do Tribunal Regional Federal da 1ª Região que, dando pela constitucionalidade da cobrança da compensação financeira pela exploração de recursos minerais - CFEM (art. 20, § 1º, da CF, regulamentado pelas Leis 7.990/89 e 8.001/90), cuja natureza seria de receita patrimonial do Estado, negara o direito de empresa mineradora eximir-se do pagamento da referida exação. Alegava-se, na espécie, que a mencionada compensação não fora criada na forma prevista na Constituição e, ainda, que teria natureza tributária, ofendendo, assim, os arts. 154, I, e 155, § 3º, da CF [CF, art. 20, § 1º: "É assegurada, nos termos da lei, aos Estados, ao Distrito Federal e aos Municípios, bem como a órgãos da administração direta da União, participação no resultado da exploração de petróleo ou gás natural, de recursos hídricos para fins de geração de energia elétrica e de outros recursos minerais no respectivo território (...), ou compensação financeira por essa exploração."]. A Turma, embora entendendo que a mencionada compensação, de natureza patrimonial, não atendera ao comando do art. 20, § 1º, da CF – tendo em vista que a compensação deve ser proporcional à perda resultante dos danos ambientais, sociais e econômicos causados pela exploração, e a Lei fixou-a em função do faturamento da empresa exploradora –, rejeitou a argüição de inconstitucionalidade do § 6º da Lei 7.790/89, bem como da Lei 8.001/90, por considerar que o legislador, dentro da faculdade concedida pela CF, estabeleceu, na verdade, forma de participação no resultado da exploração (CF, art. 176, § 2º: "É assegurada participação ao proprietário do solo nos resultados da lavra, na forma e no valor que dispuser a lei"). Salientou-se, ainda, que deve haver identidade entre o município beneficiário da compensação e aquele onde ocorre a extração mineral (RE-228800).

7. NULIDADES DO ATO DE INFRAÇÃO AMBIENTAL

7.1. PARTICIPAÇÃO DO MPF

STJ - Superior Tribunal de Justiça

Informativo 487 - 18.11.2011

NULIDADE. INFRAÇÃO AMBIENTAL. MANIFESTAÇÃO. MPF. Trata-se de ação ordinária com pedido de declaração de nulidade de auto de infração ambiental. Em primeiro grau, julgou-se procedente o pleito, sendo que o acórdão recorrido anulou de ofício a sentença ao fundamento de ser necessária a manifestação do Ministério Público

Federal (MPF) na causa, o que não ocorreu. A Turma conheceu parcialmente do recurso, mas lhe negou provimento por entender, entre outras questões, que o MPF deve manifestar-se em causa na qual se discute nulidade de auto de infração ambiental porque, no mais das vezes, o interesse envolvido transcende o interesse meramente patrimonial no crédito gerado, abarcando discussões de cunho substancial que dizem respeito ao meio ambiente em si, tal como no caso. Para tanto, observou-se o disposto no art. 5º, III, d, entre outros, da LC n. 75/1993 (REsp 1.264.302-SC, Rel. Min. Mauro Campbell Marques, julgado em 8/11/2011).

7.2. DESIGNAÇÃO PRÉVIA DE SERVIDOR PARA FISCALIZAÇÃO

STJ - Superior Tribunal de Justiça

Informativo 443 - 20.08.2010

COMPETÊNCIA. INFRAÇÃO AMBIENTAL. AUTUAÇÃO. A Turma, por maioria, manteve a decisão do tribunal de origem que concluiu pela nulidade do auto de infração ambiental lavrado por autarquia estadual. In casu, asseverou-se que o servidor responsável pela autuação não foi previamente designado para a atividade fiscalizatória, o que contraria o disposto nos arts. 70, § 1º, da Lei n. 9.605/1998 e 6º, parágrafo único, da Lei n. 10.410/2002. Ressaltou-se, ainda, que a ratificação de parecer que discutia apenas a competência do órgão ambiental para a referida prática, e não do agente público, não consistiu em convalidação do ato administrativo, já que não houve expressa manifestação da autoridade hierárquica superior com esse objetivo (REsp 1.166.487-MG, Rel. Min. Eliana Calmon, julgado em 17/8/2010).

7.3. CIÊNCIA FICTA EM INTIMAÇÃO POR DIÁRIO OFICIAL

STF - Supremo Tribunal Federal

Informativo 124 (25.09.1998)

DEVIDO PROCESSO LEGAL - INFRAÇÃO - AUTUAÇÃO - MULTA - MEIO AMBIENTE - CIÊNCIA FICTA - PUBLICAÇÃO NO JORNAL

OFICIAL – INSUBSISTÊNCIA. A ciência ficta de processo administrativo, via Diário Oficial, apenas cabe quando o interessado está em lugar incerto e não sabido. Inconstitucionalidade do § 4º do artigo 32 do Regulamento da Lei nº 997/76 aprovado via Decreto nº 8.468/76 com a redação imprimida pelo Decreto nº 28.313/88, do Estado de São Paulo, no que prevista a ciência do autuado por infração ligada ao meio ambiente por simples publicação no Diário (RE-157.905).

8. INFRAÇÕES EM ESPÉCIE

8.1. QUEIMADAS ILEGAIS

STJ - Superior Tribunal de Justiça

Informativo 515 - 03.04.2013

DIREITO ADMINISTRATIVO. AUTO DE INFRAÇÃO E APLICAÇÃO DE MULTA COM BASE NO ART. 14, I, DA LEI N. 6.938/1981. O art. 14, I, da Lei n. 6.938/1981, por si só, constitui fundamento suficiente para embasar a autuação de infração e a aplicação de multa administrativa em decorrência de queimada não autorizada. A Lei n. 6.938/1981, que dispõe sobre a Política Nacional do Meio Ambiente, prevê no art. 14, I, a aplicação de multa simples ou diária, com a especificação do respectivo valor, para os casos de "não cumprimento das medidas necessárias à preservação ou correção dos inconvenientes e danos causados pela degradação da qualidade ambiental". A hipótese de queimadas ilegais insere-se nesse dispositivo legal, que constitui base suficiente para a imposição da multa por degradação do meio ambiente, não sendo válido o argumento de que se trata de norma genérica, tampouco a conclusão de que não poderia embasar a aplicação da penalidade. Ademais, qualquer exceção a essa proibição geral, além de estar prevista expressamente em lei federal, deve ser interpretada restritivamente pelo administrador e pelo magistrado (REsp 996.352-PR, Rel. Min. Castro Meira, julgado em 5/2/2013)

8.2. PESCA SUBAQUÁTICA E ARBALETE

STJ - Superior Tribunal de Justiça

Informativo 481 - 26.08.2011

AMBIENTAL. PESCA SUBAQUÁTICA. ARBALETE. Trata-se, na origem, de MS impetrado em razão de fundada ameaça de que a autoridade coatora adotasse medidas coercitivas para impedir que o impetrante, ora recorrente, realizasse pesca subaquática amadora com arbalete (arma disparadora de arpões), com base na Port. n. 35/1988- Sudepe. No RMS, sustenta-se, em síntese, que a pesca subaquática em apneia com arbalete, por ser amadora, não pode ser considerada predatória, portanto deve ser permitida. Inicialmente, observou o Min. Relator que, com base na Port. n. 20/2003-Ibama, o recorrente obteve licença para pesca subaquática amadora, inclusive com a utilização de arbalete. Assim, entre outros fundamentos, consignou que o fato de a referida portaria da Sudepe não ter feito menção àquele artefato ao livrar da proibição de pesca comercial os pescadores artesanais e amadores diz respeito unicamente à sua inexistência à época em que editada tal portaria, e não à real vontade regulamentadora de vedar a pesca subaquática amadora com o uso do arbalete. Não há, pois, caráter restritivo, apenas lacuna relativa a desenvolvimento técnico. Diante disso, a Turma deu provimento ao recurso (RMS 33.562-RJ, Rel. Min. Mauro Campbell Marques, julgado em 16/8/2011).

8.3. LISTA DOS "100 MAIORES DESMATADORES"

STJ - Superior Tribunal de Justiça

Informativo 426 - 12.03.2010

MS. LISTA. DESMATADORES. AMAZÔNIA. O impetrante pretende a exclusão de seu nome da "lista dos 100 maiores desmatadores" da Floresta Amazônica publicada no site oficial do Ministério do Meio Ambiente. Sustenta, em suma, que a lista é flagrantemente falsa, pois não traz os cem maiores desmatadores, ela aponta, no máximo, os possíveis cem maiores autos de infração lavrados pelo Ibama; nem mesmo os autos de infração mencionados na lista tratam de desmatamento, e o ato impugnado viola os princípios constitucionais do devido processo legal, da ampla defesa, do contraditório e da presunção de inocência. Para o Min. Relator, analisar a veracidade ou não das informações contidas na referida lista, levando em consideração os critérios adotados em sua elaboração, demandaria dilação probatória, inviável em mandado de segurança, instrumento para tutela de direito líquido e certo. Ademais, no que tange à apontada violação do devido processo legal, entende o Min. Relator não assistir razão ao impetrante, tendo em vista que a inclusão de seu nome teve como fundamento auto de infração em relação ao qual lhe foi oportunizado o exercício do contraditório e da ampla defesa. O ato da autoridade impetrada tem suporte no art. 4º da Lei n. 10.650/2003. A circunstância de o auto de infração ainda não ter sido julgado definitivamente não é óbice para sua utilização na lista impugnada. No entanto, tal informação deve constar da divulgação por força do disposto no parágrafo único do art. 149 do Dec. n. 6.514/2008. Diante disso, a Seção concedeu parcialmente a segurança apenas para determinar à autoridade impetrada que inclua, na lista impugnada, as informações previstas no mencionado dispositivo legal (MS 13.935-DF, Rel. Min. Teori Albino Zavascki, julgado em 10/3/2010).

8.4. DESMATAMENTO DE VEGETAÇÃO CILIAR

STJ - Superior Tribunal de Justiça

Informativo 343 - 08.02.2008

IBAMA. MATA CILIAR. CORTE. AUTORIZAÇÃO. A Turma entendeu incabível afastar a proibição de desmatamento de vegetação ciliar, ainda que a sua supressão seja de reduzido impacto ambiental, pois inexiste tal exceção legal. Descabe ao Judiciário ampliar exceções à proibição de desmatamento, sob pena de comprometer o sistema legal de proteção ao meio ambiente, já bastante fragilizado (Dec. n. 750/1993, arts. 1º e 10 c/c CF/1988, art. 225, § 1º, IV, e Lei n. 4.771/1965, art. 2º, a, 1). REsp 176.753-SC, Rel. Min. Herman Benjamin, julgado em 7/2/2008.

TÍTULO VI

RESPONSABILIDADE CIVIL NO DIREITO AMBIENTAL

PARTE GERAL

CAPÍTULO 1 – PRINCÍPIOS DO DIREITO AMBIENTAL

1. RESERVAÇÃO E PRECAUÇÃO

1.1. RESPEITO AO PADRÃO INTERNACIONAL DE SEGURANÇA

STF – Supremo Tribunal Federal

Tema	479	**Situação**	Trânsito em Julgado	**Órgão julgador**	Tribunal Pleno
Questão Controvertida	Imposição de obrigação de fazer à concessionária de serviço público para que observe padrão internacional de segurança.				
Tese Firmada	No atual estágio do conhecimento científico, que indica ser incerta a existência de efeitos nocivos da exposição ocupacional e da população em geral a campos elétricos, magnéticos e eletromagnéticos gerados por sistemas de energia elétrica, não existem impedimentos, por ora, a que sejam adotados os parâmetros propostos pela Organização Mundial de Saúde, conforme estabelece a Lei nº 11.934/2009.				
Informações Complementares	Recurso extraordinário em que se discute, à luz dos artigos 5º, caput e II, e 225, da Constituição Federal, a possibilidade, ou não, de se impor obrigação de fazer, em observância ao princípio da precaução, à concessionária de serviço público de distribuição de energia elétrica, para que reduza o campo eletromagnético de suas linhas de transmissão, de acordo com padrões internacionais de segurança, em face de supostos efeitos nocivos à saúde da população. SCAN ME				

Processo / Recurso	**Repercussão Geral**	**Relator (a)**	**Acórdão Publicado**	**Embargos Declaratórios**	**Trânsito em Julgado**
RE 627189/SP	23/09/2011	MIN. DIAS TOFFOLI	03/04/2017	19/04/2017 e 18/08/2017	12/04/2018

1.2. MEDIDAS DE COMBATE AO AEDES AEGYPTI SEM ESTUDO PRÉVIO DE SUA EFICÁCIA

STF - Supremo Tribunal Federal

Informativo 936 (05.04.2019)

AÇÃO DIRETA DE INCONSTITUCIONALIDADE. ADMINISTRATIVO E AMBIENTAL. MEDIDAS DE CONTENÇÃO DAS DOENÇAS CAUSADAS PELO *AEDES AEGYPTI*. ARTIGO 1º, § 3º, INCISO IV DA LEI N. 13.301, DE 27 DE JUNHO DE 2016. PERMISSÃO DA INCORPORAÇÃO DE MECANISMOS DE CONTROLE VETORIAL POR MEIO DE DISPERSÃO POR AERONAVES MEDIANTE APROVAÇÃO DAS AUTORIDADES SANITÁRIAS E DA COMPROVAÇÃO CIENTÍFICA DA EFICÁCIA DA MEDIDA. POSSIBILIDADE DE INSUFICIÊNCIA DA PROTEÇÃO À SAÚDE E AO MEIO AMBIENTE. VOTO MÉDIO. INTERPRETAÇÃO CONFORME À CONSTITUIÇÃO. ARTIGOS 225, § 1º, INCISOS V E VII, 6º E 196 DA CONSTITUIÇÃO DA REPÚBLICA. INAFASTABILIDADE DA APROVAÇÃO PRÉVIA DA AUTORIDADE SANITÁRIA E DA AUTORIDADE AMBIENTAL COMPETENTE. ATENDIMENTO ÀS PREVISÕES CONSTITUCIONAIS DO DIREITO À SAÚDE, AO MEIO AMBIENTE EQUILIBRADO E AOS PRINCÍPIOS DA PRECAUÇÃO E DA PREVENÇÃO. PROCEDÊNCIA PARCIAL DA AÇÃO. 1. Apesar de submeter a incorporação do mecanismo de dispersão de substâncias químicas por aeronaves para combate ao mosquito transmissor do vírus da dengue, do vírus chikungunya e do vírus da zika à autorização da autoridade sanitária e à comprovação de eficácia da prática no combate ao mosquito, o legislador assumiu a positivação do instrumento sem a realização prévia de estudos em obediência ao princípio da precaução, o que pode levar à violação à sistemática de proteção ambiental contida no artigo 225 da Constituição Federal. 2. A previsão legal de medida sem a demonstração prévia de sua eficácia e segurança pode violar os princípios da precaução e da prevenção, se se mostrar insuficiente o instrumento para a integral proteção ao meio ambiente equilibrado e ao direito de todos à proteção da saúde. 3. O papel do Poder Judiciário em temas que envolvem a necessidade de consenso mínimo da comunidade científica, a revelar a necessidade de transferência do lócus da decisão definitiva para o campo técnico, revela-se no reconhecimento de que a lei, se ausentes os estudos prévios que atestariam a segurança ambiental e sanitária, pode contrariar os dispositivos constitucionais apontados pela Autora em sua exordial, necessitando, assim, de uma hermenêutica constitucionalmente adequada, a assegurar a proteção da vida, da saúde e do meio ambiente. 4. Em atendimento aos princípios da precaução e da prevenção, bem como do direito à proteção da saúde, portanto, confere-se interpretação conforme à Constituição, sem redução de texto, ao disposto no inciso IV do § 3º do artigo 1º da Lei nº 13.301/2016, para fixar o sentido segundo o qual a aprovação das autoridades sanitárias e ambientais competentes e a comprovação científica da eficácia da medida são condições prévias e inafastáveis à incorporação de mecanismos de controle vetorial por meio de dispersão por aeronaves, em atendimento ao disposto nos artigos 225, § 1º, incisos V e VII, 6º e 196 da Constituição da República. 5. Ação direta de inconstitucionalidade julgada parcialmente procedente (ADI-5592).

1.3. AGROTÓXICOS

1.3.1. NECESSIDADE DE PRÉVIO REGISTRO EM ÓRGÃO FEDERAL

STJ - Superior Tribunal de Justiça

Informativo 459 - 10.10.2010

AGROTÓXICO IMPORTADO. APOSTILAMENTO. O art. 3º da Lei n. 7.802/1989 prevê que os agrotóxicos, seus componentes e afins só poderão ser produzidos, exportados, importados, comercializados e utilizados após prévio registro em órgão federal. Já o art. 17 do Dec. n. 98.816/1990 (vigente à época) determinava o cancelamento desse registro acaso constatada a modificação não autorizada da fórmula, dosagem, condições de fabricação, indicação de aplicação e especificações constantes de rótulos, folhetos ou bulas dos agrotóxicos ou qualquer modificação em desacordo com o registro concedido. O parágrafo único desse mesmo artigo, contudo, especificava que essas alterações obrigariam o interessado a formular um novo pedido de registro. Por sua vez, o art.

29, § 6º, do decreto estabelecia que só alterações estatutárias ou contratuais das sociedades empresárias registrantes submeter-se-iam à averbação ou ao apostilamento no registro. Por tudo isso, conclui-se que a transferência da titularidade do registro em questão (de agrotóxicos produzidos no exterior e importados ao país para comercialização) deve sujeitar-se não a simples apostilamento, mas a um novo registro no Ministério da Agricultura, Pecuária e Abastecimento. Há que garantir medida eficaz ao exercício do poder de polícia, o que se inviabilizaria pela utilização do apostilamento no caso, pois ficaria tolhida a prévia avaliação dos setores competentes quanto ao lançamento, no mercado, de considerável quantidade de agrotóxicos. Anote-se que a necessidade de novo registro pactua com o sistema jurídico de proteção do meio ambiente, que se pauta pelos princípios da preservação e da precaução (REsp 1.153.500-DF, Rel. Min. Mauro Campbell Marques, julgado em 7/12/2010).

1.3.2. AUTORIZAÇÃO TÁCITA DE SUBSTÂNCIAS NOCIVAS

STF - Supremo Tribunal Federal

Informativo 989 (04.09.2020)

AÇÃO DE DESCUMPRIMENTO DE PRECEITO FUNDAMENTAL. MEDIDA CAUTELAR. DIREITO AMBIENTAL. DIREITO À SAÚDE. PORTARIA 43/2020 DA SECRETARIA DE DEFESA AGROPECUÁRIA DO MINISTÉRIO DA AGRICULTURA, PECUÁRIA E ABASTECIMENTO – MAPA. REGULAMENTAÇÃO DA LEI 13.874/2019, A QUAL DISPÕE SOBRE LIBERDADE ECONÔMICA. PRAZOS PARA APROVAÇÃO TÁCITA DE USO DE AGROTÓXICOS, FERTILIZANTES E OUTROS QUÍMICOS. CONHECIMENTO. ENTRADA, REGISTRO E LIBERAÇÃO DE NOVOS AGROTÓXICOS NO BRASIL, SEM EXAME DA POSSÍVEL NOCIVIDADE DOS PRODUTOS. INADMISSIBILIDADE. AFRONTA AOS PRINCÍPIOS DA PRECAUÇÃO E DA PROIBIÇÃO DO RETROCESSO SOCIOAMBIENTAL. OFENSA, ADEMAIS, AO DIREITO À SAÚDE. PRESENTES O *FUMUS BONI IURIS* E O *PERICULUM IN MORA*. CAUTELAR DEFERIDA. I – O ato impugnado consiste em portaria assinada pelo Secretário de Defesa Agropecuária do Ministério da Agricultura, Pecuária e Abastecimento - MAPA, que estabelece prazos para aprovação tácita de utilização de agrotóxicos, independentemente da conclusão de estudos técnicos relacionados aos efeitos nocivos ao meio ambiente ou as consequências à saúde da população brasileira. II - Trata-se de portaria, destinada ao público em geral com função similar a um decreto regulamentar, o qual, à pretexto de interpretar o texto legal, acaba por extrapolar o estreito espaço normativo reservado pela Constituição às autoridades administrativas. III - Exame de atos semelhantes que vêm sendo realizados rotineiramente por esta Corte, a exemplo da ADPF 489, também proposta pela Rede Sustentabilidade contra a Portaria do Ministério do Trabalho 1.129/2017, a qual redefiniu os conceitos de trabalho forçado, jornada exaustiva e condições análogas às de escravos. IV - A portaria ministerial que, sob a justificativa de regulamentar a atuação estatal acerca do exercício de atividade econômica relacionada a agrotóxicos, para imprimir diretriz governamental voltada a incrementar a liberdade econômica, fere direitos fundamentais consagrados e densificados, há muito tempo, concernentes à Saúde Ambiental. V- Cuida-se de "um campo da Saúde Pública afeita ao conhecimento científico e à formulação de políticas públicas relacionadas à interação entre a saúde humana e os fatores do meio ambiente natural e antrópico que a determinam, condicionam e influenciam, visando à melhoria da qualidade de vida do ser humano, sob o ponto de vista da sustentabilidade". VI - Estudos científicos, inclusive da Universidade de São Paulo, descortinam dados alarmantes, evidenciando que o consumo de agrotóxicos no mundo aumentou em 100% entre os anos de 2000 e 2010, enquanto no Brasil este acréscimo correspondeu a quase 200%. VII - Pesquisas mostram também que o agrotóxico mais vendido no Brasil é o Glifosato, altamente cancerígeno, virtualmente banido nos países europeus, e que corresponde, sozinho, a mais da metade do volume total de todos os agrotóxicos comercializados entre nós. VIII - No País, existem 504 ingredientes ativos com registro autorizado, sendo que, desses, 149 são proibidos na União Europeia, correspondendo a cerca de 30% do total, valendo acrescentar que, dos 10 agrotóxicos mais vendidos aqui, 2 são banidos na UE. IX - Permitir a entrada e registro de novos agrotóxicos, de modo tácito, sem a devida análise por parte das autoridades responsáveis, com o fim de proteger o meio ambiente e a saúde de todos, ofende o princípio da precaução, ínsito no art. 225 da Carta de 1988. X – A Lei 7.802/1989, que regulamenta o emprego dos agrotóxicos no Brasil, estabelece diretriz incontornável no sentido de vedar o registro de agrotóxicos, seus componentes e afins, com relação aos quais o País não disponha de métodos para desativação de seus componentes, de modo a impedir que os resíduos remanescentes provoquem riscos ao meio ambiente e à saúde pública. XI – A aprovação tácita dessas substâncias, por decurso de prazo previsto no ato combatido, viola, não apenas os valores acima citados, como também afronta o princípio da proibição de retrocesso socioambiental. XII – *Fumus boni iuris* e *periculum in mora* presentes, diante da entrada em vigor da Portaria em questão no dia 1º de abril de 2020. XIII – Medida cautelar concedida para suspender a eficácia dos itens 64 a 68 da Tabela 1 do art. 2º da Portaria 43, de 21 de fevereiro de 2020, do Ministério da Agricultura, Pecuária e Abastecimento/Secretaria de Defesa Agropecuária, até a decisão definitiva do Plenário desta Corte na presente ADPF (MEDIDA CAUTELAR NA ARGUIÇÃO DE DESCUMPRIMENTO DE PRECEITO FUNDAMENTAL 656).

1.4. SUSPENSÃO DO PERÍODO DE DEFESO POR ATO DO EXECUTIVO

STF - Supremo Tribunal Federal

Informativo 985 (07.08.2020)

DIREITO AMBIENTAL. AÇÃO DIRETA DE INCONSTITUCIONALIDADE. SUSPENSÃO DO PERÍODO DE DEFESO DA PESCA POR ATO DO EXECUTIVO. VIOLAÇÃO AO PRINCÍPIO DA PRECAUÇÃO. AMEAÇA À FAUNA BRASILEIRA, À SEGURANÇA ALIMENTAR E À PESCA ARTESANAL. 1. Ação que tem por objeto a (in)constitucionalidade do Decreto Legislativo nº 293/2015, que sustou os efeitos da Portaria Interministerial nº 192/2015, a qual, por sua vez, suspendeu períodos de defeso da pesca de algumas espécies por 120 dias, prorrogáveis por igual prazo. O Decreto Legislativo restabeleceu os períodos originais de defeso, ao argumento de que o Executivo, ao editá-la, teria exorbitado de seu poder regulamentar. 2.Ausência de estudos técnicos que comprovem a desnecessidade do defeso nas hipóteses em que foi suspenso pela Portaria. Não apresentação de indícios mínimos da alegada ocorrência de fraude, em proporção que justifique a interrupção do pagamento de seguro-defeso. 3.Inobservância do princípio ambiental da precaução. Risco ao meio ambiente equilibrado, à fauna brasileira, à segurança alimentar da população e à preservação de grupos vulneráveis, que se dedicam à pesca artesanal. Nesse sentido: ADPF 101, Rel. Min. Cármen Lúcia; RE 835.559, Rel. Min. Luiz Fux; RE 627.189, Rel. Min. Dias Toffoli; AI 781.547, Rel. Min. Luiz Fux. 4.Modulação de efeitos da decisão para preservar os atos praticados entre 7/1/2016 e 11/3/2016, período em que o defeso esteve suspenso com respaldo em cautelar deferida pelo Supremo Tribunal Federal e posteriormente revogada (art. 27 da Lei 9.868/1999). 5.Ação julgada improcedente (ADI 5.447).

1.5. INVERSÃO DO ÔNUS DA PROVA

STJ - Superior Tribunal de Justiça

Informativo 418 - 04.12.2009

DANO. MEIO AMBIENTE. PROVA. INVERSÃO. Constatada a relação interdisciplinar entre as normas de proteção ao consumidor e as de defesa dos direitos coletivos nas ações civis por danos ambientais, o caráter público e coletivo do bem jurídico tutelado (e não a hipossuficiência do autor da demanda em relação ao réu) impõe a extensão de algumas regras de proteção dos direitos do consumidor ao autor daquela ação, pois ao final busca-se resguardar (e muitas vezes reparar) patrimônio público de uso coletivo. Dessa forma, a aplicação do princípio da precaução pressupõe a inversão do ônus probatório: compete a quem se imputa a pecha de ser, supostamente, o promotor do dano ambiental a comprovação de que não o causou ou de que não é potencialmente lesiva a substância lançada no ambiente. Por ser coerente com essa posição, é direito subjetivo do infrator a realização de perícia para comprovar a ineficácia poluente de sua conduta, não se mostrando suficientes para tornar essa prova prescindível simples informações obtidas em site da Internet. A perícia é sempre necessária quando a prova do fato depender de conhecimento técnico e se recomenda ainda mais na seara ambiental, visto a complexidade do bioma (REsp 1.060.753-SP, Rel. Min. Eliana Calmon, julgado em 1º/12/2009).

STJ - Superior Tribunal de Justiça

Informativo 404 - 28.08.2009

ACP. DANO AMBIENTAL. ÔNUS. PROVA. Trata-se da inversão do ônus probatório em ação civil pública (ACP) que objetiva a reparação de dano ambiental. A Turma entendeu que, nas ações civis ambientais, o caráter público e coletivo do bem jurídico tutelado – e não eventual hipossuficiência do autor da demanda em relação ao réu – conduz à conclusão de que alguns direitos do consumidor também devem ser estendidos ao autor daquelas ações, pois essas buscam resguardar (e muitas vezes reparar) o patrimônio público coletivo consubstanciado no meio ambiente. A essas regras, soma-se o princípio da precaução. Esse preceitua que o meio ambiente deve ter em seu favor o benefício da dúvida no caso de incerteza (por falta de provas cientificamente relevantes) sobre o nexo causal entre determinada atividade e um efeito ambiental nocivo. Assim, ao interpretar o art. 6º, VIII, da Lei n. 8.078/1990 c/c o art. 21 da Lei n. 7.347/1985, conjugado com o princípio da precaução, justifica-se a inversão do ônus da prova, transferindo para o empreendedor da atividade potencialmente lesiva o ônus de demonstrar a segurança do empreendimento (REsp 972.902-RS, Rel. Min. Eliana Calmon, julgado em 25/8/2009).

2. REPARAÇÃO *IN INTEGRUM*

STJ - Superior Tribunal de Justiça

Informativo 427 - 19.03.2010

MEIO AMBIENTE. REPARAÇÃO. INDENIZAÇÃO. O princípio da reparação *in integrum* aplica-se ao dano ambiental. Com isso, a obrigação de recuperar o meio ambiente degradado é compatível com a indenização pecuniária por eventuais prejuízos, até sua restauração plena. Contudo, se quem degradou promoveu a restauração imediata e completa do bem lesado ao status quo ante, em regra, não se fala em indenização. Já os benefícios econômicos que aquele auferiu com a exploração ilegal do meio ambiente (bem de uso comum do povo, conforme o art. 225, caput, da CF/1988) devem reverter à coletividade, tal qual no caso, em que se explorou garimpo ilegal de ouro em área de preservação permanente sem qualquer licença ambiental de funcionamento ou autorização para desmatamento. Com esse entendimento, a Turma deu parcial provimento ao recurso para reconhecer, em tese, a possibilidade de cumulação de indenização pecuniária e obrigações de fazer voltadas à recomposição *in natura* do bem lesado, o que impõe a devolução dos autos ao tribunal de origem para que verifique existir dano indenizável e seu eventual quantum debeatur. (REsp 1.114.893-MG, Rel. Min. Herman Benjamin, julgado em 16/3/2010).

3. PRINCÍPIO DO POLUIDOR-PAGADOR

STJ - Superior Tribunal de Justiça

Informativo 456 - 19.11.2010

DANO AMBIENTAL. MORTANDADE. PÁSSAROS. O MP estadual, recorrido, ajuizou, na origem, ação civil pública em desfavor da empresa agrícola, recorrente, sob a alegação de que essa seria responsável por dano ambiental por uso de agrotóxico ilegal, o que teria causado grande mortandade de pássaros. A recorrente, em contestação, entre outras alegações, sustentou a descaracterização do mencionado dano, arguindo que pouco mais de trezentas aves teriam morrido, sem que tenha havido efetivo comprometimento do meio ambiente. A sentença julgou procedente a ação, condenando a recorrente a pagar a importância de R$ 150 mil em indenização a ser revertida para o meio ambiente local, em recomposição do dano ambiental causado com a morte de 1.300 pássaros da fauna silvestre, o que se manteve em grau de apelação. Nesta instância especial, ao apreciar a controvérsia, consignou o Min. Relator que a existência de um dano ambiental não só encerra a necessidade de reconstituição do meio ambiente no que for possível, com a necessária punição do poluidor (princípio do poluidor-pagador), mas também traz em seu bojo a necessidade de evitar que o fato venha a repetir-se, o que justifica medidas coercitivas e punições que terão, inclusive, natureza educativa. Observou não haver como fracionar o meio ambiente e, dessa forma, deve ser responsabilizado o agente pela morte dos pássaros em decorrência de sua ação poluidora. Quanto ao valor estabelecido na condenação, entendeu que o pleito da recorrente para que se tome como base de cálculo o valor unitário de cada pássaro não pode prosperar, já que a mensuração do dano ecológico não se exaure na simples recomposição numérica dos animais mortos, devendo-se também considerar os nefastos efeitos decorrentes do desequilíbrio ecológico em face da ação praticada pela recorrente. Diante desses fundamentos, entre outros, a Turma negou provimento ao recurso (REsp 1.164.630-MG, Rel. Min. Castro Meira, julgado em 18/11/2010).

CAPÍTULO 2 - TIPOS DE RESPONSABILIZAÇÃO

1. RESPONSABILIDADE OBJETIVA E TEORIA DO RISCO INTEGRAL

1.1. APLICAÇÃO

STJ - Superior Tribunal de Justiça

Tema	681	**Situação**	Trânsito em Julgado	**Órgão julgador**	SEGUNDA SEÇÃO
Questão Controvertida	Questão referente à ação indenizatória por danos materiais e morais promovida por pescadores em razão de acidente ambiental ocorrido no rio Sergipe, em que se discute a aplicabilidade da Teoria do Risco Integral.				
Tese Firmada	A responsabilidade por dano ambiental é objetiva, informada pela teoria do risco integral, sendo o nexo de causalidade o fator aglutinante que permite que o risco se integre na unidade do ato, sendo descabida a invocação, pela empresa responsável pelo dano ambiental, de excludentes de responsabilidade civil para afastar a sua obrigação de indenizar.				

Tema	681	**Situação**	Trânsito em Julgado	**Órgão julgador**	SEGUNDA SEÇÃO
Informações Complementares	1. Controvérsia: "aplicabilidade da Teoria do Risco Integral em ação indenizatória por danos materiais e morais promovida por pescadores em razão de acidente ambiental ocorrido no rio Sergipe." 2. "Ação indenizatória em face de PETRÓLEO BRASILEIRO S.A. - PETROBRAS em virtude de vazamento de amônia da Fábrica de Fertilizantes - Fafen/SE, subsidiária da Petrobrás, ocorrido em 05 de outubro de 2008, na área de vegetação permanente, margens, mangues e águas do Rio Sergipe". SCAN ME				
Processo / Recurso	**Decisão de Afetação**	**Relator (a)**	**Acórdão Publicado**	**Embargos Declaratórios**	**Trânsito em Julgado**
REsp 1354536/SE	29/05/2013	LUIS FELIPE SALOMÃO	05/05/2014	-	12/06/2014

STJ - Superior Tribunal de Justiça

Informativo 544 - 27.08.2014

DIREITO AMBIENTAL. RESPONSABILIDADE CIVIL OBJETIVA POR DANO AMBIENTAL PRIVADO. O particular que deposite resíduos tóxicos em seu terreno, expondo-os a céu aberto, em local onde, apesar da existência de cerca e de placas de sinalização informando a presença de material orgânico, o acesso de outros particulares seja fácil, consentido e costumeiro, responde objetivamente pelos danos sofridos por pessoa que, por conduta não dolosa, tenha sofrido, ao entrar na propriedade, graves queimaduras decorrentes de contato com os resíduos. A responsabilidade civil por danos ambientais, seja por lesão ao meio ambiente propriamente dito (dano ambiental público), seja por ofensa a direitos individuais (dano ambiental privado), é objetiva, fundada na teoria do risco integral, em face do disposto no art. 14, § 1º, da Lei 6.938/1981, que consagra o princípio do poluidor-pagador. A responsabilidade objetiva fundamenta-se na noção de risco social, que está implícito em determinadas atividades, como a indústria, os meios de transporte de massa, as fontes de energia. Assim, a responsabilidade objetiva, calcada na teoria do risco, é uma imputação atribuída por lei a determinadas pessoas para ressarcirem os danos provocados por atividades exercidas no seu interesse e sob seu controle, sem que se proceda a qualquer indagação sobre o elemento subjetivo da conduta do agente ou de seus prepostos, bastando a relação de causalidade entre o dano sofrido pela vítima e a situação de risco criada pelo agente. Imputa-se objetivamente a obrigação de indenizar a quem conhece e domina a fonte de origem do risco, devendo, em face do interesse social, responder pelas consequências lesivas da sua atividade independente de culpa. Nesse sentido, a teoria do risco como cláusula geral de responsabilidade civil restou consagrada no enunciado normativo do parágrafo único do art. 927 do CC, que assim dispôs: "Haverá obrigação de reparar o dano, independentemente de culpa, nos casos especificados em lei, ou quando a atividade normalmente desenvolvida pelo autor do dano implicar, por sua natureza, risco para os direitos de outrem". A teoria do risco integral constitui uma modalidade extremada da teoria do risco em que o nexo causal é fortalecido de modo a não ser rompido pelo implemento das causas que normalmente o abalariam (v.g. culpa da vítima; fato de terceiro, força maior). Essa modalidade é excepcional, sendo fundamento para hipóteses legais em que o risco ensejado pela atividade econômica também é extremado, como ocorre com o dano nuclear (art. 21, XXIII, "c", da CF e Lei 6.453/1977). O mesmo ocorre com o dano ambiental (art. 225, caput e § 3º, da CF e art. 14, § 1º, da Lei 6.938/1981), em face da crescente preocupação com o meio ambiente. Nesse mesmo sentido, extrai-se da doutrina que, na responsabilidade civil pelo dano ambiental, não são aceitas as excludentes de fato de terceiro, de culpa da vítima, de caso fortuito ou de força maior. Nesse contexto, a colocação de placas no local indicando a presença de material orgânico não é suficiente para excluir a responsabilidade civil (REsp 1.373.788-SP, Rel. Min. Paulo de Tarso Sanseverino, julgado em 6/5/2014).

STJ - Superior Tribunal de Justiça

Informativo 526 - 25.09.2013

DIREITO PROCESSUAL CIVIL E AMBIENTAL. CUMULAÇÃO DAS OBRIGAÇÕES DE RECOMPOSIÇÃO DO MEIO AMBIENTE E DE

COMPENSAÇÃO POR DANO MORAL COLETIVO. Na hipótese de ação civil pública proposta em razão de dano ambiental, é possível que a sentença condenatória imponha ao responsável, cumulativamente, as obrigações de recompor o meio ambiente degradado e de pagar quantia em dinheiro a título de compensação por dano moral coletivo. Isso porque vigora em nosso sistema jurídico o princípio da reparação integral do dano ambiental, que, ao determinar a responsabilização do agente por todos os efeitos decorrentes da conduta lesiva, permite a cumulação de obrigações de fazer, de não fazer e de indenizar. Ademais, deve-se destacar que, embora o art. 3º da Lei 7.347/1985 disponha que "a ação civil poderá ter por objeto a condenação em dinheiro ou o cumprimento de obrigação de fazer ou não fazer", é certo que a conjunção "ou" - contida na citada norma, bem como nos arts. 4º, VII, e 14, § 1º, da Lei 6.938/1981 - opera com valor aditivo, não introduzindo, portanto, alternativa excludente. Em primeiro lugar, porque vedar a cumulação desses remédios limitaria, de forma indesejada, a Ação Civil Pública - importante instrumento de persecução da responsabilidade civil de danos causados ao meio ambiente –, inviabilizando, por exemplo, condenações em danos morais coletivos. Em segundo lugar, porque incumbe ao juiz, diante das normas de Direito Ambiental - recheadas que são de conteúdo ético intergeracional atrelado às presentes e futuras gerações –, levar em conta o comando do art. 5º da LINDB, segundo o qual, ao se aplicar a lei, deve-se atender "aos fins sociais a que ela se dirige e às exigências do bem comum", cujo corolário é a constatação de que, em caso de dúvida ou outra anomalia técnico-redacional, a norma ambiental demanda interpretação e integração de acordo com o princípio hermenêutico in dubio pro natura, haja vista que toda a legislação de amparo dos sujeitos vulneráveis e dos interesses difusos e coletivos há sempre de ser compreendida da maneira que lhes seja mais proveitosa e melhor possa viabilizar, na perspectiva dos resultados práticos, a prestação jurisdicional e a ratio essendi da norma. Por fim, a interpretação sistemática das normas e princípios ambientais leva à conclusão de que, se o bem ambiental lesado for imediata e completamente restaurado, isto é, restabelecido à condição original, não há falar, como regra, em indenização. Contudo, a possibilidade técnica, no futuro, de restauração in natura nem sempre se mostra suficiente para reverter ou recompor integralmente, no âmbito da responsabilidade civil, as várias dimensões do dano ambiental causado; por isso não exaure os deveres associados aos princípios do poluidor-pagador e da reparação integral do dano. Cumpre ressaltar que o dano ambiental é multifacetário (ética, temporal, ecológica e patrimonialmente falando, sensível ainda à diversidade do vasto universo de vítimas, que vão do indivíduo isolado à coletividade, às gerações futuras e aos processos ecológicos em si mesmos considerados). Em suma, equivoca-se, jurídica e metodologicamente, quem confunde prioridade da recuperação in natura do bem degradado com impossibilidade de cumulação simultânea dos deveres de repristinação natural (obrigação de fazer), compensação ambiental e indenização em dinheiro (obrigação de dar), e abstenção de uso e nova lesão (obrigação de não fazer). REsp 1.328.753-MG, Rel. Min. Herman Benjamin, julgado em 28/5/2013.

STJ - Superior Tribunal de Justiça

Informativo 507 - 31.10.2012

DIREITO CIVIL. RESPONSABILIDADE CIVIL OBJETIVA. DANO AMBIENTAL. A responsabilidade por dano ambiental é objetiva e pautada no risco integral, não se admitindo a aplicação de excludentes de responsabilidade. Conforme a previsão do art. 14, § 1º, da Lei n. 6.938/1981, recepcionado pelo art. 225, §§ 2º e 3º, da CF, a responsabilidade por dano ambiental, fundamentada na teoria do risco integral, pressupõe a existência de uma atividade que implique riscos para a saúde e para o meio ambiente, impondo-se ao empreendedor a obrigação de prevenir tais riscos (princípio da prevenção) e de internalizá-los em seu processo produtivo (princípio do poluidor-pagador). Pressupõe, ainda, o dano ou risco de dano e o nexo de causalidade entre a atividade e o resultado, efetivo ou potencial, não cabendo invocar a aplicação de excludentes de responsabilidade (REsp 1.346.430-PR, Rel. Min. Luis Felipe Salomão, julgado em 18/10/2012).

STJ - Superior Tribunal de Justiça

Informativo 459 - 10.10.2010

PROTEÇÃO AMBIENTAL. DUNAS. Não só a vegetação fixadora de dunas está sujeita à proteção ambiental, pois é certo que as próprias dunas, ao cabo, estão acolhidas no objetivo protetor da legislação.

Destaque-se que é objetiva a responsabilidade decorrente dos danos ambientais (REsp 1.069.155-SC, Rel. Min. Mauro Campbell Marques, julgado em 7/12/2010).

1.2. EXCLUDENTE POR CULPA EXCLUSIVA DE TERCEIRO

STJ - Superior Tribunal de Justiça

Tema	438	**Situação**	Trânsito em Julgado	**Órgão julgador**	SEGUNDA SEÇÃO
Questão Controvertida	Discute-se presença de culpa exclusiva de terceiro como excludente de responsabilidade, o que importaria na não aplicação da teoria do risco integral em acidente ambiental.				
Tese Firmada	A alegação de culpa exclusiva de terceiro pelo acidente em causa, como excludente de responsabilidade, deve ser afastada, ante a incidência da teoria do risco integral e da responsabilidade objetiva ínsita ao dano ambiental (art. 225, § 3º, da CF e do art. 14, § 1º, da Lei nº 6.938/81), responsabilizando o degradador em decorrência do princípio do poluidor-pagador.				
Informações Complementares	O degradador, em decorrência do princípio do poluidor-pagador, é obrigado, independentemente da existência de culpa, a reparar - por óbvio que às suas expensas - todos os danos que cause ao meio ambiente e a terceiros afetados por sua atividade, sendo prescindível perquirir acerca do elemento subjetivo, o que, consequentemente, torna irrelevante eventual boa ou má-fé para fins de acertamento da natureza, conteúdo e extensão dos deveres de restauração do status quo ante ecológico e de indenização. "O julgamento das teses ora firmadas visa a equalizar especificamente o julgamento das ações de indenização efetivamente movidas diante do acidente ocorrido com o Navio N-T Norma, no Porto de Paranaguá, no dia 18.10.2001, mas, naquilo que encerram teses gerais, aplicáveis a consequências de danos ambientais causados em outros acidentes semelhantes, serão, como natural, evidentemente considerados nos julgamentos a se realizarem." SCAN ME				

Processo / Recurso	**Decisão de Afetação**	**Relator (a)**	**Acórdão Publicado**	**Embargos Declaratórios**	**Trânsito em Julgado**
REsp 1114398/PR	18/10/2010	SIDNEI BENETI	16/02/2012	09/05/2012	14/06/2012

STJ - Superior Tribunal de Justiça

Informativo 671 - 05.06.2020

DANO AMBIENTAL. CONCESSÃO DE LICENÇA AMBIENTAL. FATO DE TERCEIRO CAPAZ DE INTERROMPER O NEXO CAUSAL. NÃO CONFIGURAÇÃO. O erro na concessão de licença ambiental não configura fato de terceiro capaz de interromper o nexo causal na reparação por lesão ao meio ambiente. (REsp 1.612.887-PR, Rel. Min. Nancy Andrighi, Terceira Turma, por unanimidade, julgado em 28/04/2020, DJe 07/05/2020).

2. RESPONSABILIDADE SUBJETIVA

STJ - Superior Tribunal de Justiça

Informativo 650 - 05.07.2019

DANO AMBIENTAL. RESPONSABILIDADE ADMINISTRATIVA AMBIENTAL. DOLO OU CULPA. DEMONSTRAÇÃO. NECESSIDADE. A responsabilidade administrativa ambiental é de natureza subjetiva (EREsp 1.318.051-RJ, Rel. Min. Mauro Campbell Marques, Primeira Seção, por unanimidade, julgado em 08/05/2019, DJe 12/06/2019).

3. RESPONSABILIDADE SOLIDÁRIA

3.1. NECESSIDADE DE LITISCONSÓRCIO

STJ - Superior Tribunal de Justiça

Informativo 433 -07.05.2010

DANO AMBIENTAL. BREJO. LITISCONSÓRCIO. Foi ajuizada ação civil pública contra a usina ora recorrida, pois se constatou que ela promovia a drenagem de um reservatório natural (brejo). Por sua vez, as instâncias ordinárias consideraram improcedente o pedido ao fundamento de que a usina só deu continuidade ao que o próprio Poder Público começou. Nesse panorama, afastou-se, preliminarmente, a necessidade de o órgão federal, também reputado degradador, integrar a lide; pois, mesmo havendo vários agentes poluidores, a jurisprudência do STJ é firme quanto a não ser obrigatória a formação de litisconsórcio, visto que a responsabilidade de reparação integral do dano ambiental é solidária (permite demandar qualquer um ou todos eles). Pela mesma razão, a jurisprudência deste Superior Tribunal entende que os envolvidos não podem alegar que não contribuíram de forma direta e própria para o dano ambiental, como forma de afastar a responsabilidade de reparar. Estão assentadas, no acórdão e na sentença, a premissa de que a usina continuou as atividades degradantes iniciadas pelo Poder Público, o que aumentou a lesão ao meio ambiente, e a de que sua atividade preservaria uma rodovia construída sobre aterro contíguo ao brejeiro. Contudo, não há dúvidas de que houve dano ambiental e contribuição da usina para tanto, mesmo que reconhecido pelas instâncias ordinárias ser o Poder Público, também, degradador. Assim, aplicam-se os arts. 3º, IV, e 4º, VII, da Lei n. 6.938/1981. Anote-se que a usina poderá, em outra ação, cobrar de quem considere cabível parte das despesas de recuperação (REsp 880.160-RJ, Rel. Min. Mauro Campbell Marques, julgado em 4/5/2010).

3.2. ADQUIRENTE DE IMÓVEL

STJ - Superior Tribunal de Justiça

Informativo 404 - 28.08.2009

MEIO AMBIENTE. INDENIZAÇÃO. ADQUIRENTE. Trata-se de ação civil pública (ACP) na qual o MP objetiva a recuperação de área degradada devido à construção de usina hidrelétrica, bem como indenização pelo dano causado ao meio ambiente. A Turma entendeu que a responsabilidade por danos ambientais é objetiva e, como tal, não exige a comprovação de culpa, bastando a constatação do dano e do nexo de causalidade. Contudo, não obstante a comprovação do nexo de causalidade ser a regra, em algumas situações dispensa-se tal necessidade em prol de uma efetiva proteção do bem jurídico tutelado. É isso que ocorre na esfera ambiental, nos casos em que o adquirente do imóvel é responsabilizado pelos danos ambientais causados na propriedade, independentemente de ter sido ele ou o dono anterior o real causador dos estragos. A responsabilidade por danos ao meio ambiente, além de objetiva, também é solidária. A possibilidade de responsabilizar o novo adquirente de imóvel já danificado apenas busca dar maior proteção ao meio ambiente, tendo em vista a extrema dificuldade de precisar qual foi a conduta poluente e quem foi seu autor. Assim, na espécie, conforme a análise das provas feitas pelo Tribunal a quo, foi possível verificar o real causador do desastre ambiental, ficando ele responsável por reparar o dano, ainda que solidariamente com o atual proprietário do imóvel danificado (REsp 1.056.540-GO, Rel Min. Eliana Calmon, julgado em 25/8/2009).

STJ - Superior Tribunal de Justiça

Informativo 130 - 19.04.2002

DANO AMBIENTAL. ADQUIRENTE. A Turma proveu o recurso ao entendimento de que a limitação administrativa acarreta a desvalorização do imóvel. Assim, não pode o adquirente ignorar a limitação ao comprar o bem, impondo-se a ele não apenas a obrigação de dar continuidade à preservação ambiental, mas também de recompor a área desmatada que está a descaracterizá-lo. Ressalte-se que, para efeito de responsabilidade, a exigência do nexo causal entre a atividade pessoal do proprietário e o dano ocorre somente em face de imóveis que não estão com a limitação devidamente estabelecida, o que não acontece no caso, visto que se trata de área rural com limitação estabelecida em lei (REsp 282.781-PR, Rel. Min. Eliana Calmon, julgado em 16/4/2002).

3.3. ESTADO-MEMBRO POR OMISSÃO ILÍCITA

STJ - Superior Tribunal de Justiça

Informativo 388 - 27.03.2009

DANOS AMBIENTAIS. RESPONSABILIDADE SOLIDÁRIA. A questão em causa diz respeito à responsabilização do Estado por danos ambientais causados pela invasão e construção, por particular, em unidade de conservação (parque estadual). A Turma entendeu haver responsabilidade solidária do Estado quando, devendo agir para evitar o dano ambiental, mantém-se inerte ou atua de forma deficiente. A responsabilização decorre da omissão ilícita, a exemplo da falta de fiscalização e de adoção de outras medidas preventivas inerentes ao poder de polícia, as quais, ao menos indiretamente, contribuem para provocar o dano, até porque o poder de polícia ambiental não se exaure com o embargo à obra, como ocorreu no caso. Há que ponderar, entretanto, que essa cláusula de solidariedade não pode implicar benefício para o particular que causou a degradação ambiental com sua ação, em detrimento do erário. Assim, sem prejuízo da responsabilidade solidária, deve o Estado – que não provocou diretamente o dano nem obteve proveito com sua omissão – buscar o ressarcimento dos valores despendidos do responsável direto, evitando, com isso, injusta oneração da sociedade. Com esses fundamentos, deu-se provimento ao recurso (REsp 1.071.741-SP, Rel. Min. Herman Benjamin, julgado em 24/3/2009).

CAPÍTULO 3 - PRESCRIÇÃO

1. REPARAÇÃO CIVIL EM FACE DE DANO AMBIENTAL

STJ - Superior Tribunal de Justiça

Tema	999	**Situação**	Trânsito em Julgado	**Órgão julgador**	Tribunal Pleno - Sessão Virtual
Questão Controvertida	Imprescritibilidade da pretensão de reparação civil de dano ambiental.				
Tese Firmada	É imprescritível a pretensão de reparação civil de dano ambiental.				
Informações Complementares	SCAN ME				

Tema	999	Situação	Trânsito em Julgado	Órgão julgador	Tribunal Pleno - Sessão Virtual

Processo / Recurso	Repercussão Geral	Relator (a)	Acórdão Publicado	Embargos Declaratórios	Trânsito em Julgado
RE 654833/AC	01/06/2018	MIN. ALEXANDRE DE MORAES	24/06/2020	-	19/08/2020

STF - Supremo Tribunal Federal

Informativo 983 (26.06.2020)

RECURSO EXTRAORDINÁRIO. REPERCUSSÃO GERAL. TEMA 999. CONSTITUCIONAL. DANO AMBIENTAL. REPARAÇÃO. IMPRESCRITIBILIDADE. 1. Debate-se nestes autos se deve prevalecer o princípio da segurança jurídica, que beneficia o autor do dano ambiental diante da inércia do Poder Público; ou se devem prevalecer os princípios constitucionais de proteção, preservação e reparação do meio ambiente, que beneficiam toda a coletividade. 2. Em nosso ordenamento jurídico, a regra é a prescrição da pretensão reparatória. A imprescritibilidade, por sua vez, é exceção. Depende, portanto, de fatores externos, que o ordenamento jurídico reputa inderrogáveis pelo tempo. 3. Embora a Constituição e as leis ordinárias não disponham acerca do prazo prescricional para a reparação de danos civis ambientais, sendo regra a estipulação de prazo para pretensão ressarcitória, a tutela constitucional a determinados valores impõe o reconhecimento de pretensões imprescritíveis. 4. O meio ambiente deve ser considerado patrimônio comum de toda humanidade, para a garantia de sua integral proteção, especialmente em relação às gerações futuras. Todas as condutas do Poder Público estatal devem ser direcionadas no sentido de integral proteção legislativa interna e de adesão aos pactos e tratados internacionais protetivos desse direito humano fundamental de 3ª geração, para evitar prejuízo da coletividade em face de uma afetação de certo bem (recurso natural) a uma finalidade individual. 5. A reparação do dano ao meio ambiente é direito fundamental indisponível, sendo imperativo o reconhecimento da imprescritibilidade no que toca à recomposição dos danos ambientais. 6. Extinção do processo, com julgamento de mérito, em relação ao Espólio de Orleir Messias Cameli e a Marmud Cameli Ltda, com base no art. 487, III, b do Código de Processo Civil de 2015, ficando prejudicado o Recurso Extraordinário. Afirmação de tese segundo a qual É imprescritível a pretensão de reparação civil de dano ambiental (RE 654.833).

STJ - Superior Tribunal de Justiça

Informativo 415 -13.11.2009

ACP. REPARAÇÃO. DANO AMBIENTAL. Cuida-se, originariamente, de ação civil pública (ACP) com pedido de reparação dos prejuízos causados pelos ora recorrentes à comunidade indígena, tendo em vista os danos materiais e morais decorrentes da extração ilegal de madeira indígena. Os recorrentes alegam a incompetência da Justiça Federal para processar e julgar a causa, uma vez que caberia à Justiça estadual a competência para julgar as causas em que o local do dano experimentado não seja sede de vara da Justiça Federal. Porém a Min. Relatora entendeu que a Justiça Federal, segundo a jurisprudência deste Superior Tribunal e do STF, tem competência territorial e funcional nas ações civis públicas intentadas pela União ou contra ela, em razão de o município onde ocorreu o dano ambiental não integrar apenas o foro estadual da comarca local, mas também o das varas federais. Do ponto de vista do sujeito passivo (causador de eventual dano), a prescrição cria em seu favor a faculdade de articular (usar da ferramenta) exceção substancial peremptória. A prescrição tutela interesse privado, podendo ser compreendida como mecanismo de segurança jurídica e estabilidade. O dano ambiental refere-se àquele que oferece grande risco a toda humanidade e à coletividade, que é a titular do bem ambiental que constitui direito difuso. Destacou a Min. Relatora que a reparação civil do dano ambiental assumiu grande amplitude no Brasil, com profundas implicações, na espécie, de responsabilidade do degradador do meio ambiente, inclusive imputando-lhe responsabilidade objetiva, fundada no simples risco ou no simples fato da atividade danosa, independentemente da culpa do agente causador do dano. O direito ao pedido de reparação de danos ambientais, dentro da logicidade hermenêutica, também está protegido pelo manto da imprescritibilidade, por se tratar de direito inerente à vida, fundamental e essencial à afirmação dos povos, independentemente de estar expresso ou não em texto legal. No conflito entre estabelecer um prazo prescricional em favor do causador do dano ambiental, a fim de lhe atribuir segurança jurídica e estabilidade com natureza eminentemente privada, e tutelar de forma mais benéfica bem jurídico coletivo, indisponível, fundamental, que antecede todos os demais direitos – pois sem ele não há vida, nem saúde, nem trabalho, nem lazer – o último prevalece, por óbvio, concluindo pela imprescritibilidade do direito à reparação do dano ambiental. Mesmo que o pedido seja genérico, havendo elementos suficientes nos autos, pode o magistrado determinar, desde já, o montante da reparação (REsp 1.120.117-AC, Rel. Min. Eliana Calmon, julgado em 10/11/2009).

2. AJUIZAMENTO DE AÇÃO INDENIZATÓRIA POR TERCEIRO PREJUDICADO

STJ - Superior Tribunal de Justiça

<table>
<tr><td>Tema</td><td>978</td><td>Situação</td><td>Afetado</td><td>Órgão julgador</td><td>SEGUNDA SEÇÃO</td></tr>
<tr><td>Questão Controvertida</td><td colspan="5">Definir o termo inicial do prazo prescricional para o ajuizamento de ação indenizatória por terceiros que se alegam prejudicados em decorrência da construção de Usina Hidrelétrica no Rio Manso; se é da data da construção da Usina ou da negativa de pagamento ao recorrente, diante da não inclusão de seu nome no acordo entabulado perante a Justiça Federal.</td></tr>
<tr><td>Tese Firmada</td><td colspan="5">-</td></tr>
<tr><td>Informações Complementares</td><td colspan="5">Afetado na sessão do dia 28/06/2017 (Segunda Seção).
Os processos afetados neste Tema integram a Controvérsia n. 17/STJ.
Há determinação de suspensão nacional de todos os processos pendentes, individuais ou coletivos (Art. 1.037, II, CPC). Ressalvando que não é obstada a propositura de novas ações, tampouco a sua distribuição, bem como que não se aplica o sobrestamento às transações efetuadas ou que vierem a ser concluídas. (acórdão publicado no DJe de 1º/08/2017)
SCAN ME</td></tr>
</table>

Tema	978	Situação	Afetado	Órgão julgador	SEGUNDA SEÇÃO	
Processo / Recurso		Decisão de Afetação	Relator (a)	Acórdão Publicado	Embargos Declaratórios	Trânsito em Julgado
REsp 1665598/MT e REsp 1667189/MG		01/08/2017	LUIS FELIPE SALOMÃO	-/-/-	-	-

3. DANO PESSOAL DECORRENTE DE DANO AMBIENTAL E ACIDENTE DE CONSUMO

STJ - Superior Tribunal de Justiça

Informativo 537 - 10.04.2014

DIREITO DO CONSUMIDOR. PRAZO DE PRESCRIÇÃO EM CASO DE DANO PESSOAL DECORRENTE DE DANO AMBIENTAL. Conta-se da data do conhecimento do dano e de sua autoria – e não da data em que expedida simples notificação pública a respeito da existência do dano ecológico – o prazo prescricional da pretensão indenizatória de quem sofreu danos pessoais decorrentes de contaminação de solo e de lençol freático ocasionada por produtos utilizados no tratamento de madeira destinada à fabricação de postes de luz. Apesar da natural ênfase conferida aos vários aspectos do dano ambiental, trata-se, também, de um acidente de consumo, que se enquadra simultaneamente nos arts. 12 (fato do produto) e 14 do CDC (fato do serviço). Com efeito, os postes de luz constituem um insumo fundamental para a distribuição de energia elétrica aos seus consumidores, sendo que a contaminação ambiental decorreu exatamente dos produtos utilizados no tratamento desses postes. Se o dano sofrido pelos consumidores finais tivesse sido um choque provocado por uma descarga elétrica, não haveria dúvida acerca da incidência do CDC. Ocorre que a regra do art. 17 do CDC, ampliando o conceito básico de consumidor do art. 2º, determina a aplicação do microssistema normativo do consumidor a todas as vítimas do evento danoso, protegendo os chamados bystandars, que são as vítimas inocentes de acidentes de consumo. Esse fato, de um lado, constitui fato do produto (art. 12), em face das substâncias químicas utilizadas, e, de outro lado, apresenta-se também como fato do serviço (art. 14), pois o tratamento dos postes de luz liga-se ao serviço de distribuição de energia elétrica. Consequentemente, a prescrição é regulada pela norma do art. 27 do CDC, que estabelece um prazo de cinco anos, flexibilizando o seu termo inicial (AgRg no REsp 1.365.277-RS, Rel. Min. Paulo de Tarso Sanseverino, julgado em 20/2/2014).

4. DESAPROPRIAÇÃO

4.1. INDENIZAÇÃO

STF - Supremo Tribunal Federal

Informativo 288 (01.11.2002)

DESAPROPRIAÇÃO E ÁREA DE PRESERVAÇÃO PERMANENTE. Com base na jurisprudência do STF no sentido de serem integralmente indenizáveis as matas e revestimentos vegetais que recobrem áreas dominiais privadas, objeto de desapropriação, ou sujeitas a limitações administrativas, mesmo que integrantes de áreas de preservação permanente, a Turma conheceu em parte do recurso extraordinário, e, nessa parte, deu-lhe provimento para reformar acórdão do Tribunal de Justiça do Estado de São Paulo que, em ação de desapropriação direta, entendeu indenizáveis apenas a parcela das matas não sujeitas à proteção permanente e, portanto, passíveis de exploração comercial. Precedente citado: RE 134.297-SP (RTJ 158/205). RE-267817

STJ - Superior Tribunal de Justiça

Informativo 223 - 21.10.2004

DESAPROPRIAÇÃO. COBERTURA VEGETAL. MANEJO SUSTENTADO. A indenização separada da cobertura florestal foi negada pelo Tribunal a quo ao fundamento de que irrisória a área de quatro mil hectares aproveitada pelo projeto de manejo florestal sustentado (aprovado pelo Ibama) em comparação à área total desapropriada, de sessenta mil hectares. Inconformados, os recorrentes pleiteavam, entre outros pedidos, a indenização destacada da cobertura de toda a área desapropriada. Diante disso, a Turma, prosseguindo o julgamento, entendeu que fazem jus à indenização separada somente da área de mata efetivamente utilizada pelo projeto de manejo florestal, visto que incontroversa nos autos sua exploração comercial, essencial ao sucesso do pleito indenizatório, conforme firmado pela jurisprudência deste Superior Tribunal (REsp 450.270-PA, Rel. Min. João Otávio de Noronha, julgado em 28/9/2004).

4.2. PARTICIPAÇÃO DO MPF E DESAPROPRIAÇÃO EM ESTAÇÃO ECOLÓGICA

STJ - Superior Tribunal de Justiça

Informativo 192 - 21.11.2003

DESAPROPRIAÇÃO. ESTAÇÃO ECOLÓGICA. INTERVENÇÃO MP. Trata-se da intervenção do Ministério Público em ações expropriatórias, precisamente quando tiver por fundamento a atuação estatal na proteção do meio ambiente. A interpretação contemporânea do art. 82, III, do CPC não pode desviar-se da vontade constitucional (art. 127) de outorgar ao Ministério Público a missão precípua de participar, obrigatoriamente, de todas as causas que envolvam aspectos vinculados à proteção do meio ambiente, por ressaltar a preponderância do interesse público. A Turma, prosseguindo o julgamento e por maioria, deu provimento ao recurso do MP para determinar a nulidade do acórdão de segundo grau e da sentença, considerando-se legítima a sua participação no feito a partir da contestação (REsp 486.645-SP, Rel. Min. José Delgado, julgado em 18/11/2003).

5. DESAPROPRIAÇÃO INDIRETA

STF - Supremo Tribunal Federal

Informativo 84 (19.09.1997)

EFEITO SUSPENSIVO EM AÇÃO RESCISÓRIA. Despacho: 1. OS FATOS – O Estado de São Paulo, no ano de 1987, criou a Estação Ecológica da JURÉIA-ITATINS com a área de 79.270 hectares (Lei n.º 5.649, de 28 de abril de 1987). A Estação abrange áreas dos municípios de Peruibe, Iguape, Miracatu e Itariri. O Requerido Paulo Ferreira Ramos adquiriu, por compra e venda datada de 1982, pelo valor de CR$30.000.000,00, imóvel com a área de 1.390,68 hectares, situado no município de Iguapé. Em 1984, o mesmo imóvel lhe foi atribuído pelo valor de CR$36.300.000,00, em partilha decorrente de separação judicial (fls. 56v. da AR). 2. AÇÃO DE INDENIZAÇÃO – Em 1988, os Requeridos ajuizaram ação de indenização contra o Estado de São Paulo. Sustentaram que "a atividade administrativa do Estado impede, absolutamente, a exploração dos recursos naturais da terra, aniquilando, em seu conteúdo essencial, o exercício do direito de propriedade, que, sem dúvida, configura desapropriação indireta e não simples limitação à propriedade" (petição inicial, fls. 49, AR). A sentença de primeiro grau reconheceu que a indenização deveria restringir-se à metade do imóvel, ou seja, 665,34 ha. (sentença, fls. 603,AR). Assim decidiu por que a lei, diz a sentença, "fala em preservação de 50% do todo, razão pela qual – nos outros 50% – achar-se-á contida a área onde a proibição de corte já existia era total" (fls. 602, sentença, AR). Ao final, em 24 de maio de 1989, a sentença condenou ao pagamento de NCR$6.142.669,54 (cruzados novos), equivalente, à época, a cerca de U$10,000.000.00 (dez milhões de dólares, fls. 03). Foi ela mantida em segundo grau (fls. 688, da AR). Foi interposto recurso extraordinário (n.º 134.297-8-SP) que não foi conhecido (fls. 143). Durante a tramitação do extraordinário, foi iniciada a execução provisória.Foi expedido precatório no valor de R$34.486.602,14 (fls. 723, AR). 3. AÇÃO RESCISÓRIA – Em 27 de agosto do corrente ano, o Estado de São Paulo ajuizou a ação rescisória (n.º 1379-4), alegando que a decisão de mérito: a) "resultou de dolo da parte vencedora em detrimento da vencida (art. 485, III do CPC)" (fls. 16 e 21):- foi utilizado "ardil capaz de desviar o pronunciamento justo da decisão de mérito ... eis que o assistente técnico do autores havia sido contratado, em 07 de março de 1988 (fls. 110), para, por serviços a serem prestados em relação ao caso, ser remunerado em "50% do valor final que [oRequerido] vier a receber, ou seja, o valor correspondente a indenização e seus acréscimos legais a que o Estado vier a ser condenado" (fls. 25 da inicial e fls. 111, cláusula VI). b) violou literal disposição de lei; (fls. 16 e 27) – as Estações Ecológicas somente podem incidir sobre áreas de domínio da União, Estados ou Municípios (art. 2º da Lei n.º 6.902, 27.04.1981). Assim, importaria a desapropriação indireta na incorporação do bem ao patrimônio público, o que não teria ocorrido. c) fundou-se em prova cuja falsidade será provada no curso [da] ação"; (fls. 17 e 36, AR). - sustenta que a perícia, que deu base às indenização, decorreu "de quantitativos e valores que não são explicáveis" produzindo uma "hiperavaliação, com valores flagrantemente superiores àqueles praticados pelo mercado imobiliário da época, conjugada com a circunstância de interesse pessoal do assistente técnico ... " (fls. 37). Aponta: c1) o valor das madeira foi "5 vezes maior do aquele objeto da Portaria da Coordenadoria de Proteção dos Recursos Naturais"; c2) "distorções de volumes de madeira e de lenha ... 2 vezes superior à áreas de mata atlântica. ..." (fls. 35, AR, ítem 36); c3) "o valor sugerido pelo perito, em dólares/ha foi de U$16,407.41 ... cerca de 100 vezes ou 10.000% superior em termos reais" ao valor da aquisição pelos Requeridos (fls. 38); c4) o valor do hectare, em dólares, quando da condenação, montou a U$ 15,814.49 (fls. 40); Por fim, considerando o total de R$34.486.602,14 para uma área de 665,34 ha, teremos R$51.883,05 por hectare. 4. MEDIDA CAUTELAR INCIDENTAL – O Estado de São Paulo, neste procedimento cautelar, formula pedido liminar para "...atribuir efeito suspensivo à ação da qual a presente medida é incidental [Ação Rescisória] e – ademais e por conseqüência – determinar à Egrégia Presidência do Tribunal de Justiça a suspensão da exigibilidade do precatório relativo ao número de ordem 375/95 do processo EP 1.348/94 e complementações porventura requeridas até final julgamento da ação rescisória." (fls. 3) Sustenta, com base nos fundamentos da ação rescisória, a necessidade da concessão de liminar, tendo em vista: a) a plausibilidade do direito; b) o danos decorrentes do pagamento do precatório (será próximo a ser pago, fls. 30) em face dos vultuosos valores; c) "... incerta (senão irreversível) reparação - se efetivado o depósito - já que, há um verdadeiro concurso de credores nos autos, seja o assistente técnico a pleitear a metade da indenização, seja o ex-advogado a pleitear 14% da mesma" (fls. 23). 5. DECISÃO – Os fatos trazidos nos autos da Ação Rescisória e da Medida Cautelar revestem-se de gravidade: a um ajuste contratual vinculado ao resultado da demanda e conhecido após o seu trânsito em julgado agrega-se o resultado de uma avaliação, em princípio, em muito distante do valor de mercado. Sabe-se que dar efeito suspensivo a ação rescisória, consiste em atacar a coisa julgada. Há decisões deste Tribunal no sentido de inadmitir "medida cautelar objetivando suspender execução de decisão transitada em julgado, até o final julgamento da ação rescisória" (Pet. 143, Oscar Corrêa, onde refere precedentes). Tal orientação não pode ser erigida como paradigma absoluto, posto não decorrer de expressa disposição legal. É o respeito à coisa julgada que fundamento tal orientação. Necessita-se, portanto, de grande cautela, expressa na orientação jurisprudencial, para não desnaturar o encerramento definitivo da lide julgada. No entanto, esta preocupação há que ceder diante de casos especialíssimos. Estamos perante um caso especial. Houve ajuste prévio destinado a influir no valor da indenização. Sua remuneração vinculou-se a esse valor. O fato foi conhecido após o trânsito em julgado. Os valores, em princípio, destoam do real. Há plausibilidade do direito deduzido na Rescisória. O perigo de dano se afigura real: o Precatório poderá ser pago a qualquer momento. Por tudo isso, defiro a liminar nos termos em que foi formulada: a) atribuo efeito suspensivo à ação rescisória; b) suspendo a exigibilidade do precatório relativo ao número de ordem 375/95 do processo EP 1.348/94 e suas eventuais complementações. Dê-se ciência à Sua Excelência o Presidente do Tribunal de Justiça de São Paulo para que de cumprimento ao decidido. O presente despacho é exarado nos termos do inciso V do art. 21 do RISTF, estando sujeito ao referendo do Plenário (PET 1.347).

STJ - Superior Tribunal de Justiça

Informativo 273 - 10.02.2006

PRESCRIÇÃO. INDENIZAÇÃO. PARQUE ECOLÓGICO. O Estado entendeu criar o parque ecológico da Serra do Mar, impondo, como consabido, restrições ao uso das propriedades particulares. Assim, por via oblíqua, assumiu o ônus de indenizá-las na mesma proporção das limitações. Isso posto, a Turma, ao prosseguir o julgamento, por maioria, entendeu que a respectiva ação de desapropriação indireta tem prazo prescricional vintenário. A Min. Eliana Calmon, em seu voto-vista, aduziu que, na hipótese, o Estado, efetivamente, não retirou a posse da área do proprietário e que há que se analisar, caso a caso, se havia potencial econômico para exploração da terra que se tenha por inviabilizada. Entendeu, ainda, que a ação, na hipótese, assemelha-se à ação reivindicatória, de natureza real, daí o prazo prescricional de vinte anos (REsp 193.251-SP, Rel. Min. João Otávio de Noronha, julgado em 7/2/2006).

CAPÍTULO 4 - COMPETÊNCIA

1. AÇÃO POPULAR X AÇÃO INDIVIDUAL

Informativo 662 - 31.01.2020

DESASTRE DE BRUMADINHO. JULGAMENTO DE AÇÃO POPULAR CONCORRENTE COM DIVERSAS AÇÕES COM OBJETO ASSEMELHADO. COMPETÊNCIA. FORO DO LOCAL DO FATO. PECULIARIDADE DO CASO CONCRETO. Em face da magnitude econômica, social e ambiental do caso concreto, é possível a fixação do juízo do local do fato para o julgamento de ação popular que concorre com diversas outras ações individuais, populares e civis públicas decorrentes do mesmo dano ambiental. (CC 164.362-MG, Rel. Min. Herman Benjamin, Primeira Seção, por unanimidade, julgado em 12/06/2019, DJe 19/12/2019).

2. ACÃO CIVIL PÚBLICA E ACIDENTE DE TRABALHO

STJ - Superior Tribunal de Justiça

Informativo 156 - 29.11.2002

MEIO AMBIENTE. ACIDENTE DO TRABALHO. LEGITIMIDADE. JUSTIÇA TRABALHISTA. Compete à Justiça comum apreciar ação civil pública proposta pelo Ministério Público estadual contra empresa de cosméticos por causar danos ao meio ambiente e à saúde de seus operários (REsp 310.703-SP, Rel. Min. Eliana Calmon, julgado em 26/11/2002).

CAPÍTULO 5 - TIPOS DE AÇÕES JUDICIAIS

1. AÇÃO INDIVIDUAL

1.1. LEGITIMIDADE ATIVA

STJ - Superior Tribunal de Justiça

Tema	436	**Situação**	Trânsito em Julgado	**Órgão julgador**	SEGUNDA SEÇÃO
Questão Controvertida	Discute-se a ilegitimidade ativa ad causam em ação de indenização por danos materiais e morais em razão de acidente ambiental ocorrido no Porto de Paranaguá com o navio N/T.Norma				
Tese Firmada	É parte legítima para ação de indenização o pescador profissional artesanal, com início de atividade profissional registrada no Departamento de Pesca e Agricultura do Ministério da Agricultura e do Abastecimento anteriormente ao fato, ainda que a emissão da carteira de pescador profissional tenha ocorrido posteriormente.				
Informações Complementares	Configura-se a legitimidade ativa ante a qualidade de pescador profissional do autor, fato comprovado por documento de identidade, como pescador profissional, fornecido pelo Ministério da Agricultura, em cujo registro o autor consta como exercente da profissão desde data anterior à do evento, embora emitida a cédula profissional em data ulterior. "O julgamento das teses ora firmadas visa a equalizar especificamente o julgamento das ações de indenização efetivamente movidas diante do acidente ocorrido com o Navio N-T Norma, no Porto de Paranaguá, no dia 18.10.2001, mas, naquilo que encerram teses gerais, aplicáveis a consequências de danos ambientais causados em outros acidentes semelhantes, serão, como natural, evidentemente considerados nos julgamentos a se realizarem." SCAN ME				

Processo / Recurso	**Decisão de Afetação**	**Relator (a)**	**Acórdão Publicado**	**Embargos Declaratórios**	**Trânsito em Julgado**
REsp 1114398/PR	18/10/2010	SIDNEI BENETI	16/02/2012	09/05/2012	14/06/2012

1.2. EFEITOS DA TRANSAÇÃO EM LITISCONSÓRCIO PASSIVO

STJ - Superior Tribunal de Justiça

Informativo 371 - 10.10.2008

INDENIZAÇÃO. VAZAMENTO. ÓLEO. ACORDO. Trata-se de ação de indenização em razão de explosão de navio, com conseqüente vazamento de óleo, fato que impediu o autor de exercer sua profissão de pescador e prover seu sustento. Durante o curso do processo, uma das rés firmou acordo, o que resultou em sua extinção (art. 269, III, do CPC). Seguiu a ação somente contra a sociedade empresarial administradora do porto responsável pela contenção do vazamento de óleo. Entretanto o magistrado singular entendeu que a transação realizada aproveitaria àquela sociedade e extinguiu a ação. Por sua vez, o Tribunal a quo reformou a decisão e entendeu impossibilitada a fixação de valor diverso daquele acordado. Diante disso, explicitou o Min. Relator que, quando o credor dá quitação parcial da dívida, mesmo por meio de transação, tal remissão não aproveita aos outros devedores. Assim, o acordo significa a liberação daquele devedor que participou com relação à quota-parte pela qual era responsável. Por isso, a ação contra a recorrida (sociedade empresarial administradora do porto) somente pode ser pelo quantum indenizatório remanescente pro rata, que lhe cabe. Dessa forma, a Turma não conheceu o recurso. REsp 1.079.293-PR, Rel. Min. Carlos Fernando Mathias (Juiz convocado do TRF da 1ª Região), julgado em 7/10/2008.

1.3. LIMITAÇÃO ADMINISTRATIVA

STF - Supremo Tribunal Federal

Informativos 258 (01.03.2002) e 278 (23.08.2002)

RECURSO EXTRAORDINÁRIO. LIMITAÇÃO ADMINISTRATIVA. PRÉDIO URBANO: PATRIMÔNIO CULTURAL E AMBIENTAL DO BAIRRO DO COSME VELHO. DECRETO MUNICIPAL 7.046/87. COMPETÊNCIA E LEGALIDADE. 1. Prédio urbano elevado à condição de patrimônio cultural. Decreto Municipal 7.046/87. Legalidade. Limitação administrativa genérica, gratuita e unilateral ao exercício do direito de propriedade, em prol da memória da cidade. Inexistência de ofensa à Carta Federal. 2. Conservação do patrimônio cultural e paisagístico. Encargo conferido pela Constituição (EC 01/69, artigo 15, II) ao Poder Público, dotando-o de competência para, na órbita de sua atuação, coibir excessos que, se consumados, poriam em risco a estrutura das utilidades culturais e ambientais. Poder-dever de polícia dos entes estatais na expedição de normas administrativas que visem a preservação da ordem ambiental e da política de defesa do patrimônio cultural. Recurso extraordinário conhecido e provido (RE-121.140).

STJ - Superior Tribunal de Justiça

Informativo 319 - 11.05.2007

LIMITAÇÕES ADMINISTRATIVAS. INDENIZAÇÃO. PARQUE ESTADUAL. Os recorrentes pretendem o pagamento de indenização pela terra nua e cobertura vegetal, acrescido de juros compensatórios em 12% ao ano, contados da criação de Parque estadual, e de juros moratórios a partir da citação. Isso posto, a Turma deu provimento ao recurso ao entendimento de que o apossamento administrativo de propriedade privada, ainda que não acompanhado de ocupação física, se restringir os poderes inerentes ao domínio, justifica o direito à indenização, salvo quando se tratar de área de preservação permanente (APP) ou de reserva legal (RL), exceto quanto a esta se o proprietário contar com plano de manejo devidamente aprovado pela autoridade competente (REsp 905.410-SP, Rel. Min. Castro Meira, julgado em 3/5/2007).

STJ - Superior Tribunal de Justiça

Informativo 308 - 15.12.2006

DESAPROPRIAÇÃO. SERRA DO MAR. RESTRIÇÕES ADMINISTRATIVAS. A Seção, por maioria, preliminarmente, conheceu dos embargos de divergência e, no mérito, ao prosseguir o julgamento, por maioria, deu provimento aos embargos de divergência, prevalecendo a tese da impossibilidade da propositura da ação indenizatória no caso dos autos em que a aquisição do imóvel deu-se após a edição dos decretos estaduais n. 10.251/1977 e n. 19.448/1982 de preservação da Serra do Mar. Não se poderia falar em prejuízo porque, quando da compra e venda do imóvel, já incidiam as restrições administrativas impostas pelos citados decretos e, na fixação do preço do negócio, também se consideraram essas restrições de uso. Assim, concluiu não se poder ressarcir prejuízo que o embargante não sofreu. Os votos vencidos, com base em entendimentos anteriores sobre se há ou não exploração econômica na área de mata nativa, tinham como necessário o retorno dos autos ao Tribunal de origem, a fim de que fosse produzida a prova técnica para a demonstração inequívoca da possibilidade de haver ou não exploração econômica (EREsp 254.246-SP, Rel. originária Min. Eliana Calmon, Rel. para acórdão Min. João Otávio de Noronha, julgados em 13/12/2006).

1.4. DECLARAÇÃO DE UTILIDADE PÚBLICA

STJ - Superior Tribunal de Justiça

Informativo 33 - 24.09.1999

DESAPROPRIAÇÃO. FLORESTAS NATIVAS. Trata-se de pedido de indenização por ter sido declarada de utilidade pública floresta nativa de preservação permanente, com a criação do Parque Marumbi. Embora o recurso não mereça conhecimento acerca do valor da indenização, por ensejar reexame de prova e ausência de prequestionamento, a Turma, por maioria, destacou que, mesmo sem o apossamento administrativo, "deixar de indenizar as florestas seria punir quem as preservou, homenageando aqueles que as destruíram" (REsp 77.359-SP, DJ 10/6/1996), além de dissentir da orientação do STJ (REsp 188.781-PR, Rel. Min. Humberto Gomes de Barros, julgado em 21/9/1999).

2. AÇÃO POPULAR

STJ - Superior Tribunal de Justiça

Informativo 421 - 05.02.2010

LEIS AMBIENTAIS. APLICAÇÃO. ÁREA URBANA. A Turma, ao prosseguir o julgamento, por maioria, conheceu do agravo regimental e deu provimento ao REsp para anular o acórdão recorrido e determinar que o Tribunal a quo realize novo julgamento da apelação na ação popular. Na espécie, trata-se de construção de supermercado que, segundo o autor da ação popular e o MPF, violou a legislação ambiental. O Tribunal a quo entendeu que a legislação ambiental é inaplicável à área urbana ao afirmar que "não há de se cogitar de limitações ambientais ao direito de construir, dentro de zona urbana, mediante licença da administração municipal". Assim o Tribunal a quo deve reexaminar a causa sob pena de supressão de instância com a aplicação das normas atinentes ao meio ambiente (Decreto de Mata Atlântica e Código Florestal) à área urbana (AgRg no REsp 664.886-SC, Rel. originário Min. Humberto Martins, Rel. para acórdão Min. Herman Benjamin, julgado em 4/2/2010).

3. AÇÃO CIVIL PÚBLICA

3.1. MEDIDA CAUTELA PREPARATÓRIA

3.1.1. Indisponibilidade de bens

STJ - Superior Tribunal de Justiça

Informativo 330 - 07.09.2009

AÇÃO CIVIL PÚBLICA. INDISPONIBILIDADE. BENS. DANO AMBIENTAL. A indisponibilidade de bens dos sócios no trato de ação civil pública tem nítido caráter cautelar, visto que se presta a assegurar a possível indenização. Assim, só pode estender-se aos bens do acionista controlador e daqueles que, em razão do contrato ou estatuto social, tenham poderes de direção e execução do objetivo social. No caso, as instâncias ordinárias aferiram que o recorrente desligara-se da sociedade em questão meses antes do acidente que causou os danos ambientais, fato também verificado pelo MPF, daí sua ilegitimidade para figurar na medida cautelar preparatória da ação civil pública. Note-se que há termo de ajustamento de conduta com a prestação de cautela, daí que ainda não foi proposta a ação civil apesar de expirado o prazo legal (REsp 839.916-RJ, Rel. Min. Luiz Fux, julgado em 4/9/2007).

3.1.2. Construção de edificação na orla marítima

STJ - Superior Tribunal de Justiça

Informativo 97 - 25.05.2001

MC. DANO AMBIENTAL. Tratando-se de área de mata atlântica de preservação permanente pela riqueza de recursos naturais, a falta de concessão da medida cautelar para dar efeito suspensivo ao REsp resultaria na irreversibilidade de danos ambientais, decorrentes da continuidade da construção de edificação na orla marítima, sem a oitiva do Ibama e do necessário estudo de impacto ambiental. Há fumaça do bom direito e evidente perigo da demora (MC 2.136-SC, Rel. Min. José Delgado, julgado em 22/5/2001).

3.2. POSSIBILIDADE JURÍDICA DO PEDIDO

3.2.1. Impedir continuidade de poluição em ribeirão

STJ - Superior Tribunal de Justiça

Informativo 87 - 09.03.2001

AÇÃO CIVIL PÚBLICA. IMPOSSIBILIDADE JURÍDICA DO PEDIDO. MEIO AMBIENTE. A Turma, por maioria, entendeu que, em sede de ação civil pública, não há impossibilidade jurídica do pedido para que órgão público responsável por saneamento básico deixe de poluir determinado ribeirão e tome as providências materiais pertinentes. A pretensão é admitida em nosso ordenamento jurídico (arts. 1º e 3º da Lei n. 7.347/85; art. 25, IV, a, da Lei n. 8.625/93, e arts. 83 e 84 do Código de Defesa do Consumidor) e compõe o ambiente de controle dos atos administrativos pelo Poder Judiciário (REsp 287.127-SP, Rel. Min. José Delgado, julgado em 6/3/2001).

3.2.2. Exigir contratação de mais funcionários

STJ - Superior Tribunal de Justiça

Informativo 18 - 14.05.1999

AÇÃO CIVIL PÚBLICA. MEIO-AMBIENTE. PETROBRÁS. Ao argumento de que o pedido é juridicamente impossível, a Turma, por maioria, não conheceu da irresignação do Ministério Público que, em cumprimento à Lei n.º 7.347/85 – referente a danos ao meio-ambiente –, moveu ação civil pública para compelir a Petrobrás a contratar mais operadores na Unidade de Gasolina de Aviação. Com a venia do entendimento majoritário, consignou-se, em votos vencidos, que o pedido formulado pelo Parquet, inserido no âmbito de prevenção de danos ao meio-ambiente, é juridicamente possível se reconhecido o risco de acidente, de modo a justificar a implantação das medidas exigidas; e, não obstante a falta de dispositivo legal obrigando a referida contratação de trabalhadores, cabe à livre iniciativa prevenir tais danos se, para tanto, tal providência for necessária (REsp 136.108-SP, Rel. Min. Waldemar Zveiter, julgado em 13/5/1999).

3.3. LEGITIMIDADE ATIVA

3.3.1. MPF e zona de amortecimento de parque nacional

STJ - Superior Tribunal de Justiça

Informativo 526 - 25.09.2013

DIREITO PROCESSUAL CIVIL E AMBIENTAL. LEGITIMIDADE PARA A PROPOSITURA DE AÇÃO CIVIL PÚBLICA EM DEFESA DE ZONA DE AMORTECIMENTO DE PARQUE NACIONAL. O MPF possui legitimidade para propor, na Justiça Federal, ação civil pública que vise à proteção de zona de amortecimento de parque nacional, ainda que a referida área não seja de domínio da União. Com efeito, tratando-se de proteção ao meio ambiente, não há competência exclusiva de um ente da Federação para promover medidas protetivas. Impõe-se amplo aparato de fiscalização a ser exercido pelos quatro entes federados, independentemente do local onde a ameaça ou o dano estejam ocorrendo e da competência para o licenciamento. Deve-se considerar que o domínio da área em que o dano ou o risco de dano se manifesta é apenas um dos critérios definidores da legitimidade para agir do MPF. Ademais, convém ressaltar que o poder-dever de fiscalização dos outros entes deve ser exercido quando determinada atividade esteja, sem o devido acompanhamento do órgão local, causando danos ao meio ambiente (AgRg no REsp 1.373.302-CE, Rel. Min. Humberto Martins, julgado em 11/6/2013).

3.3.2. Ministério Público em caso de poluição sonora

STJ - Superior Tribunal de Justiça

Informativo 61 - 16.06.2000

AÇÃO CIVIL PÚBLICA. MEIO AMBIENTE. O Ministério Público tem legitimidade para promover ação civil pública contra empresa poluidora do meio ambiente em ruídos acima dos níveis permitidos (REsp 216.269-MG, Rel. Min. Humberto Gomes de Barros, julgado em 15/6/2000).

3.3.3. Associação de moradores

STJ - Superior Tribunal de Justiça

Informativo 442 - 13.08.2010

ACP. PRESERVAÇÃO. CONJUNTO ARQUITETÔNICO. A associação de moradores recorrente, mediante ação civil pública (ACP), busca o sequestro de importante conjunto arquitetônico incrustado em seu bairro, bem como o fim de qualquer atividade que lhe prede ou polua, além da proibição de construir nele anexos ou realizar obras em seu exterior ou interior. Nesse contexto, a legitimidade da referida associação para a ACP deriva de seu próprio estatuto, enquanto ele dispõe que um dos objetivos da associação é justamente zelar pela qualidade de vida no bairro, ao buscar a manutenção do ritmo e grau de sua ocupação e desenvolvimento, para que prevaleça sua feição de zona residencial. Sua legitimidade também condiz com a CF/1988, pois o caput de seu art. 225 expressamente vincula o meio ambiente à sadia qualidade de vida. Daí a conclusão de que a proteção ambiental correlaciona-se diretamente com a qualidade de vida dos moradores do bairro. Também a legislação federal agasalha essa hipótese, visto reconhecer que o conceito de meio ambiente encampa o de loteamento, paisagismo e estética urbana numa relação de continência. Destaca-se o teor do art. 3º, III, a e d, da Lei n. 6.938/1981, que dispõe ser poluição qualquer degradação ambiental oriunda de atividades que, direta ou indiretamente, prejudiquem a saúde e o bem-estar da população ou atinjam as condições estéticas do meio ambiente. Em suma, diante da legislação vigente, não há como invocar a falta de pertinência temática entre o objeto social da recorrente e o pleito desenvolvido na ação (art. 5º, V, b, da Lei n. 7.347/1985). REsp 876.931-RJ, Rel. Min. Mauro Campbell Marques, julgado em 10/8/2010.

3.3.4. IBAMA

STJ - Superior Tribunal de Justiça

Informativo 413 - 30.10.2009

IBAMA. DEMOLIÇÃO. EDIFÍCIO IRREGULAR. Versa o recurso sobre o interesse do Ibama em ajuizar ação civil pública para demolir edificação tida como irregular conforme as leis ambientais vigentes. A Turma deu provimento ao recurso, ao entender que, à luz do art. 72, VIII, da Lei n. 9.605/1998, não é dotada de auto executoriedade a demolição de obras já concluídas, mesmo como sanções administrativas de cunho ambiental. Ademais, a presente ação civil pública tem como objetivo, além da demolição, a recuperação de área degradada. Assim não há que falar em ausência de interesse de agir do Ibama (REsp 789.640-PB, Rel. Min. Mauro Campbell Marques, julgado em 27/10/2009).

STJ - Superior Tribunal de Justiça

Informativo 43 - 10.12.1999

IBAMA. TERMO DE COMPROMISSO. TÍTULO EXECUTIVO. O art. 113 do Código de Defesa do Consumidor não foi vetado pelo Presidente da República. Desse modo, o termo de compromisso de ajustamento de conduta firmado com o Ibama – que prevê multa diária se o recorrido não recuperar áreas degradadas pelo garimpo – é título executivo extrajudicial, podendo embasar execução, mesmo não assinado por testemunhas (REsp 213.947-MG, Rel. Min. Ruy Rosado, julgado em 6/12/1999).

3.4. LEGITIMIDADE PASSIVA

3.4.1. Estado-membro

STJ - Superior Tribunal de Justiça

Informativo 427 - 19.03.2010

MEIO AMBIENTE. LEGITIMIDADE PASSIVA. ESTADO. A jurisprudência do STJ firmou-se no sentido de reconhecer a legitimidade passiva de pessoa jurídica de direito público (no caso, estado-membro) na ação que busca a responsabilidade pela degradação do meio ambiente, em razão da conduta omissiva quanto a seu dever de fiscalizá-lo. Essa orientação coaduna-se com o art. 23, VI, da CF/1988, que firma ser competência comum da União, estados, Distrito Federal e municípios a proteção do meio ambiente e o combate à poluição em qualquer de suas formas. Anote-se que o art. 225, caput, da CF/1988 prevê o direito de todos a um meio ambiente ecologicamente equilibrado, além de impor ao Poder Público e à coletividade o dever de defendê-lo e preservá-lo em benefício das presentes e futuras gerações (AgRg no REsp 958.766-MS, Rel. Min. Mauro Campbell Marques, julgado em 16/3/2010).

3.4.2. IBAMA

STJ - Superior Tribunal de Justiça

Informativo 310 - 23.02.2007

IBAMA. PARQUE NACIONAL. DESAPROPRIAÇÃO INDIRETA. ILEGITIMIDADE PASSIVA. CONDIÇÕES DA AÇÃO. STJ. CONHECIMENTO DE OFÍCIO. MATÉRIA DE ORDEM PÚBLICA. Prosseguindo o julgamento, a Turma, por maioria, decretou de ofício a ilegitimidade passiva levantada pelo Parquet para figurar na causa em que se discute indenização por desapropriação indireta, restando nulo o processo desde a citação, uma vez que somente a União tem legitimidade para figurar no pólo passivo da ação movida contra o Ibama, em razão da criação do parque nacional, figurando a União apenas como mera assistente da autarquia ré. Pelo DL n. 3.365/1941, arts. 2º e 3º, somente a União, estados e municípios podem desapropriar, devendo, nas demais hipóteses, ter autorização expressa concedida por tais poderes públicos (REsp 841.414-MT, Rel. Min. Eliana Calmon, julgado em 13/2/2007).

3.4.3. Adquirente de imóvel desmatado

STJ - Superior Tribunal de Justiça

Informativo 190 - 07.11.2003

DANO MATERIAL. DESMATAMENTO. Trata-se de propriedade rural para atividade agropastoril em reserva legal, sendo que o terreno, quando adquirido, já se encontrava desmatado. A Turma deu provimento ao REsp interposto pelo MP em ação civil pública, reconhecendo a legitimidade passiva ad causam do adquirente do imóvel. O Min. Relator ressaltou: aquele que perpetua a lesão ao meio ambiente cometida por outrem, ele mesmo está praticando o ilícito, e a obrigação de conservação é automaticamente transferida do alienante ao adquirente, independentemente desse último ter responsabilidade pelo dano ambiental (REsp 217.858-PR, Rel. Min. Franciulli Netto, julgado em 4/11/2003).

STJ - Superior Tribunal de Justiça

Informativo 51 - 24.03.2000

RESPONSABILIDADE. DANO AMBIENTAL. NOVO PROPRIETÁRIO. IMÓVEL RURAL. Prosseguindo no julgamento, a Turma, por maioria, deu provimento ao recurso para definir que o novo proprietário da terra pode ser considerado parte legítima passiva para responder ação por dano ambiental, independente da existência ou não de culpa, vez que a Lei n.º 4.771/65 determina uma reserva de 20% da propriedade rural para a regeneração da floresta anteriormente existente, proibindo sua utilização no cultivo de grãos e pastagens e obrigando a averbá-la no registro imobiliário (REsp 222.349-PR, Rel. Min. José Delgado, julgado em 23/3/2000).

3.5. LITISCONSÓRCIO

3.5.1. Necessário

STJ - Superior Tribunal de Justiça

Informativo 414 - 06.11.2009

ACP. MEIO AMBIENTE. LITISCONSÓRCIO. O MP estadual propôs ação civil pública (ACP) contra o município, em busca da recuperação do meio ambiente danificado pela ocupação irregular da área. Busca, também, a condenação de agente público municipal por ato de improbidade. A municipalidade, por sua vez, alega a existência de litisconsórcio necessário com os proprietários da área (a União e outros). Sucede que a ACP tem por único objetivo obrigar o município a executar uma série de providências pelas quais é responsável, não em razão de eventual propriedade, mas sim por suas atribuições constitucionais. Assim, é irrelevante a discussão a respeito da propriedade da área, pois descabida a alegação de que a sentença atingirá a esfera jurídica da União ou de qualquer entidade autárquica federal. Daí não se verificarem os requisitos para a formação do litisconsórcio (art. 46 e 47 do CPC), que deve considerar a natureza da relação jurídica material (REsp 1.132.744-RJ, Rel. Min. Eliana Calmon, julgado em 3/11/2009).

3.5.2. Facultativo

STJ - Superior Tribunal de Justiça

Informativo 360 - 20.07.2008

AÇÃO CIVIL PÚBLICA. DANO AMBIENTAL. LITISCONSÓRCIO FACULTATIVO. A ação civil pública ou coletiva que objetiva a responsabilização por dano ambiental pode ser proposta contra o poluidor, pessoa física ou jurídica, de direito público ou privado, responsável direta ou indiretamente, por atividade causadora de degradação ambiental (art. 3º, IV, da Lei n. 6.898/1991), todos co-obrigados solidariamente à indenização, mediante litisconsórcio facultativo. A sua ausência não acarreta a nulidade do processo (REsp 884.150-MT, Rel. Min. Luiz Fux, julgado em 19/6/2008).

3.6. ASSISTÊNCIA LITISCONSORCIAL PASSIVA

STF - Supremo Tribunal Federal

Informativo 238 (24.08.2001)

AGRAVO REGIMENTAL. MANDADO DE SEGURANÇA. PROTEÇÃO AO MEIO AMBIENTE. ENTIDADE DE DIREITO PRIVADO. AUSÊNCIA DE DIREITO PRÓPRIO. ASSISTÊNCIA LITISCONSORCIAL PASSIVA. IMPOSSIBILIDADE. 1. Não basta a existência de interesse para justificar a admissão como assistente litisconsorcial passivo. Imprescindível o direito próprio e a previsão de prejuízo advindo da sucumbência na ação. 2. Se o agravante não tem direito próprio à proteção ambiental, mas simples interesse previsto em suas cláusulas estatutárias, incabível figurar no processo como assistente litisconsorcial. 3. Agravo regimental a que se nega provimento (MS(AgRg)-23.800).

3.7. DENUNCIAÇÃO DA LIDE

STJ - Superior Tribunal de Justiça

Informativo 211 - 04.06.2004

DENUNCIAÇÃO. LIDE. CONTRATO. DANO. MEIO AMBIENTE. Em ação civil pública, apura-se o dano ao meio ambiente causado pela escavação do leito do Rio Cubatão, resultante de execução de contrato. Assim resta induvidosa a responsabilidade solidária e objetiva da contratante, empresa petrolífera, conforme firmado pelas instâncias ordinárias, resultando ser meramente facultativa a denunciação da lide à contratada. Dessarte, não há nada que impeça a contratante de voltar-se, posteriormente, contra a contratada em busca do ressarcimento do que porventura for condenada. Com esse entendimento, a Turma, por maioria, negou provimento ao recurso da contratante (REsp 67.285-SP, Rel. Min. Castro Meira, julgado em 3/6/2004).

3.8. PEDIDOS

3.8.1. Cumulação

STJ - Superior Tribunal de Justiça

Informativo 453 - 29.10.2010

RESPONSABILIDADE. DANO AMBIENTAL. Na ação civil pública ambiental, é possível cumular os pedidos de obrigação de fazer (reflorestar a área degradada) e de pagamento de indenização pecuniária em razão do dano material causado. As questões de direito ambiental são usualmente resolvidas nas Turmas que compõem a Primeira Seção deste Superior Tribunal. Contudo, quando a discussão limita-se à responsabilidade civil do particular pela reparação do dano ambiental, a competência para julgamento é das Turmas integrantes da Segunda Seção (art. 9º, § 2º, III, do RISTJ). REsp 1.173.272-MG, Rel. Min. Nancy Andrighi, julgado em 26/10/2010 (ver Informativo n. 450).

STJ - Superior Tribunal de Justiça

Informativo 450 - 08.10.2010

ACP. DANO AMBIENTAL. REFLORESTAMENTO. Na origem, o MP estadual, ora recorrente, ajuizou ação civil pública (ACP) em desfavor do ora recorrido. Argumenta o MP que o recorrido desmatou área de um hectare de mata nativa de cerrado. Em função disso, pleiteia a sua condenação a pagar indenização, a reflorestar a área danificada, não mais proceder à intervenção da área e averbar a reserva legal na propriedade. A sentença julgou parcialmente procedentes os pedidos; não determinou, contudo, a indenização pecuniária pelo dano causado, o que também foi negado em sede de apelação. Daí, a questão dirimida no REsp estava em saber se é possível cumular ordem para que o responsável promova a recuperação de área desmatada e seja condenado a reparar, em dinheiro, o dano causado ao meio ambiente. Inicialmente, observou a Min. Relatora ser a Segunda Seção deste Superior Tribunal competente para processar e julgar causas nas quais se discute responsabilidade civil, salvo a do Estado. Desse modo, entendeu ser possível, em ACP ambiental, a cumulação de pedidos de condenação à obrigação de fazer (reflorestamento de área) e de pagamento pelo dano material causado. Assinalou que o mecanismo processual da ACP é adequado para que se pleiteiem, cumulativamente, a reparação pecuniária do dano causado e o cumprimento de obrigação de fazer tendente à recuperação da área atingida pelo desmatamento. Assim, tanto pelo ponto de vista do Direito processual, como do Direito material, entendeu ser cabível a reforma do acórdão recorrido. Diante disso, a Turma conheceu parcialmente do recurso e, na parte conhecida, deu-lhe provimento (REsp 1.181.820-MG, Rel. Min. Nancy Andrighi, julgado em 7/10/2010).

STJ - Superior Tribunal de Justiça

Informativo 52 - 31.03.2000

AÇÃO CIVIL PÚBLICA. RESTAURAÇÃO AMBIENTAL. CONDENAÇÃO ACUMULATIVA. A Turma, prosseguindo no julgamento, decidiu que a recorrente, por estar executando o projeto de recuperação ambiental a que foi condenada nos autos, não poderia ser compelida a pagar também, cumulativamente, a indenização pelo dano causado ao meio ambiente porque seria violar os arts. 3º e 13 da Lei da Ação Civil Pública. Outrossim, nos loteamentos regulares, o fornecimento de água potável é obrigação de seu proprietário (REsp 247.162-SP, Rel. Min. Garcia Vieira, julgado em 28/3/2000).

3.8.2. Princípio da adstrinção ou congruência

STJ - Superior Tribunal de Justiça

Informativo 445 - 03.09.2010

ACP. DANO. MEIO AMBIENTE. PEDIDO. Na espécie, o tribunal a quo, analisando o conjunto fático-probatório constante dos autos, concluiu haver agressão ao meio ambiente, com ofensa às leis ambientais. A Turma, entre outras questões, entendeu que não houve pedido inicial explícito do MP no sentido de que qualquer construção fosse demolida, nem mesmo de que fossem suspensas as atividades da ora recorrente, ao propor a ação civil pública (ACP) de responsabilidade por danos causados ao meio ambiente. Porém essa simples constatação não conduz à nulidade por desobediência do dever de adstrição ao pedido. A jurisprudência deste Superior Tribunal entende que o pedido não deve ser extraído apenas do capítulo da petição reservado aos requerimentos, mas da interpretação lógico-sistemática das questões apresentadas pela parte ao longo da petição. No caso, os provimentos supostamente desvinculados do pedido, antes mesmo de guardar sintonia com os pedidos formulados pelo MP, constituem condição sine qua non do resultado almejado pela ACP ambiental. Assim, no contexto, encontra plena aplicação o princípio do poluidor pagador, a indicar que, fazendo-se necessária determinada medida à recuperação do meio ambiente, é lícito ao julgador determiná-la, mesmo que não tenha sido instado a tanto (REsp 967.375-RJ, Rel. Min. Eliana Calmon, julgado em 2/9/2010).

3.9. DANO MORAL E TRANSINDIVIDUALIDADE

STJ - Superior Tribunal de Justiça

Informativo 283 - 05.05.2006

AÇÃO CIVIL PÚBLICA. DANO MORAL. MEIO AMBIENTE. A Turma, ao prosseguir o julgamento, por maioria, entendeu que o dano ambiental ou ecológico pode, em tese, também ocasionar dano moral, como, por exemplo, na destruição de uma árvore plantada por um antepassado de uma pessoa, o que daria a esta planta grande valor afetivo. Nessa hipótese, a vítima do dano seria necessariamente um indivíduo determinado. Contudo não pode ser um dano moral compatível com a idéia de transindividualidade (indeterminação do sujeito passivo e indivisibilidade da ofensa e da reparação). Assim não se pode interpretar o art. 1º da Lei de Ação Civil Pública de modo a tornar indenizável o dano moral em todas as hipóteses descritas nos seus incisos I a V (REsp 598.281-MG, Rel. originário Min. Luiz Fux, Rel. para acórdão Min. Teori Albino Zavascki, julgado em 2/5/2006).

3.10. NECESSIDADE DE COMPROVAÇÃO DO DANO

STJ - Superior Tribunal de Justiça

Informativo 429 - 09.04.2010

ACP. DANOS AMBIENTAIS. PÁSSAROS SILVESTRES. Trata-se de ação civil pública (ACP) ajuizada pelo MP estadual, ora recorrente, em desfavor do ora recorrido, aduzindo que ele vem impondo à coletividade degradação da qualidade ambiental com a captura e manutenção em cativeiro de seis exemplares da fauna brasileira (pássaros silvestres), sem autorização do Ibama. Em sede de apelação, o tribunal a quo confirmou a sentença pela improcedência da demanda. No REsp, o recorrente pretendia a desconstituição do acórdão recorrido sob o fundamento de que o dano perfaz-se com a manutenção dos pássaros silvestres em cativeiro, sem autorização do órgão ambiental. Para tanto, sustentava violação do art. 3º, III, *a*, e IV; art. 4º, VII, e art. 14, § 1º, todos da Lei n. 6.938/1981 (Política Nacional do Meio Ambiente). Nesta instância especial, entendeu-se que, tendo em conta todos os elementos dos autos, é inviável o acolhimento da pretensão do MP, que, com base em descumprimento de norma administrativa (necessidade de autorização do Ibama para manter em cativeiro aves silvestres), pleiteava a responsabilização civil sem a devida comprovação de efetivo dano ambiental. Isso porque, em se tratando de reparação civil, seria fundamental a comprovação de tal dano, o que não aconteceu na hipótese (REsp 1.140.549-MG, Rel. Min. Eliana Calmon, julgado em 6/4/2010).

CAPÍTULO 6 - HONORÁRIOS PERICIAIS

STJ - Superior Tribunal de Justiça

Informativo 425 - 05.03.2010

RMS. ATO JUDICIAL. HONORÁRIOS PERICIAIS. Trata-se de mandado de segurança (MS) impetrado pelo MP na origem contra decisão judicial proferida em ação civil pública (ACP) cujo objetivo era evitar a ocorrência de danos ambientais pela realização de parcelamento do solo de área de vegetação da Mata Atlântica. No caso, como houve a necessidade de prova pericial, o juiz ordenou que as despesas com a perícia coubessem ao Fundo Estadual de Reparação de Interesses Difusos Lesados, criado pela Lei estadual n. 6.536/1989. Isso posto, a Min. Relatora, preliminarmente, com lastro na Súm. n. 267-STF, considerou uma demasia a utilização de mandamus para corrigir decisão judicial susceptível de agravo de instrumento. Entretanto, na hipótese dos autos, tal entendimento não pode ser aplicado porque, segundo apurado em consulta ao endereço eletrônico do TJ, o próprio impetrante (MP) interpôs agravo de instrumento, ao qual foi atribuído efeito suspensivo. Também considerou não haver circunstância capaz de qualificar a decisão impugnada como manifestamente ilegal ou teratológica, pois a Primeira Seção deste Superior Tribunal já decidiu que, conquanto não se possa obrigar o MP, como parte autora, a adiantar os honorários do perito na ação civil pública, diante do disposto no art. 18 da Lei n. 7.347/1985, também não se pode impor tal obrigação ao particular, tampouco exigir que o trabalho do perito seja prestado gratuitamente. Logo, nesse impasse, segundo a Min. Relatora, afigura-se plausível a decisão adotada na determinação de utilizar recursos do referido fundo, considerando que a ACP objetiva interromper o parcelamento irregular de solo em área da Mata Atlântica, com a finalidade de proteger o meio ambiente e buscar a reparação de eventuais danos que tenham sido causados, o que coincide com a destinação para qual o fundo foi criado. Diante do exposto, a Turma negou provimento ao recurso (RMS 30.812-SP, Rel. Min. Eliana Calmon, julgado em 4/3/2010).

STJ - Superior Tribunal de Justiça

Informativo 344 - 15.02.2008

REVISÃO. IMPACTO AMBIENTAL. ADIANTAMENTO. HONORÁRIOS. PERITO. Trata-se de agravo de instrumento interposto contra a decisão de adiantamento de honorários de perito, em razão de decisão nos autos de ação civil pública com vistas à realização de auditoria ambiental e à revisão de estudo de impacto ambiental (EIA) e do relatório de impacto ambiental (RIMA) de usinas de complexo termelétrico. Consiste o caso em definir se a dispensa do ônus em favor do Ministério Público implicaria transferi-lo para a empresa ré, que não requereu a produção de provas, conforme o entendimento adotado na decisão de primeiro grau e mantido pelo acórdão recorrido, que consideraram a recorrente como a única parte envolvida com interesse econômico na demanda. A Turma, ao prosseguir o julgamento, por maioria, invocando precedente, decidiu que a Fazenda Pública da União ou do estado-membro deverá arcar com o adiantamento de honorários de perito nesses casos como os dos autos e a parte vencida deverá ressarcir o vencedor ao final. Observou-se não haver qualquer imposição normativa que obrigue o réu a adiantar essas despesas, ainda que ele seja o Ministério Público. Tal obrigação também não consta do regime da ação civil pública, embora haja o art. 18 (dessa Lei n. 7.347/1985), que deve ter interpretação restrita. Não se pode concluir que cabe ao réu adiantar despesas requeridas pelo autor nem que os peritos particulares devam custear encargos públicos (REsp 933.079-SC, Rel. originário Min. Herman Benjamin, Rel. para acórdão Min. Eliana Calmon, julgado em 12/2/2008).

CAPÍTULO 7 - JULGAMENTO *EXTRA* E *ULTRA PETITA*

STJ - Superior Tribunal de Justiça

Informativo 445 - 03.09.2010

ACP AMBIENTAL. JULGAMENTO EXTRA E ULTRA PETITA. In casu, o recorrente alega violação do disposto nos arts. 128, 459, parágrafo único, e 460 do CPC, em razão de o tribunal a quo ter mantido a sentença do juízo singular a qual, segundo o recorrente, excedeu o pedido articulado na exordial, visto que a ação se refere à degradação da área de 180m^2 nos limites do Parque Estadual da Serra do Mar e aquele juízo, alicerçado nas informações da perícia, decidiu que a área objeto de degradação atingia 650m^2, sendo que o pedido inicial não se referiu às construções indicadas na sentença. Ocorre, porém, que a tutela ambiental é de natureza fungível, de modo que a área objeto da agressão ambiental pode ser de extensão maior do que a referida na inicial e, uma vez que verificada pelo conjunto probatório, não importa julgamento ultra ou extra petita. A decisão extra petita é aquela inaproveitável por conferir à parte providência diversa da ansiada, em virtude do deferimento de pedido diverso ou fundamentado em causa petendi não eleita. Consequentemente, não há tal decisão quando o juiz analisa o pedido e aplica o direito com fundamentos diversos dos expostos na inicial ou mesmo na apelação, desde que baseados em fatos ligados ao fato base. Na espécie, o juiz decidiu a quaestio iuris dentro dos limites postos pelas partes, pois a ação tratava de ocupação e supressão de vegetação nativa e construção de diversas edificações irregulares em área menor que a constatada pela perícia, sem aprovação dos órgãos competentes do município e do estado. Assim, a análise do pedido dentro dos limites postos pela parte não incide no vício in procedendo do julgamento ultra ou extra petita, afastando, portanto, a suposta ofensa aos arts. 460 e 461 do CPC. Com esses fundamentos, a Turma negou provimento ao recurso (REsp 1.107.219-SP, Rel. Min. Luiz Fux, julgado em 2/9/2010).

CAPÍTULO 8 - DISTRIBUIÇÃO DO ÔNUS DE SUCUMBÊNCIA

STJ - Superior Tribunal de Justiça

Tema	441	**Situação**	Trânsito em Julgado	Órgão julgador	SEGUNDA SEÇÃO
Questão Controvertida	Discute-se a distribuição do ônus da sucumbência de forma recíproca em em ação visando reparação decorrente de acidente ambiental.				
Tese Firmada	A condenação em montante inferior ao postulado na inicial não afasta a sucumbência mínima, de modo que não se redistribuem os ônus da sucumbência.				
Informações Complementares	SCAN ME				

Processo / Recurso	**Decisão de Afetação**	**Relator (a)**	**Acórdão Publicado**	**Embargos Declaratórios**	**Trânsito em Julgado**
REsp 1114398/PR; REsp1814944/RN e REsp 1816353/RO	18/10/2010	SIDNEI BENETI	16/02/2012	09/05/2012	14/06/2012

CAPÍTULO 9 - JUROS MORATÓRIOS

STJ - Superior Tribunal de Justiça

<table>
<tr><td>Tema</td><td>440</td><td>Situação</td><td>Trânsito em Julgado</td><td colspan="2">Órgão julgador</td><td>SEGUNDA SEÇÃO</td></tr>
<tr><td colspan="2">Questão Controvertida</td><td colspan="5">Discute o termo inicial da incidência dos juros moratórios para a reparação a título de danos morais e materias decorrentes de acidente ambiental.</td></tr>
<tr><td colspan="2">Tese Firmada</td><td colspan="5">Os juros moratórios incidem a partir da data do fato, no tocante aos valores devidos a título de dano material e moral.</td></tr>
<tr><td colspan="2">Informações Complementares</td><td colspan="5">SCAN ME</td></tr>
<tr><td colspan="2">Processo / Recurso</td><td>Decisão de Afetação</td><td>Relator (a)</td><td>Acórdão Publicado</td><td>Embargos Declaratórios</td><td>Trânsito em Julgado</td></tr>
<tr><td colspan="2">REsp 1114398/PR</td><td>18/10/2010</td><td>SIDNEI BENETI</td><td>16/02/2012</td><td>09/05/2012</td><td>14/06/2012</td></tr>
</table>

PARTE ESPECIAL

HIPÓTESES DE DANOS AMBIENTAIS -

CAPÍTULO 1 - VAZAMENTO DE PRODUTOS QUÍMICOS EM RIOS

STF - Supremo Tribunal Federal

Tema	233	**Situação**	Trânsito em Julgado	**Órgão julgador**	Plenário Virtual - RG

Questão Controvertida	a) Indenização por danos morais decorrentes de vazamento de produtos químicos em um dos afluentes do Rio Paraíba do Sul; b) Competência dos Juizados Especiais para as causas respectivas.
Tese Firmada	I - A questão do direito à indenização por danos morais pelo vazamento de produtos químicos em um dos afluentes do Rio Paraíba do Sul tem natureza infraconstitucional e a ela são atribuídos os efeitos da ausência de repercussão geral, nos termos do precedente fixado no RE n. 584.608, rel. a Ministra Ellen Gracie, DJe 13/03/2009; II - A questão da complexidade da causa para fixação da competência dos Juizados Especiais tem natureza infraconstitucional e a ela são atribuídos os efeitos da ausência de repercussão geral, nos termos do precedente fixado no RE n. 584.608, rel. a Ministra Ellen Gracie, DJe 13/03/2009.
Informações Complementares	SCAN ME

Processo / Recurso	**Repercussão Geral**	**Relator (a)**	**Acórdão Publicado**	**Embargos Declaratórios**	**Trânsito em Julgado**
RE 602238/RJ	Não há RG - Matéria Infraconstitucional	MIN. ELLEN GRACIE	18/12/2009	-	05/02/2010

CAPÍTULO 2 - REJEITO DE MINÉRIOS

STJ - Superior Tribunal de Justiça

Tema/SIRDR	5	**Situação**	Suspensão indeferida
Questão Objeto da SIRDR	Responsabilidade civil decorrente de suposto ato ilícito imputado à empresa SAMARCO MINERAÇÃO S.A, resultado do rompimento da barragem de rejeitos na cidade de Mariana/MG, tendo como causa de pedir os danos advindos da falha na prestação dos serviços por ela prestados.		
Informações Complementares	IRDR 040/2016 TJES (Colégio Recursal dos Juizados Especiais - Turma de Uniformização de Interpretação de Lei). SCAN ME		

Processo	**Tribunal de Origem**	**Relator (a)**	**Decisão**
SIRDR 8/ES	TJES	PRESIDENTE DA COMISSÃO GESTORA DE PRECEDENTES	13/12/2017

CAPÍTULO 3 - DANOS A PESCADORES POR ACIDENTE AMBIENTAL

1. EXPLOSÃO DE NAVIO

STJ - Superior Tribunal de Justiça

Tema	957	**Situação**	Mérito Julgado - RE Pendente	**Órgão julgador**	SEGUNDA SEÇÃO
Questão Controvertida	Responsabilidade das empresas adquirentes da carga do Navio Vicuña pelo dano ambiental decorrente da explosão na baía de Paranaguá.				
Tese Firmada	As empresas adquirentes da carga transportada pelo navio Vicuña no momento de sua explosão, no Porto de Paranaguá/PR, em 15/11/2004, não respondem pela reparação dos danos alegadamente suportados por pescadores da região atingida, haja vista a ausência de nexo causal a ligar tais prejuízos (decorrentes da proibição temporária da pesca) à conduta por elas perpetrada (mera aquisição pretérita do metanol transportado).				

Tema	957	Situação	Mérito Julgado - RE Pendente	Órgão julgador	SEGUNDA SEÇÃO
Informações Complementares	Determinou-se que "seja suspensa a tramitação dos processos, individuais ou coletivos, que versem a mesma matéria", tendo em conta a "afetação do presente feito a julgamento perante a Segunda Seção pela sistemática dos recursos repetitivos (arts. 1.036 e 1.037 do Código de Processo Civil de 2005 - CPC/2005)" (decisão de afetação publicada no DJe de 1º/8/2016). SCAN ME				
Processo STF	RE 1195841 - Concluso ao relator				

Processo / Recurso	Decisão de Afetação	Relator (a)	Acórdão Publicado	Embargos Declaratórios	Trânsito em Julgado
REsp 1602106/PR e REsp 1596081/PR	01/08/2016	RICARDO VILLAS BÔAS CUEVA	22/11/2017	24/08/2018	-

2. DANO AMBIENTAL NO PERÍODO DO SEGURO-DEFESO

STJ - Superior Tribunal de Justiça

Tema	834	Situação	Trânsito em Julgado	Órgão julgador	SEGUNDA SEÇÃO
Questão Controvertida	Questão referente à ação indenizatória por danos materiais e morais promovida por pescadores em razão de acidente ambiental ocorrido no rio Sergipe, em que se discute os valores arbitrados a título de reparação por lucros cessantes e por dano moral.				
Tese Firmada	O dano material somente é indenizável mediante prova efetiva de sua ocorrência, não havendo falar em indenização por lucros cessantes dissociada do dano efetivamente demonstrado nos autos; assim, se durante o interregno em que foram experimentados os efeitos do dano ambiental houve o período de 'defeso' - incidindo a proibição sobre toda atividade de pesca do lesado -, não há cogitar em indenização por lucros cessantes durante essa vedação.				

Tema	834	Situação	Trânsito em Julgado	Órgão julgador	SEGUNDA SEÇÃO
Informações Complementares	1. Controvérsia: "valores arbitrados a título de reparação por lucros cessantes e por dano moral em ação indenizatória por danos materiais e morais promovida por pescadores em razão de acidente ambiental ocorrido no rio Sergipe." 2. Desmembramento: o TEMA 683 passou a tratar apenas da tese referente ao dano moral. 3. A tese referente aos lucros cessantes passou a ser tratada no TEMA 834. 4. "Ação indenizatória em face de PETRÓLEO BRASILEIRO S.A. - PETROBRAS em virtude de vazamento de amônia da Fábrica de Fertilizantes - Fafen/SE, subsidiária da Petrobrás, ocorrido em 05 de outubro de 2008, na área de vegetação permanente, margens, mangues e águas do Rio Sergipe".				

Processo / Recurso	Decisão de Afetação	Relator (a)	Acórdão Publicado	Embargos Declaratórios	Trânsito em Julgado
REsp 1354536/SE	29/02/2013	LUIS FELIPE SALOMÃO	05/05/2014	-	12/06/2014

3. VAZAMENTO DE AMÔNIA EM RIO

STJ - Superior Tribunal de Justiça

Tema	683	Situação	Trânsito em Julgado	Órgão julgador	SEGUNDA SEÇÃO
Questão Controvertida	Questão referente à ação indenizatória por danos morais promovida por pescadores em razão de acidente ambiental ocorrido no rio Sergipe, em que se discute os valores arbitrados a título de dano moral.				
Tese Firmada	Em vista das circunstâncias específicas e homogeneidade dos efeitos do dano ambiental verificado no ecossistema do rio Sergipe - afetando significativamente, por cerca de seis meses, o volume pescado e a renda dos pescadores na região afetada -, sem que tenha sido dado amparo pela poluidora para mitigação dos danos morais experimentados e demonstrados por aqueles que extraem o sustento da pesca profissional, não se justifica, em sede de recurso especial, a revisão do quantum arbitrado, a título de compensação por danos morais, em R$ 3.000,00 (três mil reais).				

Tema	683	**Situação**	Trânsito em Julgado	**Órgão julgador**	SEGUNDA SEÇÃO
Informações Complementares	1. Controvérsia: "valores arbitrados a título de reparação por lucros cessantes e por dano moral em ação indenizatória por danos materiais e morais promovida por pescadores em razão de acidente ambiental ocorrido no rio Sergipe." 2. Desmembramento: o TEMA 683 passou a tratar apenas da tese referente ao dano moral. 3. A tese referente aos lucros cessantes passou a ser tratada no TEMA 834. 4. "Ação indenizatória em face de PETRÓLEO BRASILEIRO S.A. - PETROBRAS em virtude de vazamento de amônia da Fábrica de Fertilizantes - Fafen/SE, subsidiária da Petrobrás, ocorrido em 05 de outubro de 2008, na área de vegetação permanente, margens, mangues e águas do Rio Sergipe."				

Processo / Recurso	**Decisão de Afetação**	**Relator (a)**	**Acórdão Publicado**	**Embargos Declaratórios**	**Trânsito em Julgado**
REsp 1354536/SE	29/05/2013	LUIS FELIPE SALOMÃO	05/05/2014	-	12/06/2014

STJ - Superior Tribunal de Justiça

Tema	680	**Situação**	Trânsito em Julgado	**Órgão julgador**	SEGUNDA SEÇÃO
Questão Controvertida	Questão referente à ação indenizatória por danos materiais e morais promovida por pescadores em razão de acidente ambiental ocorrido no rio Sergipe, em que se discute a legitimidade processual do autor da ação.				
Tese Firmada	Para demonstração da legitimidade para vindicar indenização por dano ambiental que resultou na redução da pesca na área atingida, o registro de pescador profissional e a habilitação ao benefício do seguro-desemprego, durante o período de defeso, somados a outros elementos de prova que permitam o convencimento do magistrado acerca do exercício dessa atividade, são idôneos à sua comprovação.				

Tema	680	Situação	Trânsito em Julgado	Órgão julgador	SEGUNDA SEÇÃO
Informações Complementares	1. Controvérsia: "caracterização da condição de pescador profissional em ação indenizatória por danos materiais e morais promovida por pescadores em razão de acidente ambiental ocorrido no rio Sergipe." 2. "Ação indenizatória em face de PETRÓLEO BRASILEIRO S.A. - PETROBRAS em virtude de vazamento de cerca de 43.000 litros de amônia da Fábrica de Fertilizantes - Fafen/SE, subsidiária da Petrobrás, ocorrido em 05 de outubro de 2008, na área de vegetação permanente, margens, mangues e águas do Rio Sergipe". SCAN ME				

Processo / Recurso	Decisão de Afetação	Relator (a)	Acórdão Publicado	Embargos Declaratórios	Trânsito em Julgado
REsp 1354536/SE	29/05/2013	LUIS FELIPE SALOMÃO	05/05/2014	-	12/06/2014

4. VAZAMENTO DE NAFTA EM BAÍA

STJ - Superior Tribunal de Justiça

Tema	439	Situação	Trânsito em Julgado	Órgão julgador	SEGUNDA SEÇÃO
Questão Controvertida	Discute-se a inexistência de dano moral em razão de acidente ambiental ocorrido no Porto de Paranaguá com o navio N/T Norma.				
Tese Firmada	É devida a indenização por dano moral patente o sofrimento intenso do pescador profissional artesanal, causado pela privação das condições de trabalho, em consequência do dano ambiental.				

Tema	439	**Situação**	Trânsito em Julgado	**Órgão julgador**	SEGUNDA SEÇÃO
Informações Complementares	Ocorre dano moral no caso de trabalhador profissional da pesca que, em virtude de acidente ambiental, resta impossibilitado de realizar seu trabalho. "O julgamento das teses ora firmadas visa a equalizar especificamente o julgamento das ações de indenização efetivamente movidas diante do acidente ocorrido com o Navio N-T Norma, no Porto de Paranaguá, no dia 18.10.2001, mas, naquilo que encerram teses gerais, aplicáveis a consequências de danos ambientais causados em outros acidentes semelhantes, serão, como natural, evidentemente considerados nos julgamentos a se realizarem." SCAN ME				
Processo / Recurso	**Decisão de Afetação**	**Relator (a)**	**Acórdão Publicado**	**Embargos Declaratórios**	**Trânsito em Julgado**
REsp 114398/PR	18/10/2010	SIDNEI BENETI	16/02/2012	09/05/2012	14/06/2012

STJ - Superior Tribunal de Justiça

Informativo 490 - 10.02.2012

RECURSO REPETITIVO. INDENIZAÇÃO. DANO AMBIENTAL. ATIVIDADE DE PESCA SUSPENSA. A Segunda Seção, ao apreciar o REsp sob o rito do art. 543-C do CPC e Res. n. 8/2008-STJ, manteve a condenação da Petróleo Brasileiro S/A Petrobrás, ora recorrente, ao pagamento de indenização por danos morais e materiais causados ao recorrido, pescador profissional, em razão de acidente ambiental. In casu, o presente apelo especial, admitido como representativo de controvérsia, busca especificamente equalizar o julgamento das ações de indenização por danos patrimoniais e extrapatrimoniais causados por vazamento de nafta do navio NT--Norma, de propriedade da recorrente, ocorrido em outubro de 2001, no Porto de Paranaguá, fato que suspendeu a atividade de pesca na região pelo prazo de um mês. Inicialmente, asseverou-se inexistir cerceamento de defesa no julgamento antecipado da lide, pois o magistrado considerou que os aspectos decisivos da causa estavam suficientemente maduros para embasar seu convencimento. Segundo se observou, cabe ao juiz, como único destinatário da prova, aferir a necessidade ou não de colher outros elementos probatórios para análise das alegações das partes. Quanto à alegada ilegitimidade ad causam, reputou-se estar devidamente comprovada a qualidade de pescador do recorrido à época dos fatos. A carteira de identificação profissional fornecida pelo Ministério da Agricultura, apesar de ter sido emitida após o acidente ambiental, demonstra claramente que ele estava registrado no Departamento de Pesca e Aquicultura como trabalhador de atividade pesqueira, desde 1988. Em relação às hipóteses de excludentes do nexo de causalidade levantadas pela defesa, afirmou-se estar diante do caso de responsabilidade objetiva do transportador de carga perigosa, na modalidade "risco integral", em que não se admite qualquer causa de excludente de responsabilidade. Destacou-se, ademais, que, segundo o acórdão objurgado, o vazamento de nafta teria sido ocasionado pela colisão do navio de propriedade da recorrente, e não pelo deslocamento da boia de sinalização da entrada do canal. Entendeu-se, ainda, ser cabível o pagamento de indenização por danos extrapatrimoniais, diante do sofrimento de monta causado ao recorrido, que ficou impossibilitado de exercer seu trabalho por tempo considerável. Reafirmou-se o entendimento do enunciado da Súm. n. 54 deste Tribunal Superior, no sentido de que, tratando-se de responsabilidade extracontratual, os juros de mora incidirão a partir do evento danoso. Por fim, quanto à redistribuição do ônus da prova, sustentou-se que, uma vez caracterizada a sucumbência mínima do autor, cabe ao réu o pagamento integral das custas processuais e honorários advocatícios (Sum. n. 326-STJ). REsp 1.114.398-PR, Rel. Min. Sidnei Beneti, julgado em 8/2/2012.

CAPÍTULO 4 - CONTAMINAÇÃO AMBIENTAL POR JAZIDA DE CHUMBO

STJ - Superior Tribunal de Justiça

Tema	923	**Situação**	Trânsito em Julgado	**Órgão julgador**	SEGUNDA SEÇÃO
Questão Controvertida	Discute-se a necessidade ou não de suspensão das ações individuais em que se pleiteia indenização por dano moral em razão de suposta exposição à contaminação ambiental, decorrente da exploração de jazida de chumbo no município de Adrianópolis-PR, até o julgamento das Ações Civis Públicas (5004891-93.2011.404.7000 e 2001.70.00.019188-2), em trâmite perante a Vara Federal Ambiental, Agrária e Residual de Curitiba.				
Tese Firmada	Até o trânsito em julgado das ações civis públicas n. 5004891-93.2011.4004.7000 e n. 2001.70.00.019188-2, em tramitação na Vara Federal Ambiental, Agrária e Residual de Curitiba, atinentes à macrolide geradora de processos multitudinários em razão de suposta exposição à contaminação ambiental, decorrente da exploração de jazida de chumbo no Município de Adrianópolis-PR, deverão ficar suspensas as ações individuais.				
Informações Complementares	Vide Temas 60/STJ e 589/STJ. SCAN ME				
Repercussão Geral	Tema 675/STF - Suspensão de ação individual em razão da existência de ação coletiva. SCAN ME				

Processo / Recurso	**Decisão de Afetação**	**Relator (a)**	**Acórdão Publicado**	**Embargos Declaratórios**	**Trânsito em Julgado**
REsp 1525327/PR	22/04/2015	LUIS FELIPE SALOMÃO	01/03/2019	15/10/2019	20/02/2020

CAPÍTULO 5 - ROMPIMENTO DE BARRAGEM

STJ - Superior Tribunal de Justiça

Tema	707	**Situação**	Trânsito em Julgado	**Órgão julgador**	SEGUNDA SEÇÃO
Questão Controvertida	Questão referente à responsabilidade civil em caso de acidente ambiental (rompimento de barragem) ocorrido nos Municípios de Miraí e Muriaé, Estado de Minas Gerais.				
Tese Firmada	a) a responsabilidade por dano ambiental é objetiva, informada pela teoria do risco integral, sendo o nexo de causalidade o fator aglutinante que permite que o risco se integre na unidade do ato, sendo descabida a invocação, pela empresa responsável pelo dano ambiental, de excludentes de responsabilidade civil para afastar sua obrigação de indenizar; b) em decorrência do acidente, a empresa deve recompor os danos materiais e morais causados; c) na fixação da indenização por danos morais, recomendável que o arbitramento seja feito caso a caso e com moderação, proporcionalmente ao grau de culpa, ao nível socioeconômico do autor, e, ainda, ao porte da empresa, orientando-se o juiz pelos critérios sugeridos pela doutrina e jurisprudência, com razoabilidade, valendo-se de sua experiência e bom senso, atento à realidade da vida e às peculiaridades de cada caso, de modo a que, de um lado, não haja enriquecimento sem causa de quem recebe a indenização e, de outro, haja efetiva compensação pelos danos morais experimentados por aquele que fora lesado.				
Informações Complementares	Responsabilidade civil em caso de acidente ambiental (rompimento de barragem) ocorrido nos Municípios de Miraí e Muriaé, Estado de Minas Gerais. SCAN ME				

Processo / Recurso	**Decisão de Afetação**	**Relator (a)**	**Acórdão Publicado**	**Embargos Declaratórios**	**Trânsito em Julgado**
REsp 1374284/MG	06/11/2013	LUIS FELIPE SALOMÃO	05/09/2014	30/09/2014	03/12/2014

CAPÍTULO 6 – CONSTRUÇÃO DE HIDROELÉTRICA

STJ – Superior Tribunal de Justiça

Informativo 574 – 18.12.2015

DIREITO AMBIENTAL E CIVIL. DANOS MATERIAIS OCASIONADOS POR CONSTRUÇÃO DE HIDRELÉTRICA. O pescador profissional artesanal que exerça a sua atividade em rio que sofreu alteração da fauna aquática após a regular instalação de hidrelétrica (ato lícito) tem direito de ser indenizado, pela concessionária de serviço público responsável, em razão dos prejuízos materiais decorrentes da diminuição ou desaparecimento de peixes de espécies comercialmente lucrativas paralelamente ao surgimento de outros de espécies de menor valor de mercado, circunstância a impor a captura de maior volume de pescado para a manutenção de sua renda próxima à auferida antes da modificação da ictiofauna. Não há dúvida de que mesmo atos lícitos podem dar causa à obrigação de indenizar. Segundo a doutrina, "Tratando-se de um benefício à coletividade, desde que o ato administrativo lícito atende ao interesse geral, o pagamento da indenização redistribui o encargo, que, de outro modo, seria apenas suportado pelo titular do direito. [...] Não é, porém, absoluto, nem geral. A compensação é limitada ao dano especial e anormal gerado pela atividade administrativa. Generalizar a noção a todo e qualquer prejuízo, decorrente do funcionamento do serviço, seria a própria denegação da supremacia do interesse público e da destinação social da propriedade. A atividade discricionária da administração condiciona, legitimamente, o exercício de direitos individuais, podendo atingi-los em seu valor econômico, sem obrigação de indenizar". Nesse contexto, convém distinguir os conceitos de direito subjetivo e interesse legítimo, contrapondo-os ao de mero interesse econômico. Segundo a doutrina, "[...] a tutela jurídica, concretizada na possibilidade da coação, [é] o critério de distinção e caracterização do direito subjetivo: onde este exista, não pode faltar a garantia do direito objetivo e a garantia dada pela ação, mercê da qual o particular faz valer em juízo coativamente a faculdade que tem desde que alguém a desconheça ou a conteste. E, vice-versa, onde falta a garantia poderá haver um simples interesse mas não um direito subjetivo. Isto não significa no entanto que o direito objetivo não reconheça todo o interesse que não seja garantido por ação, mas apenas que entre os vários interesses que têm os caracteres supra-referidos há alguns que são elevados à categoria de direitos subjetivos, visto estarem protegidos por uma ação, ao passo que outros não são por ela tutelados. Entre os vários e infinitos interesses, há alguns que se distinguem de todos os outros porque são protegidos, mas não da mesma forma e com a mesma intensidade com a qual se tutelam os direitos subjetivos. Devem assim distinguir-se os interesses puros ou simples, privados de tutela, e os interesses legítimos que tem proteção, não na ação judiciária, mas no recurso aos órgãos da justiça administrativa". Certamente, no caso em análise, o pescador artesanal não tem direito subjetivo a exigir de alguém que lhe assegure a pesca nas mesmas condições anteriores à construção da barragem. Contudo, deve-se verificar se ele está amparado por "situação juridicamente protegida", suscetível de configurar um "interesse legítimo", protegido pelo ordenamento jurídico brasileiro, em face do fato qualificado como danoso. Nesse sentido, importa destacar que a profissão de pescador é regulamentada pela Lei n. 11.959/2009, a qual dispõe sobre a "Política Nacional de Desenvolvimento Sustentável da Aquicultura e da Pesca". De fato, o caput do art. 3º dessa Lei estabelece que "Compete ao Poder Público a regulamentação da Política Nacional de Desenvolvimento Sustentável da Atividade Pesqueira, conciliando o equilíbrio entre o princípio da sustentabilidade dos recursos pesqueiros e a obtenção de melhores resultados econômicos e sociais", para o que, entre outras providências, cabe-lhe estabelecer os "períodos de defeso". No § 1º desse mesmo artigo, está previsto que o "ordenamento pesqueiro deve considerar as peculiaridades e as necessidades dos pescadores artesanais, de subsistência e da aquicultura familiar, visando a garantir sua permanência e sua continuidade". Por sua vez, a Lei n. 10.779/2003, com a redação dada pela MP n. 665/2014, dispõe sobre a concessão do benefício de seguro desemprego, durante o período de defeso, ao pescador profissional que exerce a atividade pesqueira de forma artesanal. Ciente disso, observa-se que, embora não haja direito subjetivo à pesca de determinada quantidade ou qualidade de peixes, o ordenamento jurídico confere especial proteção aos pescadores artesanais, garantindo-lhes as condições mínimas de subsistência na época defeso, bem como uma Política Nacional de Desenvolvimento Sustentável que leve em conta suas peculiaridades e necessidades. Desse modo, tratando-se de pescadores artesanais, há interesse legítimo, situação juridicamente protegida, a ensejar compensação pecuniária em caso de comprovado prejuízo patrimonial, em que houve redução de renda em decorrência do ato lícito de construção da barragem. Com efeito, se a restrição de pesca na época do defeso enseja o benefício previsto na Lei n. 10.779/2003, não há dúvida de que a diminuição do valor comercial do pescado causada pelo ato lícito da concessionária enseja dano a legítimo interesse, passível de indenização. Diversamente, em relação à pesca industrial e à pesca amadora, atividades privadas lícitas e regulamentadas em lei, em princípio, não há senão interesse simples de natureza puramente econômica, desprovido de especial proteção que assegure a seus praticantes renda mínima na atividade pesqueira, a qual fora alterada em decorrência de atividade também lícita da administração ao dar adequada destinação a bem público em prol da coletividade (REsp 1.371.834-PR, Rel. Min. Maria Isabel Gallotti, julgado em 5/11/2015, DJe 14/12/2015).

DIREITO AMBIENTAL E CIVIL. INOCORRÊNCIA DE DANOS MORAIS EM CASO DE CONSTRUÇÃO DE HIDRELÉTRICA. O pescador profissional artesanal que exerça a sua atividade em rio que sofreu alteração da fauna aquática após a regular instalação de hidrelétrica (ato lícito) – adotadas todas as providências mitigatórias de impacto ambiental para a realização da obra, bem como realizado EIA/RIMA – não tem direito a ser compensado por alegados danos morais decorrentes da diminuição ou desaparecimento de peixes de espécies comercialmente lucrativas paralelamente ao surgimento de outros de espécies de menor valor de mercado, circunstância que, embora não tenha ocasionado a suspensão da pesca, imporia a captura de maior volume de pescado para manutenção de sua renda próxima à auferida antes da modificação da ictiofauna. Tratando-se de ato lícito, a indenização em análise não teria por base o princípio da responsabilidade. Sua justificativa seria compensar o sacrifício do direito ou legítimo interesse individual em prol da vantagem conferida à coletividade, não tendo como escopo desestimular o comportamento do agente causador do fato danoso. Além disso, é óbvio que a atividade administrativa presume-se pautada pelo interesse público, preponderante sobre o particular, e, portanto, não deve ser desencorajada. Diversamente, em se tratando de ato ilícito, como é o caso de acidente ambiental causador de poluição, a condenação do poluidor não apenas ao pagamento de indenização plena pelos danos materiais, incluídos os lucros cessantes, mas também de indenização por dano moral, atende à finalidade preventiva de incentivar no futuro comportamento mais cuidadoso do agente. Segundo a doutrina, "no caso da compensação de danos morais decorrentes de dano ambiental, a função preventiva essencial da responsabilidade civil é a eliminação de fatores capazes de produzir riscos intoleráveis". Na hipótese em foco, não há possibilidade de eliminação dos fatores que invariavelmente levam à alteração do estoque pesqueiro do reservatório formado em decorrência da barragem. Isso porque a alteração da fauna aquática é inerente à construção de usinas hidrelétricas. Necessariamente, com o represamento do rio, as condições ambientais passam a ser propícias a espécies de peixes sedentárias ou de pouca movimentação, de médio e pequeno porte, e desfavoráveis às espécies tipicamente migradoras, de maior porte. Ademais, na hipótese em análise, a regularidade e o interesse público da atuação da concessionária não é alvo de questionamento, tendo em vista que a concessionária providenciou o EIA/RIMA e cumpriu satisfatoriamente todas as condicionantes, inclusive propiciando a recomposição do meio ambiente com a introdução de espécies de peixes mais adaptadas à vida no lago da hidrelétrica. Além disso, não houve suspensão, em momento algum, da atividade pesqueira, ao contrário do que ocorre em situações de poluição causada por desastre ambiental, durante o período necessário à recuperação do meio ambiente. A simples necessidade de adaptação às novas condições da atividade pesqueira – composto o dano patrimonial – não gera dano moral autônomo indenizável. Convém assinalar que a alteração do meio ambiente não se enquadra, por si só, como poluição (Lei n. 6.938/1981, art. 3º, III). Tratar como poluição qualquer alteração ambiental que afete a biota implicaria, na prática, por exemplo, o impedimento à atividade produtiva agropecuária e inviabilizaria a construção de hidrelétricas, por maiores e mais eficazes que fossem as condicionantes ambientais e os benefícios ao interesse público. Desse modo, nestas circunstâncias, estabelecer a condenação por dano moral, a qual, em última análise, onerará o contrato de concessão, com reflexos nos custos do empreendimento, a ser arcado indiretamente por toda a sociedade, representaria negar a supremacia do interesse público e da destinação social da propriedade (REsp 1.371.834-PR, Rel. Min. Maria Isabel Gallotti, julgado em 5/11/2015, DJe 14/12/2015).

CAPÍTULO 7 - NÃO CONCESSÃO DE AUTORIZAÇÃO PARA DESMATAMENTO OU QUEIMADA

STJ - Superior Tribunal de Justiça

Informativo 531 - 04.12.2013

DIREITO AMBIENTAL E CIVIL. INEXISTÊNCIA DE DANO MORAL DECORRENTE DA NÃO CONCESSÃO DE AUTORIZAÇÃO PARA A REALIZAÇÃO DE DESMATAMENTO E QUEIMADA. Não gera dano moral a conduta do Ibama de, após alguns anos concedendo autorizações para desmatamento e queimada em determinado terreno com a finalidade de preparar o solo para atividade agrícola, deixar de fazê-lo ao constatar que o referido terreno integra área de preservação ambiental. Isso porque a negativa da autarquia recorrente em conceder novas autorizações para queimada e desmatamento constitui a harmonização de dois valores constitucionais supremos: de um lado, o desenvolvimento do trabalho rural como fator de dignificação da pessoa humana, de erradicação da pobreza e de valorização do núcleo familiar;

de outro, a preservação do meio ambiente ecologicamente equilibrado como condição de continuidade do desenvolvimento da própria atividade rural. Diante das inúmeras implicações negativas que o uso do fogo traz ao meio ambiente em geral, não se pode considerar que atenda à função social a exploração da terra que provoque danos à saúde, empobrecimento gradual do solo, perda de biodiversidade, danos à rede de transmissão elétrica, entre outros, pois essas "externalidades" não preenchem as exigências do art. 186, I e II, da CF. Com efeito, o atendimento pleno da função social da propriedade requer que a propriedade seja aproveitada de modo racional e adequado, os recursos naturais disponíveis sejam adequadamente utilizados e a preservação do meio ambiente seja observada. Desse modo, o art. 186 está perfeitamente harmonizado com os arts. 5º, XXII, e 225 da CF, pelos quais o agricultor não se escusa do dever de preservar o meio ambiente a pretexto de exercer seu direito constitucional de propriedade. Isso porque, ao mesmo tempo em que o art. 225 da CF prevê a titularidade coletiva do direito ao meio ambiente, determina também que é dever de toda a sociedade defendê-lo e preservá-lo, nela incluído, portanto, o próprio agricultor, que está constitucionalmente comprometido com a exploração sustentável da agricultura. Como se pode depreender, o agricultor é simultaneamente agente agressor do meio ambiente e titular do direito difuso à preservação ambiental contra suas próprias técnicas agropastoris. Assim, não se legitima a pretensão indenizatória que busca responsabilizar o Poder Público por proteger o próprio agricultor – na qualidade de titular coletivo do direito ao meio ambiente ecologicamente equilibrado – contra os danos provocados pelas suas próprias técnicas de plantio. Além disso, a simples vedação da utilização de técnica degradadora no preparo do solo não impede que se dê continuidade à atividade agrícola com o uso sustentável de técnicas alternativas à queima e ao desmatamento. A excepcionalidade do emprego do fogo leva à inarredável conclusão de que se trata de uma técnica de uso residual, subsidiário, devendo ser preferidas as formas de preparo do solo que privilegiem a exploração agrícola sustentável. Ademais, a concessão de autorização para queimada e desmatamento nos anos anteriores não gera um direito para o agricultor, pois a negativa configura nítido exercício do poder de autotutela (Súmula 473 do STF), por meio do qual a Administração Pública busca justamente recompor a legalidade do ato administrativo. Por fim, ganha substancial relevo o princípio da supremacia do interesse público sobre o privado, porque a limitação imposta pelo Poder Público quanto à forma de exploração da propriedade constitui medida restritiva a um direito individual que, todavia, reverte positivamente em favor de um direito de titularidade difusa – o meio ambiente. Posto isso, a eliminação dos fatores de agressão ao meio ambiente, muito antes de obstar a exploração agrícola ou mesmo reduzir sua produtividade, objetiva, justamente, garantir a existência de condições futuras para a continuidade do desenvolvimento da atividade de campo (REsp 1.287.068-RR, Rel. Min. Herman Benjamin, julgado em 10/9/2013).

CAPÍTULO 8 - PRIVAÇÃO DO TRABALHO POR DANO AMBIENTAL

STJ - Superior Tribunal de Justiça

Informativo 507 - 31.10.2012

DIREITO CIVIL. DANO MORAL. PRIVAÇÃO DO TRABALHO POR DANO AMBIENTAL. A privação das condições de trabalho em decorrência de dano ambiental configura dano moral. Estando o trabalhador impossibilitado de trabalhar, revela-se patente seu sofrimento, angústia e aflição. O ócio indesejado imposto pelo acidente ambiental gera a incerteza quanto à viabilidade futura de sua atividade profissional e manutenção própria e de sua família (REsp 1.346.430-PR, Rel. Min. Luis Felipe Salomão, julgado em 18/10/2012).

CAPÍTULO 9 - DEGRADAÇÃO AMBIENTAL E CRATERAS COMO DEPÓSITOS DE LIXO

STJ - Superior Tribunal de Justiça

Informativo 191 - 14.11.2003

MEIO AMBIENTE. RECOMPOSIÇÃO. PODER PÚBLICO. A Turma, por maioria, proveu o recurso, decidindo que, cabe ao Poder Público, inclusive ao Poder Judiciário no âmbito da competência e atribuição mais ampla, examinar matéria referente à conveniência e oportunidade dos atos administrativos. No caso, em razão de degradação provocada pela erosão e descaso na utilização de crateras como depósitos de lixo, é de ser providenciada a correção do dano objetivo ao meio ambiente, para evitar maiores prejuízos às áreas de mananciais (REsp 429.570-GO, Rel. Min. Eliana Calmon, julgado em 11/11/2003).

TÍTULO VII

CRIMES AMBIENTAIS

PARTE GERAL

CAPÍTULO 1 - INSTITUTO DA "JUSTA CAUSA"

1. INQUÉRITO POLICIAL

STJ - Superior Tribunal de Justiça

Informativo 427 - 19.03.2010

INGRESSO. REPASSE. IBAMA. TRANCAMENTO. INQUÉRITO. Trata-se de habeas corpus impetrado no tribunal a quo, com o objetivo de trancar inquérito policial no qual são investigados o paciente e outros agentes, por terem deixado de repassar ao Ibama valores recolhidos com a venda de ingressos de acesso ao Corcovado, situado em parque nacional da Tijuca, no Rio de Janeiro. O habeas corpus foi negado devido à não demonstração da ausência de justa causa para instauração do inquérito policial, o que ensejou o recurso para este Superior Tribunal. Isso posto, ressalta o Min. Relator ser no mesmo sentido do acórdão recorrido a jurisprudência deste Superior Tribunal, que só tranca inquérito policial ou ação penal por falta de justa causa quando há indícios evidentes da inocência do indiciado, sem necessidade de avaliação aprofundada de fatos e provas, ou quando ocorre atipicidade da conduta ou a extinção da punibilidade, circunstâncias não demonstradas na hipótese dos autos. Diante do exposto, a Turma negou provimento ao recurso (RHC 20.757-RJ, Rel. Min. Arnaldo Esteves Lima, julgado em 18/3/2010).

2. AÇÃO PENAL

2.1. INUNDAÇÃO

STJ - Superior Tribunal de Justiça

Informativo 407 - 18.09.2019

INUNDAÇÃO. CRIME AMBIENTAL. Trata-se de HC em que se alega, em favor dos ora pacientes, que as indústrias pertencentes a eles não eram mais proprietárias do imóvel onde ocorreu o delito ambiental, não podendo, dessa forma, agir para evitar o dano causado pelo rompimento da barragem de resíduos industriais, motivo por que se pretende o trancamento da ação penal pela ausência de justa causa. A Turma, ao prosseguir o julgamento, por maioria, concedeu a ordem ao entendimento de que, mesmo se encontrando presentes, na hipótese, o perigo para o bem jurídico tutelado e a posição de garantidor dos diretores da empresa, ora pacientes, no que se refere ao poder de agir, carece desse elemento para configurar a conduta omissiva deles. De fato, na época em que a propriedade inundada encontrava-se sob o domínio das indústrias pertencentes aos pacientes, poder-se-ia imputar a eles a omissão de desativar o reservatório que deu causa ao desastre ambiental, visto que, com a não realização da ação devida ou esperada, os diretores assumiram o risco da ocorrência do resultado (dolo eventual). Entretanto, na data em que ocorreu tal evento, a propriedade inundada já não pertencia ao grupo empresarial há mais de nove anos, motivo pelo qual os diretores não detinham mais o poder de agir para interromper o processo causal que levaria ao resultado, ou seja, evitar a ocorrência da inundação. Portanto, ausente um dos elementos objetivos – poder de agir – previstos no art. 13 do CP, falta efetivamente justa causa para o prosseguimento da ação penal, em face de atipicidade da conduta (HC 94.543-RJ, Rel. originário Min. Napoleão Nunes Maia Filho, Rel. para o acórdão Min. Arnaldo Esteves Lima, julgado em 17/9/2009).

2.2. IRREGULARIDADE FISCAL NO TRANSPORTE DE PRODUTO DE ORIGEM VEGETAL

STF - Supremo Tribunal Federal

Informativo 388 (20.05.2005)

CRIME AMBIENTAL: FALTA DE DOCUMENTO FISCAL E ATIPICIDADE. O parágrafo único do art. 46 da Lei 9.605/98 ("Art. 46.... Parágrafo único. Incorre nas mesmas penas quem vende, expõe à venda, tem em depósito, transporta ou guarda madeira, lenha, carvão e outros produtos de origem vegetal, sem licença válida para todo o tempo da viagem ou do armazenamento, outorgada pela autoridade competente.") se refere à autorização ambiental expedida pelo IBAMA, e não à regularidade de documentação fiscal. Com base nesse entendimento, a Turma, por falta de justa causa, deu provimento a recurso ordinário em habeas corpus para trancar a ação penal na qual o recorrente estava sendo acusado por crime ambiental, por transportar produto de origem vegetal, sem que constasse da nota fiscal da mercadoria carimbo da Secretaria de Estado da Fazenda de Minas Gerais - SEF, embora houvesse autorização ambiental dentro do prazo de validade. Considerou-se que eventual irregularidade fiscal do transporte não afeta o bem jurídico protegido pela incriminação, qual seja, o meio-ambiente, o que leva à atipicidade do fato, posto que se trate, como na hipótese, de um crime de mera conduta (RHC-85214).

2.3. POLUIÇÃO POR PRODUTOS QUÍMICOS GASOSOS

STJ - Superior Tribunal de Justiça

Informativo 287 - 09.06.2006

RHC. CRIME. MEIO AMBIENTE. POLUIÇÃO. FALTA. JUSTA CAUSA. Trata-se de recurso de habeas corpus interposto contra decisão de Tribunal de Justiça que denegou a ordem para trancamento da ação penal. Nas razões recursais, os moradores, vizinhos da empresa química, formalizaram boletim de ocorrência, fazendo registrar que a água das cisternas de suas residências estaria contaminada por produtos químicos oriundos dos dejetos da empresa, por apresentar-se com "forte odor e paladar não característicos", evidenciando ser imprópria ao consumo. A Turma denegou a ordem ao fundamento de que, para os efeitos penais, o lançamento de matérias ou resíduos sólidos, líquidos ou gasosos, ainda que em desacordo com as exigências estabelecidas em leis ou regulamentos, não é típico em si mesmo, exceto se comprovado dano efetivo ou perigo de dano à saúde humana ou, segundo a dicção da segunda parte do art. 54 da Lei n. 9.605/1998, no caso em "que provoquem a mortandade de animais ou a destruição significativa da flora". O "risco de poluição" é diferente do "resultado poluição" requerido pelo artigo da referida lei. Os fatos que não têm qualquer respaldo nos dados colhidos no inquérito não podem figurar na denúncia, não podem ser imputados sob pena de excesso ou abuso de denúncia – o que, sim, configura falta de justa causa (RHC 18.557-MG, Rel. Min. Paulo Medina, julgado em 1º/6/2006).

2.4. CRIMES SOCIETÁRIOS E CONTRA O MEIO-AMBIENTE

STF - Supremo Tribunal Federal

Informativos 493 (19.12.2007) e 496 (29.02.2008)

HABEAS CORPUS. PENAL E PROCESSUAL PENAL. CRIMES SOCIETÁRIOS E CONTRA O MEIO AMBIENTE (LEI Nº 9.605/98). AUSÊNCIA DE JUSTA CAUSA PARA O PROSSEGUIMENTO DA AÇÃO PENAL NÃO CONFIGURADA. MATERIALIDADE. REEXAME DE PROVAS. INVIABILIDADE. PRECEDENTES. ORDEM DENEGADA. 1. Tratando-se de crimes societários, a denúncia que contém condição efetiva que autorize o denunciado a proferir adequadamente a defesa não configura indicação genérica capaz de manchá-la com a inépcia. No caso, a denúncia demonstrou claramente o crime na sua totalidade e especificou a conduta ilícita do paciente. 2. O trancamento de ação penal em *habeas corpus* impetrado com fundamento na ausência de justa causa é medida excepcional que, em princípio, não tem cabimento quando a denúncia ofertada narra suficientemente fatos que constituem o crime. 3. A via estreita do habeas corpus não comporta dilação probatória, exame aprofundado de matéria fática ou nova valoração dos elementos de prova. 4. Habeas corpus denegado (HC-90.326).

2.5. CRIME TRANSEUNTE E NECESSIDADE DE EXAME DE CORPO DE DELITO

STF - Supremo Tribunal Federal

Informativos 487 (09.11.2007) e 491 (07.12.2007)

TRANCAMENTO DE AÇÃO PENAL: CRIME AMBIENTAL E PERIGO DE DANO GRAVE OU IRREVERSÍVEL. A Turma indeferiu habeas corpus em que pleiteado o trancamento de ação penal instaurada contra denunciada, juntamente com indústria química, pela suposta prática do crime previsto no art. 54, § 3º, da Lei 9.605/98 ("Art. 54. Causar poluição de qualquer natureza em níveis tais que resultem ou possam resultar em danos à saúde humana, ou que provoquem a mortandade de animais ou a destruição significativa da flora: ... § 3º Incorre nas mesmas penas previstas no parágrafo anterior quem deixar de adotar, quando assim o exigir a autoridade competente, medidas de precaução em caso de risco de dano ambiental ou irreversível."). Requeria-se, subsidiariamente, a anulação do processo, desde o início. Na espécie, em virtude da contaminação da área em que situada a empresa, fora ajuizada ação civil pública relativamente às atividades por ela desenvolvidas entre os anos de 1932 e 1986, cujo pedido fora julgado procedente. Desativada a unidade de produção por exigência de órgão ambiental, a empresa recebera auto de infração e advertência por armazenar produto poluente. Com o advento da Lei 9.605/98, as denunciadas foram acusadas de deixar de adotar as medidas de precaução exigidas pelas autoridades competentes, apesar do risco de dano ambiental grave ou irreversível. Entendeu-se que a inicial acusatória preencheria os requisitos formais do art. 41 do CPP, indicando minuciosamente as condutas criminosas em tese praticadas pela paciente, de modo a permitir o exercício do direito de ampla defesa. Rejeitou-se a alegação de que o dano ambiental que poderia decorrer da conduta da paciente já se teria produzido, não havendo que se falar na possibilidade de aplicação do aludido art. 54, § 3º, da Lei 9.605/98, destinado a evitar resultados danosos ao meio ambiente. Asseverou-se que os autos demonstrariam que o resultado que se almejaria resguardar, apto a caracterizar o risco tutelado pela regra jurídica, não seria a contaminação do terreno por produtos químicos poluentes, uma vez que esta, eventualmente, poderia até ter ocorrido. Enfatizou-se, no ponto, que as medidas de precaução impostas pelas autoridades competentes objetivavam impedir que tal poluição trouxesse maiores conseqüências para o meio ambiente e para as pessoas em geral. Ressaltou-se que, a partir da denúncia, seria possível verificar que, apesar de a área estar degradada desde data anterior à vigência daquele diploma legal, persistiria o risco de dano ambiental grave ou irreversível consistente no possível agravamento dos efeitos da poluição. Ademais, considerou-se que o crime capitulado no tipo penal em referência não deixa vestígios, não sendo viável, pois, o pretendido trancamento da ação penal ao argumento de que não teria sido realizado exame de corpo de delito. Não bastasse isso, aduziu-se haver registro de diversos documentos técnicos elaborados pela autoridade incumbida da fiscalização ambiental indicando, de forma expressa, o perigo de dano grave ou irreversível ao meio ambiente (HC-90.023).

CAPÍTULO 2 - COMPETÊNCIA DE JULGAMENTO

1. FUNCIONAL

1.1. SUPREMO TRIBUNAL FEDERAL

STF - Supremo Tribunal Federal

Informativos 231 (08.06.2001) e 254 (14.12.2001)

CONFLITO FEDERATIVO: POSSIBILIDADE. O Tribunal, resolvendo questão de ordem suscitada pelo Min. Néri da Silveira, relator, conheceu da ação cível originária ajuizada pela Agência Nacional de Energia Elétrica – ANEEL e Itapebi Geração de Energia S/A (concessionária de eletricidade) contra o Estado de Minas Gerais em que se alega que a Lei estadual 13.370/99, ao declarar a Cachoeira do Tombo da Fumaça patrimônio paisagístico e turístico do Estado e ao criar área de proteção ambiental, teria interferido na exploração do potencial hidráulico do trecho do Rio Jequitinhonha localizado na Bahia, conflitando com a competência da União como poder concedente da concessão de serviço público de energia elétrica. O Tribunal entendeu caracterizada a competência originária do STF para julgar "as causas e os conflitos entre a União e os Estados, a União e o Distrito Federal, ou entre uns e outros, inclusive as respectivas entidades da administração indireta" (CF, art. 102, I, f), uma vez que se discute de um lado a exploração hidrelétrica e de outro a competência de proteção ao meio-ambiente do Estado (ACO(QO)-593).

STF - Supremo Tribunal Federal

Informativo 76 (20.06.1997)

COMPETÊNCIA. ART. 102, I, F, DA CONSTITUIÇÃO FEDERAL. AÇÃO ENTRE ESTADO-MEMBRO E AUTARQUIA DA ADMINISTRAÇÃO INDIRETA FEDERAL. INOCORRÊNCIA DE CONFLITO FEDERATIVO. Tratando-se de ação em que unidade federada pretende afastar termo de embargo e auto de infração lavrados por autarquia integrante da administração indireta federal (IBAMA), que possui estrutura administrativa nos Estados -- superintendências regionais -- não prevalece a competência originária do Supremo Tribunal Federal. Inocorrência, ademais, de controvérsia que tenha colocado em risco o equilíbrio do sistema federativo brasileiro, interesse maior preservado no art. 102, I, f, da Carta Magna. Agravo regimental improvido (PET-1.286).

1.2. JUSTIÇA FEDERAL

1.2.1. Definição da competência

STJ - Superior Tribunal de Justiça

Informativo 160 - 07.02.2003

COMPETÊNCIA. CRIME AMBIENTAL. SÚM. N. 91-STJ. Após a edição da Lei n. 9.605/1998 e o conseqüente cancelamento da Súm. n. 91-STJ, a definição da competência federal nos crimes ambientais depende da verificação da existência de lesão a bens, serviços ou interesses da União (REsp 433.369-RS, Rel. Min. Fernando Gonçalves, julgado em 6/2/2003).

1.2.2. *Crimes transnacionais*

STF - Supremo Tribunal Federal

Tema	648	**Situação**	Trânsito em Julgado	**Órgão julgador**	Tribunal Pleno
Questão Controvertida	Competência da Justiça Federal para processar e julgar crimes ambientais transnacionais.				
Tese Firmada	Compete à Justiça Federal processar e julgar o crime ambiental de caráter transnacional que envolva animais silvestres, ameaçados de extinção e espécimes exóticas ou protegidas por compromissos internacionais assumidos pelo Brasil.				
Informações Complementares	O reconhecimento de repercussão geral ocorreu no processo ARE 737977, posteriormente substituído pelo presente feito como paradigma. SCAN ME				

Processo / Recurso	**Repercussão Geral**	**Relator (a)**	**Acórdão Publicado**	**Embargos Declaratórios**	**Trânsito em Julgado**
RE 835558/SP	03/05/2013	MIN. LUIZ FUX	08/08/2017	-	12/09/2017

1.2.3. *Extração de cascalho*

STJ - Superior Tribunal de Justiça

Informativo 474 - 27.05.2011

COMPETÊNCIA. JF. CRIME AMBIENTAL. EXTRAÇÃO. CASCALHO. Os recursos minerais, inclusive os do subsolo, são bens da União, assim, os delitos relativos a eles devem ser julgados na Justiça Federal nos termos do art. 109, IV, da CF/1988. Com esse entendimento, a Seção conheceu do conflito de competência e declarou competente o juízo federal suscitante para processar e julgar o suposto crime de extração de cascalho, bem da União, sem autorização do órgão ambiental em área particular (fazenda). No caso, o MPF, ao receber os autos do inquérito, manifestou-se pela competência da Justiça estadual ao argumento de que o ato supostamente delituoso teria sido praticado em propriedade particular, não havendo laudo ou constatação de a área estar próxima a ou localizada em faixa litorânea, terras ou rio cujo domínio estaria afeto à União; então, o juízo federal suscitou o conflito de competência. Destacou a Min. Relatora que, de acordo com a jurisprudência deste Superior Tribunal, não são todos os crimes ambientais que se sujeitam à competência da Justiça Federal, apesar de, na CF/1988, não haver determinação nesse sentido. Daí esclarecer que realmente não se pode entender a designação "patrimônio nacional" contida no art. 225, § 4º, da CF/1988 como sinônimo de bens da União, visto que, a seu ver, essa locução é uma espécie de proclamação concitando todos à defesa dos ecossistemas citados no mencionado artigo, até porque há casos em que o particular será dono de parcelas de trechos contidos nesses ecossistemas, como também dentro deles foram criados parques nacionais e municipais, o que irá determinar, conforme o caso concreto, a competência federal ou estadual. No entanto, observou não ser pacífica a jurisprudência quanto à fixação da competência para o julgamento do delito de extração de recursos minerais sem autorização. Assim, com esse julgamento, com base no voto da Min. Relatora, reafirmou-se o posicionamento de serem mais adequados perante a CF/1988 e a posição do STF os acórdãos do STJ segundo os quais, para definir a competência do julgamento, não basta analisar o local da prática dos crimes contra os recursos minerais (previstos no art. 55 da Lei n. 9.605/1998). Isso porque os recursos minerais, inclusive os do subsolo, são bens da União, como, expressamente e sem ressalva, prevê o inciso IX do art. 20 da CF/1988. Ademais, o art. 176, caput, da mesma Constituição dispõe serem as jazidas, em lavra ou não, e os demais recursos minerais propriedade distinta da do solo para efeito de exploração ou aproveitamento e pertencerem à União, garantida ao concessionário a propriedade do produto da lavra. Por essa razão, assevera só se poder concluir que os delitos relativos aos recursos minerais, por estes serem bens da União, são da competência da Justiça Federal

(CC 116.447-MT, Rel. Min. Maria Thereza de Assis Moura, julgado em 25/5/2011).

1.2.4. *Transporte ilegal de madeira e apropriação indébita*

STJ - Superior Tribunal de Justiça

Informativo 31 - 10.09.1999

COMPETÊNCIA. TRANSPORTE DE MADEIRA DESACOMPANHADA DA DOCUMENTAÇÃO LEGAL. APROPRIAÇÃO INDÉBITA. Apreendida a madeira transportada sem a documentação legal que comprova a sua origem, o Ibama autuou a empresa e lhe devolveu o bem, à guarda de seu representante como se fosse depositário. Desaparecidos, tanto a madeira, quanto o representante, a Seção, após discutir a natureza do ônus imposto ao autuado, declarou a competência da Justiça Federal, por entender que a conduta constitui crime de apropriação indébita, praticado contra autarquia federal, conexo com a contravenção do transporte irregular de madeira, atraída pela competência federal (CC 24.215-MA, Rel. Min. Fernando Gonçalves, julgado em 8/9/1999).

1.2.5. *Animal exótico*

STJ - Superior Tribunal de Justiça

Informativo 371 - 10.10.2008

COMPETÊNCIA. JF. ANIMAL EXÓTICO. É cediço que a edição da Lei n. 9.605/1998 desencadeou o cancelamento da Súm. n. 91-STJ. Porém a jurisprudência tem reservado a competência da Justiça Federal, nos crimes contra o meio ambiente, quando comprovada a lesão a bens ou interesses da União, de suas autarquias ou empresas públicas (art. 109, IV, da CF/1988), além da hipótese de o dano assumir contornos regionais ou nacionais. No caso, foi constatado, em laudo de vistoria, que o indiciado mantinha em cativeiro animais de fauna exótica (um babuíno e sete tigres-de-bengala) sem nenhuma marcação ou comprovação de origem, em desacordo com a Instrução Normativa n. 2/2001 do Ibama, o responsável pela expedição de autorização de ingresso e posse desse tipo de animal. Assim, diante da prática, em tese, do delito previsto no art. 31 da Lei n. 9.605/1998 (introdução sem licença de espécie no País) e do inegável interesse daquela autarquia federal, deve ser firmada a competência do juízo federal (CC 96.853-RS, Rel. Min. Og Fernandes, julgado em 8/10/2008).

1.2.6. Corte de palmito em área de preservação permanente

STJ - Superior Tribunal de Justiça

Informativo 346 - 29.02.2008

COMPETÊNCIA. APURAÇÃO. CRIME AMBIENTAL. Discute-se a competência de processamento de inquérito policial e posterior ação penal com o objetivo de apurar a suposta prática de crime ambiental de corte de palmito no interior do Parque das Nascentes (SC), área de preservação permanente, com abuso de autorização de corte concedida pelo departamento de meio ambiente. Observa o Min. Relator que a Terceira Seção firmou o entendimento de que, sendo a proteção do meio ambiente matéria de competência comum da União, dos estados, do Distrito Federal e dos municípios e inexistindo dispositivo constitucional ou legal fixando expressamente qual Justiça é competente para julgar ações penais por crimes ambientais, tem-se, em regra, a competência da Justiça estadual. Perante a Justiça Federal, o processamento impõe, nos casos, que seja demonstrada a lesão a bens e serviços de interesse da União (art. 109, IV, da CF/1988). Isso posto, no caso dos autos, à época dos fatos, o local onde o crime ambiental teria ocorrido pertencia ao município de Blumenau (SC); contudo, posteriormente, passou a fazer parte do Parque Nacional da Serra do Itajaí, administrado pelo Ibama, restando configurado o interesse da União. Diante do exposto, a Seção declarou competente a Justiça Federal, o suscitante (CC 88.013-SC, Rel. Min. Napoleão Nunes Maia Filho, julgado em 27/2/2008).

1.2.7. Pesca predatória com petrecho não permitido

STJ - Superior Tribunal de Justiça

Informativo 174 - 30.05.2003

COMPETÊNCIA. CRIME AMBIENTAL. PESCA PREDATÓRIA. A teor do artigo 109, IV, da CF/1988, referente ao crime ambiental previsto no art. 34 da Lei 9.605/1998, compete à Justiça Federal o processo e julgamento de ação penal pública pela prática de delito contra a fauna silvestre (pesca predatória) com petrecho não permitido, em águas territoriais divisórias de Estados-membros da Federação. Precedente citado: CC 38.036-SP, DJ 22/4/2003. (CC 37.404-SP, Rel. Min. Laurita Vaz, julgado em 28/5/2003).

1.2.8. Pesca sem autorização em área adjacente à unidade de conservação federal

STJ - Superior Tribunal de Justiça

Informativo 476 - 10.06.2011

COMPETÊNCIA. CRIME. MEIO AMBIENTE. O suposto delito contra o meio ambiente (pesca sem autorização mediante petrechos proibidos) foi praticado em área adjacente à unidade de conservação federal. Assim, vislumbra-se prejuízo à União, autarquia ou empresa pública federais a ponto de determinar a competência da Justiça Federal para seu processo e julgamento (CC 115.282-RS, Rel. Min. Maria Thereza de Assis Moura, julgado em 8/6/2011).

1.2.9. Crime contra a flora e potencial ofensivo

STF - Supremo Tribunal Federal

Informativo 684 (19.10.2012)

ART. 38 DA LEI 9.605/98 E POTENCIAL OFENSIVO. O delito tipificado no art. 38 da Lei 9.605/98 ("Destruir ou danificar floresta considerada de preservação permanente, mesmo que em formação, ou utilizá-la com infringência das normas de proteção: Pena – detenção, de um a três anos, ou multa, ou ambas as penas cumulativamente. Parágrafo único. Se o crime for culposo, a pena será reduzida à metade") não constitui infração de menor potencial ofensivo. Essa a conclusão da 2ª Turma ao denegar habeas corpus em que se pleiteava a declaração da competência do juizado especial federal criminal para apreciação do processo na origem, em face da possibilidade de imposição de multa como reprimenda. Na espécie, tratava-se de denunciado por, supostamente, edificar obras de forma ilícita às margens de lago de preservação ambiental. Salientou-se que a competência do juizado estaria afastada, uma vez que a pena máxima cominada superaria o limite de 2 anos (art. 2º da Lei 10.259/2001 c/c art. 61 da Lei 9.099/95). Concluiu-se ser competente a justiça federal comum (HC-112758).

1.2.10. Concurso formal e diversos bens jurídicos protegidos

STF - Supremo Tribunal Federal

Informativo 691 (07.12.2012)

HABEAS CORPUS. PENAL. PROCESSUAL PENAL. EXTRAÇÃO DE OURO. INTERESSE PATRIMONIAL DA UNIÃO. ART. 2º DA LEI N. 8.176/1991. CRIME CONTRA O MEIO AMBIENTE. ART. 55 DA LEI N. 9.605/1998. BENS JURÍDICOS DISTINTOS. CONCURSO FORMAL. INEXISTÊNCIA DE CONFLITO APARENTE DE NORMAS. AFASTAMENTO DO PRINCÍPIO DA ESPECIALIDADE. INCOMPETÊNCIA DO JUIZADO ESPECIAL FEDERAL. 1. Como se trata, na espécie vertente, de concurso formal entre os delitos do art. 2º da Lei n. 8.176/1991 e do art. 55 da Lei n. 9.605/1998, que dispõem sobre bens jurídicos distintos (patrimônio da União e meio ambiente, respectivamente), não há falar em aplicação do princípio da especialidade para fixar a competência do Juizado Especial Federal. 2. Ordem denegada (HC-111.762).

1.2.11. *Descarte de resíduos sólidos em rio*

STF - Supremo Tribunal Federal

Informativo 544 (01.05.2009)

CRIME AMBIENTAL: BEM DA UNIÃO E COMPETÊNCIA. Por considerar caracterizada imputação a revelar prejuízo de bem da União, a Turma deu provimento a recurso extraordinário a fim de assentar a competência da Justiça Federal para processar e julgar ação penal em que se apura crime praticado contra o meio ambiente. No caso, empresa fora denunciada por descartar resíduos tóxicos sobre rio que atravessa o Estado de Alagoas. O tribunal de justiça local reconhecera a competência da Justiça Estadual para processar o feito ao fundamento de que não se vislumbrara, nos autos, interesse público federal. Entendeu-se que, na espécie, teria sido potencializado o interesse da população local em detrimento do fato de a poluição alcançar bem público federal. Asseverou-se, destarte, pouco importar que se tivesse chegado ao comprometimento de açude, córregos e riachos locais, devendo prevalecer a circunstância de o dano apontado haver ocorrido em rio – o qual banha dois Estados- membros – que, pelo teor do inciso III do art. 20 da CF, consubstancia bem da União ("São bens da União: ... os lagos, rios e quaisquer correntes de água em terrenos de seu domínio, ou que banhem mais de um Estado..."). Concluiu-se que esse preceito e a premissa fática constante do acórdão impugnado atrairiam a incidência do inciso IV do art. 109 da CF. Por fim, estabeleceu-se ser competente para a propositura da ação penal o Ministério Público Federal (RE-454740).

1.2.12. *Dano ao patrimônio cultural*

STF - Supremo Tribunal Federal

Informativo 123 (18.09.1998)

HABEAS CORPUS – INVIOLABILIDADE DO PATRIMÔNIO ARTÍSTICO, ARQUEOLÓGICO OU HISTÓRICO NACIONAL (CP, ARTS. 165

E 166) - PREFEITO MUNICIPAL - ALEGAÇÃO DE INÉPCIA DA DENÚNCIA - SUPOSTA AUSÊNCIA DE JUSTA CAUSA PARA A AÇÃO PENAL - CRIME DE DANO CULTURAL CONTRA BENS, SERVIÇOS OU INTERESSE DA UNIÃO FEDERAL - ALEGADA INCOMPETÊNCIA PENAL ABSOLUTA DO TRF 1ª REGIÃO - INOCORRÊNCIA DE LITISPENDÊNCIA ENTRE A AÇÃO CIVIL PÚBLICA E A AÇÃO PENAL CONDENATÓRIA - PEDIDO INDEFERIDO. A TUTELA DO PATRIMÔNIO CULTURAL TRADUZ INDECLINÁVEL DEVER CONSTITUCIONAL DO PODER PÚBLICO. - O ordenamento positivo brasileiro - dando conseqüência e efetividade à cláusula constitucional que impõe ao Poder Público a obrigação de proteger os bens e valores culturais - legitima a punição criminal daquele cuja conduta desrespeita e ofende a integridade do patrimônio artístico, arqueológico ou histórico nacional (CP, arts. 165 e 166). Esses preceitos do Código Penal brasileiro, que tipificam os crimes de dano cultural, objetivam tornar mais efetiva a proteção estatal destinada a resguardar a inviolabilidade do acervo histórico, arqueológico e artístico do País. INÉPCIA DA DENÚNCIA E PRINCÍPIO DO *DUE PROCESS OF LAW* - A inépcia da denúncia caracteriza situação configuradora de desrespeito estatal ao postulado do devido processo legal. É que a imputação penal contida na peça acusatória não pode ser o resultado da vontade pessoal e arbitrária do órgão acusador. Este, para validamente formular a denúncia, deve ter por suporte necessário uma base empírica idônea, a fim de que a acusação penal não se converta em expressão ilegítima da vontade arbitrária do Estado. Incumbe ao Ministério Público, em processo de estrutura acusatória, regido por valores e princípios que dão fundamento ao Estado Democrático de Direito, apresentar denúncia que veicule, de modo claro e objetivo, com todos os elementos estruturais, essenciais e circunstancias que lhe são inerentes, a descrição do fato delituoso, em ordem a viabilizar o exercício legítimo da ação penal e a ensejar, a partir da estrita observância dos pressupostos estipulados no art. 41 do CPP, a possibilidade de efetiva atuação, em favor daquele que é acusado, da cláusula constitucional da plenitude de defesa. COMPETÊNCIA PENAL ORIGINÁRIA DE TRIBUNAL REGIONAL FEDERAL - PREFEITO MUNICIPAL. - A jurisprudência do Supremo Tribunal Federal firmou-se no sentido de reconhecer que, nos crimes praticados contra bens, serviços ou interesse da União, de suas autarquias ou de empresas públicas federais, a competência penal originária para processar e julgar os Prefeitos Municipais pertence ao Tribunal Regional Federal. Precedente. AÇÃO CIVIL PÚBLICA E AÇÃO PENAL CONDENATÓRIA – INEXISTÊNCIA DE LITISPENDÊNCIA – POSSIBILIDADE DE SIMULTÂNEA TRAMITAÇÃO. – A natureza da ação civil pública – que constitui instrumento de tutela jurisprudencial dos direitos e interesses metaindividuais – não permite seja ela confundida, em seus objetivos (Lei nº 7.347/85), com a ação penal condenatória, que se destina, considerada a finalidade que lhe é exclusivamente peculiar, a promover a responsabilidade criminal do infrator pela prática de fatos delituosos, inexistindo, sob tal aspecto, qualquer situação de litispendência ou de prejudicialidade entre as ações judiciais em causa (HC-72.506).

1.3. JUSTIÇA ESTADUAL

1.3.1. Transporte de madeira sem autorização

STF - Supremo Tribunal Federal

Informativo 292 (29.11.2002)

COMPETÊNCIA. CRIME AMBIENTAL. ARTIGO 46, PARÁGRAFO ÚNICO, DA LEI N.º 9.605/98. TRANSPORTE DE MADEIRA SEM AUTORIZAÇÃO DO IBAMA, AUTARQUIA FEDERAL. JUSTIÇA COMUM ESTADUAL. Hipótese em que não se configura a competência da Justiça Federal para o processo e julgamento do feito, nos termos do art. 109, inciso IV, da Carta Magna, porque o interesse da União, no caso, se manifesta de forma genérica ou indireta. Precedentes: RE 300.244, Relator Ministro Moreira Alves (Primeira Turma) e HC 81.916, Relator Ministro Gilmar Mendes (Segunda Turma). Recurso extraordinário não conhecido (RE-349.186).

STF - Supremo Tribunal Federal

Informativos 282 (20.09.2002) e 285 (11.10.2002)

CRIME AMBIENTAL E COMPETÊNCIA. Considerando inexistente a presença de interesse direto e específico a bem da União a justificar a competência da Justiça Federal para julgamento da ação penal proposta contra o paciente – acusado da suposta prática do delito previsto no parágrafo único do art. 46 da Lei 9.605/98 em razão do transporte de madeira em tora sem a devida autorização –, a Turma deferiu habeas corpus para afirmar a competência da Justiça Comum estadual para o julgamento da espécie, afastando, assim, a argumentação do acórdão recorrido no sentido de que a lavratura do auto de infração pelo IBAMA implicaria a competência da Justiça Federal, por ofensa a interesse da mencionada autarquia, uma vez que tal atividade de fiscalização, ainda que relativa ao cumprimento de preceito da Lei de Crimes Ambientais, configura interesse genérico ou indireto da União para os fins do art. 109, IV, da CF. Precedentes citados: RE 300.244-SC (DJU de 19.12.2001) e RE 166.943-PR (DJU de 4.8.1995). HC-81.916.

1.3.2. Crime contra animal doméstico

STJ - Superior Tribunal de Justiça

Informativo 59 - 26.05.2000

COMPETÊNCIA. CRIME CONTRA ANIMAL DOMÉSTICO. Embora tratando-se de crime contra o meio ambiente, definido no art. 32 da Lei nº 9.605/98, compete à Justiça Comum estadual processar e julgar a crueldade praticada contra animal doméstico de propriedade particular. No caso, trata-se de infração penal que não atingiu bem ou interesse da União, mas, sim, de crime contra um cavalo, morto a golpes de machado por um amigo e co-réu do acusado (CC 27.198-SC, Rel. Min. Felix Fischer, julgado em 24/5/2000).

1.3.3. Deságue de esgoto localizadas em área de proteção ambiental

STJ - Superior Tribunal de Justiça

Informativo 615 - 06.12.2017

ART. 54, § 2º, V DA LEI N. 9.605/98. POLUIÇÃO. DESÁGUE DE ESGOTO EM NASCENTES LOCALIZADAS EM ÁREA DE PROTEÇÃO

AMBIENTAL. PROGRAMA HABITACIONAL POPULAR. FISCALIZAÇÃO DA APLICAÇÃO DOS RECURSOS PÚBLICOS PELA CAIXA ECONÔMICA FEDERAL (CEF). ATUAÇÃO COMO MERO AGENTE FINANCEIRO. CONTRATO QUE ISENTA A CEF DE RESPONSABILIDADE PELA HIGIDEZ DA OBRA. COMPETÊNCIA DA JUSTIÇA ESTADUAL. Compete à Justiça estadual o julgamento de crime ambiental decorrente de construção de moradias de programa habitacional popular, nas hipóteses em que a Caixa Econômica Federal atue, tão somente, na qualidade de agente financiador da obra (CC 139.197-RS, Rel. Min. Joel Ilan Paciornik, por unanimidade, julgado em 25/10/2017, DJe 09/11/2017).

1.3.4. *Transporte de produto tóxico*

STJ - Superior Tribunal de Justiça

Informativo 499 - 15.06.2012

COMPETÊNCIA. CRIME AMBIENTAL. TRANSPORTE. PRODUTO TÓXICO. PROPRIEDADE DA MARINHA. Apenas o fato de ser de propriedade da Marinha do Brasil, o produto tóxico transportado, sem observância das normas de segurança (art. 56 da Lei n. 9.605/1998), não tem o condão de deslocar a competência da ação penal para a Justiça Federal, já que o bem jurídico tutelado é o meio ambiente. No caso dos autos, laudo emitido pela ABACC (Agência Brasileiro-Argentina de Contabilidade e Controle de Materiais Nucleares) informando que o material poderia ser transportado por qualquer meio de transporte, exceto por via postal, não requerendo cuidados adicionais. O Min. Relator reiterou o entendimento consolidado na Terceira Seção de que a Justiça estadual é competente para julgar as ações penais relativas a crime ambiental (Lei n. 9.605/1998), salvo se evidenciado interesse jurídico direto e específico da União, suas autarquias e fundações (art. 109, IV, da CF). AgRg no CC 115.159-SP, Rel. Min. Og Fernandes, julgado em 13/6/2012.

1.3.5. Desmatamento floresta amazônica em propriedade particular

STJ - Superior Tribunal de Justiça

Informativo 402 - 14.08.2009

COMPETÊNCIA. DESMATAMENTO. FLORESTA AMAZÔNICA. A questão está em definir a competência para processar e julgar o crime de desmatamento da floresta amazônica em terreno objeto de propriedade particular. A Seção conheceu do conflito e declarou competente o juízo de Direito, o suscitante, ao entendimento de que não há que confundir patrimônio nacional com bem da União. Aquela locução revela proclamação de defesa de interesses do Brasil diante de eventuais ingerências estrangeiras. Tendo o crime de desmatamento ocorrido em propriedade particular, área que já pertenceu, mas hoje não mais, a parque estadual, não há que se falar em lesão a bem da União. Ademais, como o delito não foi praticado em detrimento do Ibama, que apenas fiscalizou a fazenda do réu, ausente prejuízo para a União (CC 99.294-RO, Rel. Min. Maria Thereza de Assis Moura, julgado em 12/8/2009).

1.3.6. Mata atlântica

STF - Supremo Tribunal Federal

Informativo 290 (15.11.2002)

RECURSO EXTRAORDINÁRIO. CRIME PREVISTO NO ARTIGO 50 DA LEI 9.605/98. COMPETÊNCIA DA JUSTIÇA ESTADUAL COMUM. Esta Primeira Turma, recentemente, em 20.11.2001, ao julgar o RE 300.244, em caso semelhante ao presente, decidiu que, não havendo em causa bem da União (a hipótese então em julgamento dizia respeito a desmatamento e depósito de madeira proveniente da Mata Atlântica que se entendeu não ser bem da União), nem interesse direto e específico da União (o interesse desta na proteção do meio ambiente só é genérico), nem decorrer a competência da Justiça Federal da circunstância de caber ao IBAMA, que é órgão federal, a fiscalização da preservação do meio ambiente, a competência para julgar o crime que estava em causa (artigo 46, parágrafo único, da Lei 9.605/98, na modalidade de manter em depósito produtos de origem vegetal integrantes da flora nativa, sem licença para armazenamento) era da Justiça estadual comum. Nesse mesmo sentido, posteriormente, em 18.12.2001, voltou a manifestar-se, no RE 299.856, esta Primeira Turma, no que foi seguida, no RE 335.929, por decisão do eminente Ministro Carlos Velloso da 2ª Turma. A mesma orientação é de ser seguida no caso presente. Recurso extraordinário não conhecido (RE-349.189).

STF - Supremo Tribunal Federal

Informativo 251 (23.11.2001) e 255 (19.12.2001)

CRIME CONTRA A MATA ATLÂNTICA: COMPETÊNCIA. Compete à Justiça Comum o julgamento de ação penal contra acusado da suposta prática do crime previsto no art. 46, parágrafo único, da Lei 9.605/98 - consistente no fato de o mesmo possuir em depósito, sem autorização ou licença do órgão competente, madeira nativa proveniente da Mata Atlântica –, uma vez que a competência da Justiça Federal para a causa somente se justificará quando houver detrimento a interesse direto e específico da União (CF, art. 109, IV), não sendo suficiente o fato de o crime haver sido praticado contra a Mata Atlântica, a qual não é bem de propriedade da União. Com base nesse entendimento, a Turma não conheceu de recurso extraordinário interposto pelo Ministério Público Federal em que se pretendia ver reconhecida a competência da Justiça Federal para julgar a espécie com base nos arts. 225, § 4º e 109, IV, todos da CF, sob a alegação de que, tratando-se de ofensa a patrimônio nacional, haveria o interesse da União. A Turma considerou que a inclusão da Mata Atlântica no "patrimônio nacional", a que alude o mencionado art. 225, § 4º, da CF, fez-se para a proteção do meio ambiente ecologicamente equilibrado a que a coletividade brasileira tem direito, configurando, assim, uma proteção genérica à sociedade, que também interessa à União, mas apenas genericamente, não sendo capaz, por si só, de atrair a competência da Justiça Federal (CF, art. 225, § 4º: "A Floresta Amazônica brasileira, a Mata Atlântica, a Serra do Mar, o Pantanal Mato-Grossense e a Zona Costeira são patrimônio nacional, e sua utilização far-se-á, na forma da lei, dentro de condições que assegurem a preservação do meio ambiente, inclusive quanto ao uso dos recursos naturais."). Precedentes citados: RE 89.946-PR (RTJ 95/297), RE 166.943-PR (DJU de 4.9.95). RE-300.244.

STJ - Superior Tribunal de Justiça

Informativo 365 - 29.08.2008

COMPETÊNCIA. CRIME AMBIENTAL. MATA ATLÂNTICA. Este Superior Tribunal entende que, embora a mata atlântica integre o patrimônio nacional, não se enquadra na definição de bem da União e, por isso, não atrai a competência da Justiça Federal. Sendo assim, é competente a Justiça estadual para processar e julgar crime ambiental de desmatamento da floresta nativa da mata atlântica (AgRg no CC 93.083-PE, Rel. Min. Nilson Naves, julgado em 27/8/2008).

1.3.7. Prescrição de crime federal conexo

STJ - Superior Tribunal de Justiça

Informativo 07.09.2009

COMPETÊNCIA. CRIMES AMBIENTAIS. DESOBEDIÊNCIA. O paciente foi denunciado como incurso nas sanções do art. 330 do CP e arts. 39, 40 e 60, todos da Lei n. 9.605/1998. Recebida a denúncia, foi questionada a competência da Justiça Federal para instruir e julgar a ação penal, dando ensejo ao conflito de competência instaurado entre o juízo federal e o juízo de Direito. Ao julgar o referido conflito, a Terceira Seção deste Superior Tribunal declarou a competência da Justiça Federal. Posteriormente, o juízo federal reconheceu a prescrição da pretensão punitiva estatal quanto ao crime do art. 330 do CP, o qual, praticado em detrimento de funcionário público federal, atraiu, por conexão, a competência da Justiça Federal para julgar os demais crimes ambientais. Sustentam os impetrantes que, uma vez declarada extinta a punibilidade do paciente com relação ao crime de desobediência, carece a Justiça Federal de competência para julgá-lo pela suposta infração dos aludidos crimes ambientais, já que não se caracterizou qualquer ofensa a bens da União apta a justificá-la. Defendem, por essa razão, que o direito de o paciente ser julgado por magistrado competente está sendo violado pela decisão do TRF, que, ao denegar o writ impetrado a seu favor, reconheceu a competência da Justiça Federal para continuar processando o feito. Para a Min. Relatora, na hipótese de conexão entre crime de desobediência de servidor federal e crimes ambientais, em que existiu atração do processamento e julgamento para a Justiça Federal, sobrevindo prescrição do crime contra a Administração Pública, desaparece o interesse da União, devendo haver o deslocamento da competência para a Justiça estadual. Diante disso, a Turma concedeu a ordem para determinar o envio dos autos da ação penal para o juízo estadual, que se tornou o competente para processar e julgar os crimes ambientais em questão (CC 7.043-RS, DJ 6/11/1986. HC 108.350-RJ, Rel. Min. Maria Thereza de Assis Moura, julgado em 4/8/2009).

1.3.8. *Pesca na piracema com instrumentos proibidos x interesse da união*

STJ - Superior Tribunal de Justiça

Informativo 135 - 24.05.2002

COMPETÊNCIA. PESCA PROIBIDA. O réu foi surpreendido pescando em época proibida por lei (piracema) e utilizando-se de instrumentos igualmente proibidos, sendo instaurado procedimento para investigá-lo como incurso no art. 1º, § 1º, da Lei n. 7.679/1988 e art. 34 da Lei n. 9.605/1998. Esta lei não fez referência expressa à competência da Justiça Federal para o processo e julgamento dos crimes ali previstos. Nos termos do art. 109, IV, da CF/1988, a competência da Justiça Federal é restrita aos crimes ambientais perpetrados em detrimento de bens, serviços ou interesses da União, ou de suas autarquias ou empresas públicas. Não restou demonstrado o efetivo interesse da União, pois não evidenciada a existência de eventual lesão a seus bens ou interesse a ensejar a competência da Justiça Federal para o processo e julgamento do feito. Porém há situações específicas que justificam a competência da Justiça privilegiada, como as seguintes: delito envolvendo espécies ameaçadas de extinção, em termos oficiais; conduta envolvendo ato de contrabando de animais silvestres, peles e couros de anfíbios ou répteis para o exterior; introdução ilegal de espécie exótica no país; pesca predatória no mar territorial; crime contra a fauna perpetrado em parques nacionais, reservas ecológicas ou áreas sujeitas ao domínio eminente da Nação; além da conduta que ultrapassa os limites de um único estado ou as fronteiras do país. A presente hipótese não se enquadra em nenhuma dessas condutas, portanto é de competência da Justiça estadual (CC 34.689-SP, Rel. Min. Gilson Dipp, julgado em 22/5/2002).

2. TERRITORIAL

2.1. LOCAL DA SEDE, AGÊNCIA OU SUCURSAL

STJ - Superior Tribunal de Justiça

Informativo 424 - 26.02.2010

COMPETÊNCIA. INFRAÇÃO. IBAMA. Buscava-se definir a competência para processar e julgar ação anulatória de autos de infração lavrados pelo Ibama. Quanto a isso, a Turma reafirmou que as autarquias federais podem ser demandadas no local de sua sede ou de sua agência ou sucursal em cujo âmbito de competência ocorreram os fatos que originaram a lide (art. 100, IV, do CPC). REsp 891.326-RJ, Rel. Min. Teori Albino Zavascki, julgado em 23/2/2010.

2.2. CRIAÇÃO DE PARQUE NACIONAL EM MAIS DE UM ESTADO FEDERADO

STJ - Superior Tribunal de Justiça

Informativo 397 - 05.06.2009

ACP. MEIO AMBIENTE. COMPETÊNCIA TERRITORIAL. Trata-se originariamente de ação civil pública (ACP) ajuizada contra o decreto que criou o Parque Nacional de Ilha Grande, o qual abrange nove municípios divididos entre dois estados da Federação. No REsp, a recorrente alega, além da violação de vários dispositivos legais, a incompetência para o julgamento da ação da subseção judiciária do município localizado em um dos estados referidos. A Turma deu provimento ao recurso por entender que, diante da situação fática, a competência territorial para processar e julgar, em primeira instância, a mencionada ação é da seção judiciária de uma das capitais dos respectivos estados ou do Distrito Federal, pois as questões resultantes da criação de parque nacional (criado pela União na forma do art. 11, § 4º, da Lei n. 9.985/2000, a contrario sensu) que abrange áreas de dois estados terá caráter nacional, na esteira do que dispõem os arts. 2º da Lei n. 7.347/1985 e 93, II, do CDC (REsp 1.018.214-PR, Rel. Min. Mauro Campbell Marques, julgado em 2/6/2009).

2.3. PORTO MARÍTIMO, FLUVIAL OU LACUSTRE, LOCAL DO DANO

STJ - Superior Tribunal de Justiça

Informativo 396 - 29.05.2009

AÇAO CIVIL PÚBLICA. DANO AMBIENTAL. PORTO. LEGITIMIDADE. MP. Trata-se, originalmente, de ação civil pública proposta pelo MP, ora recorrido, com o fim de reparar dano ambiental consistente no vazamento de cerca de mil litros de óleo combustível em decorrência de rompimento de um dos dutos subterrâneos da ora recorrente. No REsp, a recorrente alega, entre outras coisas, que não se afigura, no caso, nenhuma das hipóteses enumeradas pelo art. 109 da CF/1988, para justificar o processamento e julgamento da referida ação na Justiça Federal. A Turma negou provimento ao recurso, por entender que, no caso, o acidente ambiental ocorreu em área de porto organizado, fato não negado pela recorrente. Ressaltou-se que o porto constitui uma universalidade, isto é, apresenta-se como realidade jurídica una, ainda que complexa; equipara-se, por isso, no seu conjunto, a bem público federal enquanto perdurar sua destinação específica, em nada enfraquecendo essa sua natureza o fato de haver imóveis privados no seu perímetro oficial ou mesmo o licenciamento pelo Estado ou até pelo município de algumas das unidades individuais que o integram. Além disso, o licenciamento ambiental pelo Ibama (ou por órgão estadual, mediante seu consentimento expresso ou tácito) de obra ou empreendimento em que ocorreu ou poderá ocorrer a degradação justifica, de plano, a legitimação para agir do MPF. Se há interesse da União a ponto de, na esfera administrativa, impor o licenciamento federal, seria contraditório negá-lo para fins de propositura de ação civil pública. Assim, não há como afastar a conclusão de que o MPF, como regra, tem legitimidade para agir nas hipóteses de dano ou risco de dano ambiental em porto marítimo, fluvial ou lacustre. Ademais, na hipótese em questão, o dano ambiental é de natureza transindividual indivisível (afinal, o meio ambiente ofendido é "bem de uso comum do povo" na expressão do art. 225, caput, da CF/1988); o local do dano (Lei n. 7.347/1985, art. 2º) coincide com o local do ato ou fato (CPC, art. 100, V, a) que o causou (derramamento de combustível e contaminação do solo estão ambos no mesmo município) e há, no referido município, tanto varas da Justiça estadual como varas federais instaladas e em pleno funcionamento. Todos esses aspectos conspiram contra a tese da recorrente de, pela aplicação do art. 2º da referida lei, levar a solução da demanda para o âmbito da Justiça estadual (REsp 1.057.878-RS, Rel. Min. Herman Benjamin, julgado em 26/5/2009).

2.4. MADEIRA COM TRANSPORTE ILEGAL E LOCAL DA APREENSÃO

STJ - Superior Tribunal de Justiça

Informativo 233 - 17.12.2004

COMPETÊNCIA. CRIME AMBIENTAL. MADEIRA ILEGALMENTE TRANSPORTADA. Prosseguindo o julgamento, a Seção declarou competente o juízo suscitante, uma vez que a conduta delituosa, em tese, praticada pelo motorista do caminhão cuja carga estava sendo transportada ilegalmente está ligada aos crimes praticados pelos responsáveis da madeireira – falsificação da ATPF e crime ambiental descrito no art. 46, parágrafo único, da Lei n. 9.605/1998. Sendo assim, incide a regra geral de competência do lugar da infração e não de onde foi apreendida a mercadoria (arts. 69, I, 70 e 72 do CPP). CC 43.287-PA, Rel. Min. Nilson Naves, julgado em 13/12/2004.

3. PELO VALOR DA CAUSA

3.1. LIMITAÇÕES ADMINISTRATIVAS DECORRENTES DO DECRETO 750/1993

STJ - Superior Tribunal de Justiça

Informativo 427 - 19.03.2010

COMPETÊNCIA. JUIZADO ESPECIAL FEDERAL. DEC. N. 750/1993. Este Superior Tribunal já decidiu que as limitações decorrentes da edição do Dec. n. 750/1993, quanto à Mata Atlântica, não consubstanciam desapropriação indireta. Assim, o Juizado Especial Federal é competente para julgar a causa na qual se busca indenização decorrente dessas limitações administrativas, visto não se encontrar albergada pelas exceções contidas no art. 3º, § 1º, da Lei n. 10.259/2001 e seu valor ser inferior a 60 salários mínimos (REsp 1.129.040-RS, Rel. Min. Castro Meira, julgado em 16/3/2010).

3.2. CORTE DE ÁRVORES VIZINHO À UNIDADE DE CONSERVAÇÃO

STJ - Superior Tribunal de Justiça

Informativo 428 - 02.04.2010

COMPETÊNCIA. CRIME AMBIENTAL. A Seção decidiu que compete ao juizado especial federal processar e julgar crime ambiental (art. 39 da Lei n. 9.605/1998) decorrente do corte de árvores (palmito) em floresta de preservação permanente sem autorização do IBAMA, que administra o Parque Nacional de Itatiaia, por ser área particular vizinha à unidade de conservação (art. 9º da Lei n. 4.771/1965). CC 92.722-RJ, Rel. Min. Jorge Mussi, julgado em 24/3/2010.

CAPÍTULO 3 - LEGITIMIDADE *AD CAUSAM*

1. ATIVA DO MINISTÉRIO PÚBLICO

1.1. TERMO DE AJUSTAMENTO DE CONDUTA (TAC)

STJ - Superior Tribunal de Justiça

Informativo 625 - 01.06.2018

CRIMES AMBIENTAIS. TERMO DE AJUSTAMENTO DE CONDUTA. DENÚNCIA. JUSTA CAUSA. RECEBIMENTO. A assinatura do termo de ajustamento de conduta com órgão ambiental não impede a instauração de ação penal (APn 888-DF, Rel. Min. Nancy Andrighi, por unanimidade, julgado em 02/05/2018, Dje 10/05/2018).

1.2. DENÚNCIA GENÉRICA

STF - Supremo Tribunal Federal

Informativo 469 (01.06.2007)

HABEAS CORPUS. CRIME CONTRA O MEIO AMBIENTE. TRANCAMENTO DA AÇÃO PENAL. INÉPCIA DA DENÚNCIA. AUSÊNCIA DE ELEMENTO ESSENCIAL. DENÚNCIA QUE DESCREVE CRIME PERMANENTE. INDICAÇÃO DAS CONDIÇÕES DE TEMPO, MODO E EXECUÇÃO DA CONDUTA SUPOSTAMENTE DELITIVA. NARRATIVA MINISTERIAL PÚBLICA QUE ENSEJA O AMPLO EXERCÍCIO DO DIREITO DE DEFESA. Não se tem por inepta a denúncia que, com as devidas circunstâncias de tempo, lugar e modo, narra fatos, em tese, delituosos. Isto a ensejar o amplo exercício do direito de defesa. Nos delitos permanentes, a atividade criminosa se prolonga no tempo, tendo o agente a possibilidade de cessar ou não a sua conduta. Nessa modalidade delitiva, a prescrição é contada a partir da interrupção da ação do agente. Ordem denegada (HC-91.005).

STJ - Superior Tribunal de Justiça

Informativo 467 - 25.03.2011

CRIME AMBIENTAL. TRANSPORTE. PRODUTOS PERIGOSOS. Em habeas corpus, busca-se o trancamento da ação penal a que o paciente responde por suposto crime ambiental, devido ter sido apreendido caminhão de sua empresa que transportava produto considerado perigoso (dióxido de carbono, NR ONU-2187, classe 2.2, grau de risco-22) sem licença do órgão ambiental estatal competente, em desacordo com o Dec. n. 96.044/1988, que regulamenta o transporte de produtos perigosos, e a Res. n. 420/2004 da Agência Nacional de Transportes Terrestres (ANTT). Narra-se, na impetração, que o paciente foi denunciado juntamente com outros diretores da empresa como incurso nos arts. 2º, 3º e 56, caput, todos da Lei n. 9.605/1998 e, mesmo após ter cumprido o termo de ajustamento de conduta (TAC), a denúncia foi aceita pelo juízo, também foi proposta a suspensão condicional do processo pelo MP estadual, contudo o paciente recusou-a por entender que, no caso, não existe crime. Diante dessas circunstâncias, aponta ausência de justa causa para a instauração da ação penal e argumenta que, lavrado o TAC, perdeu o sentido o ajuizamento de uma ação penal em razão de ilícito ambiental praticado e, por fim, alega a inépcia da denúncia, que reputa genérica por não individualizar a conduta dos acusados. Para a Min. Relatora, o TAC, conforme o disposto nos §§ 2º e 3º do art. 79-A da Lei n. 9.605/1998, surgiu em dado momento histórico, para ajuste de comportamentos potencialmente poluidores, inclusive com período delimitado na própria legislação para a suspensão das sanções administrativas, ou seja, empreendimentos em curso até 30/3/1998 e requerido por pessoas físicas e jurídicas interessadas até 31/12/1998. Assim, explica que, pelo princípio da subsidiariedade, como as sanções não penais encontravam-se suspensas, não seria razoável cobrar responsabilidade penal pelo mesmo comportamento no período de suspensão. Na hipótese dos autos, o TAC afasta-se dos requisitos dos citados parágrafos, apesar de ter logrado o arquivamento do inquérito civil público, além de alcançar o licenciamento tanto no âmbito estadual como federal, pois o termo de conduta foi firmado em 23/9/2008, depois de uma década das condições legais cronológicas para obtê-lo. Nesse contexto, assevera a Min. Relatora que a assinatura do TAC (concedido em esfera administrativa) e a reparação do dano ambiental não têm a extensão pretendida no âmbito penal, visto que não elidem a tipicidade penal, porém serão consideradas em caso de eventual condenação. No entanto, reconhece a inépcia formal da denúncia por ser extremamente sucinta e não haver a individualização da conduta criminosa dos acusados, o que impede o exercício da ampla defesa. Acrescenta que, nos casos de autoria coletiva, embora a jurisprudência do STJ não exija a descrição pormenorizada da conduta de cada denunciado, é imprescindível que o órgão acusatório estabeleça a mínima relação entre o denunciado e o delito que lhe é imputado. Com esse entendimento, a Turma conheceu em parte do habeas corpus e concedeu a ordem apenas para anular a ação penal a partir da denúncia, reconhecendo sua inépcia formal, sem prejuízo que outra seja oferecida, estendendo a concessão aos demais corréus (art. 580 do CPP). HC 187.043-RS, Rel. Min. Maria Thereza de Assis Moura, julgado em 22/3/2011.

1.3. ADITAMENTO DA DENÚNCIA

STJ - Superior Tribunal de Justiça

Informativo 438 - 11.06.2010

CRIME. MEIO AMBIENTE. PESSOA JURÍDICA. Conforme a jurisprudência deste Superior Tribunal, nos crimes que envolvem sociedades empresárias (nos quais a autoria nem sempre se mostra bem definida), a acusação tem que estabelecer, mesmo que minimamente, a ligação entre a empreitada criminosa e o denunciado. O simples fato de ser sócio, gerente ou administrador não permite a instauração da persecução penal pelos crimes praticados no âmbito da sociedade, se não se comprovar, ainda que mediante elemento a ser aprofundado no decorrer da ação penal, a relação de causa e efeito entre as imputações e a função do denunciado na sociedade, sob pena de acolher indevida responsabilidade penal objetiva. Na hipótese, foi denunciada, primeiramente, a pessoa jurídica e, por meio de aditamento, a pessoa física. Em relação a esta última, o MP, quando do aditamento à denúncia, não se preocupou em apontar o vínculo entre ela e a ação poluidora. Só isso bastaria para tachar de inepto o aditamento à denúncia. Contudo, soma-se a isso o fato de haver, nos autos, procuração pública que dá poderes para outrem gerir a sociedade. Daí que o aditamento não se sustenta ao incluir a recorrente apenas por sua qualidade de proprietária da sociedade. A inépcia do aditamento também contamina a denúncia como um todo, em razão de agora só figurar a pessoa jurídica como denunciada, o que é formalmente inviável, pois é impossível a responsabilização penal da pessoa jurídica dissociada da pessoa física, a qual age com elemento subjetivo próprio (RHC 24.239-ES, Rel. Min. Og Fernandes, julgado em 10/6/2010).

2. PASSIVA

2.1. DA PESSOA JURÍDICA

STF - Supremo Tribunal Federal

Informativo 714 (09.08.2013)

RECURSO EXTRAORDINÁRIO. DIREITO PENAL. CRIME AMBIENTAL. RESPONSABILIDADE PENAL DA PESSOA JURÍDICA. CONDICIONAMENTO DA AÇÃO PENAL À IDENTIFICAÇÃO E À PERSECUÇÃO CONCOMITANTE DA PESSOA FÍSICA QUE NÃO ENCONTRA AMPARO NA CONSTITUIÇÃO DA REPÚBLICA. 1. O art. 225, § 3º, da Constituição Federal não condiciona a responsabilização penal da pessoa jurídica por crimes ambientais à simultânea persecução penal da pessoa física em tese responsável no âmbito da empresa. A norma constitucional não impõe a necessária dupla imputação. 2. As organizações corporativas complexas da atualidade se caracterizam pela descentralização e distribuição de atribuições e responsabilidades, sendo inerentes, a esta realidade, as dificuldades para imputar o fato ilícito a uma pessoa concreta. 3. Condicionar a aplicação do art. 225, § 3º, da Carta Política a uma concreta imputação também a pessoa física implica indevida restrição da norma constitucional, expressa a intenção do constituinte originário não apenas de ampliar o alcance das sanções penais, mas também de evitar a impunidade pelos crimes ambientais frente às imensas dificuldades de individualização dos responsáveis internamente às corporações, além de reforçar a tutela do bem jurídico ambiental. 4. A identificação dos setores e agentes internos da empresa determinantes da produção do fato ilícito tem relevância e deve ser buscada no caso concreto como forma de esclarecer se esses indivíduos ou órgãos atuaram ou deliberaram no exercício regular de suas atribuições internas à sociedade, e ainda para verificar se a atuação se deu no interesse ou em benefício da entidade coletiva. Tal esclarecimento, relevante para fins de imputar determinado delito à pessoa jurídica, não se confunde, todavia, com subordinar a responsabilização da pessoa jurídica à responsabilização conjunta e cumulativa das pessoas físicas envolvidas. Em não raras oportunidades, as responsabilidades internas pelo fato estarão diluídas ou parcializadas de tal modo que não permitirão a imputação de responsabilidade penal individual. 5. Recurso Extraordinário parcialmente conhecido e, na parte conhecida, provido (RE-548181).

STF - Supremo Tribunal Federal

Informativo 548 (29.05.2009)

HABEAS CORPUS. PENAL E PROCESSUAL PENAL. ADVOGADO. INTIMAÇÃO. TRANCAMENTO DA AÇÃO PENAL POR AUSÊNCIA DE JUSTA CAUSA. EXCEPCIONALIDADE. INÉPCIA DA DENÚNCIA. INOCORRÊNCIA. CRIMES AMBIENTAIS. RESPONSABILIDADE DOS DIRIGIENTES DA PESSOA JURÍDICA. REEXAME DE PROVAS. INVIABILIDADE. 1. A intimação para sustentação oral em habeas corpus pode ser feita por qualquer meio que possibilite à parte ter conhecimento da data da sessão e dela participar. Precedentes. 2. O trancamento da ação penal por ausência de justa causa é medida excepcional, justificando-se quando despontar, fora de dúvida, atipicidade da conduta, causa extintiva da punibilidade ou ausência de indícios de autoria. 3. A denúncia que descreve as condutas dos co-réus de forma detalhada e individualizada, estabelecendo nexo de causalidade com os fatos, não é inepta. 4. A responsabilidade por crimes ambientais é, por expressa previsão legal, atribuível aos dirigentes da pessoa jurídica. Precedente. 5. O *habeas corpus* não é a via processual adequada à análise aprofundada de matéria fático-probatória. Ordem indeferida (HC-94842).

STF - Supremo Tribunal Federal

Informativos 516 (22.08.2008) e 521 (26.09.2008)

PENAL. PROCESSUAL PENAL. CRIME AMBIENTAL. HABEAS CORPUS PARA TUTELAR PESSOA JURÍDICA ACUSADA EM AÇÃO PENAL. ADMISSIBILIDADE. INÉPCIA DA DENÚNCIA: INOCORRÊNCIA. DENÚNCIA QUE RELATOU A SUPOSTA AÇÃO CRIMINOSA DOS AGENTES, EM VÍNCULO DIRETO COM A PESSOA JURÍDICA CO-ACUSADA. CARACTERÍSTICA INTERESTADUAL DO RIO POLUÍDO QUE NÃO AFASTA DE TODO A COMPETÊNCIA DO MINISTÉRIO PÚBLICO ESTADUAL. AUSÊNCIA DE JUSTA CAUSA E BIS IN IDEM. INOCORRÊNCIA. EXCEPCIONALIDADE DA ORDEM DE TRANCAMENTO DA AÇÃO PENAL. ORDEM DENEGADA. I – Responsabilidade penal da pessoa jurídica, para ser aplicada, exige alargamento de alguns conceitos tradicionalmente empregados na seara criminal, a exemplo da culpabilidade, estendendo-se a elas também as medidas assecuratórias, como o habeas corpus. II – Writ que deve ser havido como instrumento hábil para proteger pessoa jurídica contra ilegalidades ou abuso de poder quando figurar como co-ré em ação penal que apura a prática de delitos ambientais, para os quais é cominada pena privativa de liberdade. III – Em crimes societários, a denúncia deve pormenorizar a ação dos denunciados no quanto possível. Não impede a ampla defesa, entretanto, quando se evidencia o vínculo dos denunciados com a ação da empresa denunciada. IV – Ministério Público Estadual que também é competente para desencadear ação penal por crime ambiental, mesmo no caso de curso d'água transfronteiriços. V – Em crimes ambientais, o cumprimento do Termo de Ajustamento de Conduta, com conseqüente extinção de punibilidade, não pode servir de salvo-conduto para que o agente volte a poluir. VI – O trancamento de ação penal, por via de habeas corpus, é medida excepcional, que somente pode ser concretizada quando o fato narrado evidentemente não constituir crime, estiver extinta a punibilidade, for manifesta a ilegitimidade de parte ou faltar condição exigida pela lei para o exercício da ação penal. VII – Ordem denegada (HC-92.921).

STJ - Superior Tribunal de Justiça

Informativo 566 - 20.08.2015

DIREITO PENAL E PROCESSUAL PENAL. DESNECESSIDADE DE DUPLA IMPUTAÇÃO EM CRIMES AMBIENTAIS. É possível a responsabilização penal da pessoa jurídica por delitos ambientais independentemente da responsabilização concomitante da pessoa física que agia em seu nome. Conforme orientação da Primeira Turma do STF, "O art. 225, § 3º, da Constituição Federal não condiciona a responsabilização penal da pessoa jurídica por crimes ambientais à simultânea persecução penal da pessoa física em tese responsável no âmbito da empresa. A norma constitucional não impõe a necessária dupla imputação" (RE 548.181, Primeira Turma, DJe 29/10/2014). Diante dessa interpretação, o STJ modificou sua anterior orientação, de modo a entender que é possível a responsabilização penal da pessoa jurídica por delitos ambientais independentemente da responsabilização concomitante da pessoa física que agia em seu nome (RMS 39.173-BA, Rel. Min. Reynaldo Soares da Fonseca, julgado em 6/8/2015, DJe 13/8/2015).

2.2. MUNICÍPIO

STJ - Superior Tribunal de Justiça

Informativo 399 - 19.06.2019

DANO AMBIENTAL. LOTEAMENTO IRREGULAR. Em ação civil pública ajuizada contra o município e outros, por improbidade administrativa e parcelamento do solo em descordo com a legislação vigente, o que causou danos ao meio ambiente, a sentença excluiu o município por entender que ele atuou dentro da lei (aplicou multa e embargou a obra), logo não seria possível imputar-lhe responsabilidade. Por sua vez, o TJ manteve a sentença. Explica o Min. Relator que, apesar de o município aplicar multa e embargar a obra, não avocou para si a responsabilidade pela regularização do loteamento às expensas do loteador e dessa omissão resultou um dano ambiental. Observou, com base em precedentes, que o art. 40 da Lei n.

6.766/1979 confere ao município um dever-poder vinculado, consoante o disposto no art. 30, VIII, da CF/1988, consequentemente não há como a municipalidade eximir-se da responsabilidade de regularizar loteamento urbano, mesmo quando ocorrido de modo clandestino. Por isso, se o município não impede a consumação do dano ambiental, deve ser responsabilizado conjuntamente com o loteador pelos prejuízos daí advindos; entretanto, posteriormente, poderá acionar a próprio loteador regressivamente, porque, conforme o próprio artigo citado da Lei n. 6.766/1979, está obrigado a promover a regularização do loteamento às expensas do loteador, como já dito. Com esse entendimento, a Turma deu provimento ao recurso do MP (REsp 1.113.789-SP, Rel. Min. Castro Meira, julgado em 16/6/2009).

2.3. UNIÃO FEDERAL

STJ - Superior Tribunal de Justiça

Informativo 390 - 17.04.2009

DANO. MEIO AMBIENTE. OMISSÃO. FISCALIZAÇÃO. UNIÃO. Em ação civil pública proposta pelo Ministério Público Federal contra município e outros sete réus devido a dano ao meio ambiente por construções em restinga (que fixa as dunas), pleiteou-se, além de perdas e danos, a demolição das edificações irregulares. Nos termos do art. 5º, § 2º, da Lei n. 7.347/1985, consultada a União, ela requereu seu ingresso no polo ativo da demanda e o juiz o deferiu. Então o município, em agravo de instrumento, alegou a ilegitimidade da União porque ele detinha o domínio da área das construções. O Tribunal a quo acolheu o argumento do município, mas reconheceu também que a União foi omissa quanto a seu dever de fiscalizar e preservar o local e determinou que o parquet requeresse o ingresso da União no polo passivo da demanda, como litisconsórcio necessário. Contra esse litisconsórcio, insurge-se a União no REsp. Nesse contexto, observa o Min. Relator que a jurisprudência deste Superior Tribunal é no sentido de reconhecer a legitimidade passiva da pessoa jurídica de direito público para responder pelos danos causados ao meio ambiente em decorrência de sua conduta omissa quanto ao dever de fiscalizar. Assim, não se trata de determinar previamente a responsabilidade da União, mas alocá-la adequadamente no polo passivo da ação, diante da presunção de sua responsabilidade em concorrer com o dano ao meio ambiente e, caso exista prova superveniente a isentá-la, o feito deverá ser extinto em relação a ela. Diante do exposto, a Turma conheceu parcialmente do recurso e, nessa parte, negou-lhe provimento (REsp 529.027-SC, Rel. Min. Humberto Martins, julgado em 16/4/2009).

STJ - Superior Tribunal de Justiça

Informativo 30.06.2006

PESSOA JURÍDICA. RESPONSABILIDADE PENAL. CRIME CONTRA O MEIO AMBIENTE. DUPLA IMPUTAÇÃO. A Turma proveu o recurso ao entendimento de que, em crimes contra o meio ambiente, a pessoa jurídica tem responsabilidade penal quando houver imputação simultânea do ente moral e da pessoa física que atua em seu nome ou em seu benefício, porquanto o ente moral não pode ser responsabilizado de forma dissociada da atuação da pessoa física, porque essa age com elemento subjetivo próprio. No caso, pelo delito imputado à pessoa física, a denúncia não descreve a participação de pessoa física que teria atuado em nome próprio (RMS 20.601-SP, Rel. Min. Felix Fischer, julgado em 29/6/2006).

CAPÍTULO 4 - CONDUTA CULPOSA NA LEI AMBIENTAL

STJ - Superior Tribunal de Justiça

Informativo 360 - 20.07.2008

CRIME AMBIENTAL. CULPA. OMISSÃO. Trata-se de associação denunciada e autuada pela Polícia Ambiental por ter suprimido vegetação rasteira e arbustiva em área de preservação permanente, além de cortar oito árvores nativas isoladas. A pessoa jurídica (associação) e seu representante legal (presidente) pretendiam construir uma valeta para implantação de rede de esgoto, mas promoveram a intervenção na área de preservação permanente sem obter autorização para isso. Note-se que, neste *habeas corpus*, o presidente do conselho da associação, paciente, busca a suspensão e o trancamento da ação penal e alega que não foram denunciados os funcionários da empresa contratada que ocasionaram os fatos delituosos. Para o Min. Napoleão Nunes Maia Filho, condutor da tese vencedora, existem diversas modalidades de culpa em matéria ambiental de acordo com o art. 2º da Lei n. 9.605/1998. Há o dever de vigilância e também o de escolher quem trabalha em áreas de preservação. No caso, não há indícios de nenhuma conduta dolosa, mas há indício de culpa in vigilando, in negligendo e in elegendo, ao escolher para trabalhar pessoa que não tem aptidão de preservar floresta considerada de preservação permanente. Tal conduta pode ser sancionada, evidentemente, não com pena restritiva de liberdade, mas com sanção financeira, obrigação de repor as árvores ou condenação a plantar o dobro de árvores etc. Outrossim, o crime é sempre uma conduta e, no caso, há indícios de uma conduta de crime de omissão. Ademais, não é só a pessoa que pratica fisicamente que comete o crime. Na verdade, quem contrata, fornece os meios, remunera etc. também comete o crime ambiental. Nesses casos, também há a responsabilização penal da pessoa jurídica, o que não exclui a responsabilidade das pessoas físicas. Outrossim, como afirmou a Min. Laurita Vaz, a denúncia, pela descrição, é válida, o que possibilita tanto à entidade como ao seu presidente se defender. Com esse entendimento, a Turma, por maioria, denegou a ordem (HC 92.822-SP, Rel. originário Min. Arnaldo Esteves Lima, Rel. para acórdão Min. Napoleão Nunes Maia Filho, julgado em 17/6/2008).

PARTE ESPECIAL

CRIMES CONTRA O MEIO AMBIENTE

CAPÍTULO 1 - CRIMES CONTRA A FAUNA

1. PRINCÍPIO DA INSIGNIFICÂNCIA

1.1. AUSÊNCIA DE DANO EFETIVO AO BEM JURÍDICO TUTELADO

STF - Supremo Tribunal Federal

Informativo 816 (04.03.2016) e 791 (26.06.2015)

CRIME AMBIENTAL E DANO EFETIVO AO BEM JURÍDICO TUTELADO. A Segunda Turma, em conclusão de julgamento, reputou improcedente acusação formulada contra deputado federal pela suposta prática do crime previsto no art. 34, "caput", da Lei 9.605/1998 ("Pescar em período no qual a pesca seja proibida ou em lugares interditados por órgão competente: Pena – detenção de um ano a três anos ou multa, ou ambas as penas cumulativamente"). No caso, de acordo com o relatório de fiscalização, a autoridade ambiental abordara o deputado e outras duas pessoas em embarcação fundeada em área marítima pertencente à unidade de conservação federal de proteção integral. A Turma, de início, afastou a preliminar de inépcia da denúncia. Observou que essa peça processual descreveria de forma detalhada a ação empreendida, com menção ao dia, ao local e às circunstâncias do ato tido por criminoso, a possibilitar o pleno exercício da ampla defesa e do contraditório. Em seguida, reputou não existir, no caso concreto, o requisito da justa causa a propiciar o prosseguimento da ação penal, especialmente pela mínima ofensividade da conduta do agente, pela ausência de periculosidade social da ação, pelo reduzido grau de reprovabilidade do comportamento e pela inexpressividade da lesão jurídica provocada. Assim, apesar de a conduta do denunciado amoldar-se à tipicidade formal e subjetiva, não haveria a tipicidade material, consistente na relevância penal da conduta e no resultado típico, em razão da insignificância da lesão produzida no bem jurídico tutelado. A jurisprudência seria no sentido da aplicabilidade do princípio da insignificância aos crimes ambientais, tanto com relação aos de perigo concreto – em que haveria dano efetivo ao bem jurídico tutelado –, quanto aos de perigo abstrato, como no art. 34, "caput", da Lei 9.605/1998. No processo em exame, não se produzira prova material de qualquer dano efetivo ao meio ambiente. Ademais, mesmo diante de crime de perigo abstrato, não seria possível dispensar a verificação "in concreto" do perigo real ou mesmo potencial da conduta praticada pelo acusado com relação ao bem jurídico tutelado. Esse perigo real não se verificaria na espécie vertente. Portanto, seria imperioso assentar a atipicidade material da conduta, pela completa ausência de ofensividade ao bem jurídico tutelado pela norma penal. O acusado estaria em pequena embarcação quando teria sido surpreendido em contexto de pesca rústica, com vara de pescar, linha e anzol. Não estaria em barco grande, munido de redes, arrasto nem com instrumentos de maior potencialidade lesiva ao meio ambiente (Inq-3788).

STJ - Superior Tribunal de Justiça

Informativo 602 - 24.05.2017

CRIME AMBIENTAL. PESCA EM LOCAL PROIBIDO. PRINCÍPIO DA INSIGNIFICÂNCIA. AUSÊNCIA DE DANO EFETIVO AO MEIO AMBIENTE. ATIPICIDADE MATERIAL DA CONDUTA. Não se configura o crime previsto no art. 34 da Lei n. 9.605/1998 na hipótese em há a devolução do único peixe – ainda vivo – ao rio em que foi pescado (REsp 1.409.051-SC, Rel. Min. Nefi Cordeiro, por unanimidade, julgado em 20/4/2017, DJe 28/4/2017).

1.2. PESCA PREDATÓRIA EM PERÍODO DE DEFESO

STJ - Superior Tribunal de Justiça

Informativo 466 - 18.03.2011

PESCA PREDATÓRIA. PEQUENA QUANTIDADE. PRINCÍPIO. INSIGNIFICÂNCIA. Trata-se de habeas corpus impetrado em favor de réu denunciado como incurso nas penas do art. 34, parágrafo único, II, da Lei n. 9.605/1998, uma vez que foi flagrado pela Polícia Militar de Proteção Ambiental praticando pesca predatória de camarão, com a utilização de petrechos proibidos em período defeso para a fauna aquática e sem autorização dos órgãos competentes. Postula o paciente a atipicidade da conduta com a aplicação do princípio da insignificância, visto que pescara aproximadamente quatro kg de camarão, que foram devolvidos ao habitat natural. A Turma denegou a ordem com o entendimento de que a quantidade de pescado apreendido não desnatura o delito descrito no art. 34 da Lei n. 9.605/1998, que pune a atividade durante o período em que a pesca seja proibida, exatamente como no caso, ou seja, em época da reprodução da espécie e com utilização de petrechos não permitidos (parágrafo único, II, do referido artigo). Há interesse estatal na repreensão da conduta em se tratando de delito contra o meio ambiente, dada sua relevância penal, tendo a CF destinado um capítulo inteiro à sua proteção (HC 192.696-SC, Rel Min. Gilson Dipp, julgado em 17/3/2011).

1.3. PESCA COM APETRECHO PROIBIDO E POUCOS QUILOS DE PEIXE

STJ - Superior Tribunal de Justiça

Informativo 402 - 14.08.2009

PRINCÍPIO. INSIGNIFICÂNCIA. PESCA. APETRECHO PROIBIDO. Consta da denúncia que o paciente foi flagrado ao pescar em represa mediante a utilização de uma rede de nylon, apetrecho de uso proibido. Vem daí a imputação do crime previsto no art. 34, parágrafo único, II, da Lei n. 9.605/1998. Anote-se que foram encontrados com ele apenas dois quilos de peixes de variadas espécies. Quanto a isso, vê-se da norma incriminadora que se trata de crime formal (crime de perigo abstrato), delito que prescinde de resultado danoso específico (no caso, ao meio ambiente). Porém, apesar de não se desconhecer que o enquadramento da lei de crimes ambientais no ordenamento jurídico brasileiro ainda é tema tormentoso a causar inúmeras discussões jurídicas, sobretudo quanto à configuração dos delitos penais nela insculpidos, chegando alguns a entender até que os princípios nela edificados, tais como os da prevenção e da precaução, sobrepõem-se aos próprios princípios penais de garantia ao cidadão, destaca-se que a hipótese em apreço resolve-se mesmo pela pouca invasão naquilo que a sociedade, mediante o ordenamento jurídico, espera quanto à proteção de sua existência, visto que há um mínimo de probabilidade de a conduta do paciente atingir o bem jurídico tutelado na espécie, a fauna aquática. Daí não se hesitar em consignar a presença da insignificância a ponto de, ao reconhecer a atipicidade material da conduta, conceder a ordem para trancar a ação penal por falta de justa causa (HC 93.859-SP, Rel. Min. Maria Thereza de Assis Moura, julgado em 13/8/2009).

1.4. CAPTURA DE QUATRO MINHOCUÇUS

STJ - Superior Tribunal de Justiça

Informativo 28 - 01.07.1999

CRIME PRATICADO CONTRA A FAUNA. PRINCÍPIO DA INSIGNIFICÂNCIA. A Turma concedeu habeas corpus de ofício para o trancamento da ação penal por entender que, no caso, o ato dos réus em apanhar quatro minhocuçus não tem relevância jurídica. Incide aqui o princípio da insignificância, porque a conduta dos acusados não tem poder lesivo suficiente para atingir o bem jurídico tutelado pela Lei n.º 5.197/67. A pena porventura aplicada seria mais grave do que o dano provocado pelo ato delituoso (CC 20.312-MG, Rel. Min. Fernando Gonçalves, julgado em 1º/7/1999).

1.5. DOZE CAMARÕES EM REDE DE PESCA

STF - Supremo Tribunal Federal

Informativo 692 (04.12.2012)

AÇÃO PENAL. Crime ambiental. Pescador flagrado com doze camarões e rede de pesca, em desacordo com a Portaria 84/02, do IBAMA. Art. 34, parágrafo único, II, da Lei nº 9.605/98. Rei furtivae de valor insignificante. Periculosidade não considerável do agente. Crime de bagatela. Caracterização. Aplicação do princípio da insignificância. Atipicidade reconhecida. Absolvição decretada. HC concedido para esse fim. Voto vencido. Verificada a objetiva insignificância jurídica do ato tido por delituoso, à luz das suas circunstâncias, deve o réu, em recurso ou habeas corpus, ser absolvido por atipicidade do comportamento (HC-112.563).

2. CONCEITO DA PESCA

STJ - Superior Tribunal de Justiça

Informativo 499 - 15.06.2012

AMBIENTAL. PESCA. INFRAÇÃO. LEI N. 9.605/1998. CARACTERIZAÇÃO. Trata-se, na origem, de ação ajuizada a fim de anular auto de infração lavrado com base nos arts. 34 e 35 da Lei n. 9.605/1998, uma vez que o recorrido largou uma rede em um rio, em época de piracema, por assustar-se com a presença de agentes. O Min. Relator asseverou que a Administração Pública é regida pelo princípio da legalidade e, em especial, no exercício de atividade sancionadora, da tipicidade/taxatividade, de modo que, se ela não comprova, na esfera judicial, que foi correta a qualificação jurídica feita no lançamento, a autuação não pode subsistir. Todavia, no caso, a autuação foi correta ao enquadrar a ação do infrator. O próprio legislador cuidou, no art. 36, de enunciar o que deve ser entendido como pesca: "ato tendente a retirar, extrair, coletar, apanhar, apreender ou capturar espécimes dos grupos dos peixes". Assim, ao analisar as condutas previstas nos arts. 34 e 35 e o conceito de pesca disposto no art. 36, a Turma concluiu que o recorrido, ao abandonar uma rede (material proibido e predatório) em um rio, em época de piracema, pescou, uma vez que, pela análise de todo o contexto apresentado no acórdão, houve a demonstração de prática de ato tendente a retirar peixe ou qualquer das outras espécies de seu habitat próprio elencadas no art. 36 (REsp 1.223.132-PR, Rel. Min. Mauro Campbell Marques, julgado em 5/6/2012).

3. CRIME DE PERIGO

STF - Supremo Tribunal Federal

Informativo 845 (28.10.2016) e 849 (02.12.2016)

PESCA ILEGAL: CRIME DE PERIGO E PRINCÍPIO DA INSIGNIFICÂNCIA. A Segunda Turma, em julgamento conjunto, denegou a ordem em "habeas corpus" e negou provimento a recurso ordinário em "habeas corpus" em que se pretendia fosse reconhecida a atipicidade da conduta pela incidência do princípio da insignificância. Em ambos os casos, os envolvidos foram denunciados pela suposta prática do crime do art. 34 da Lei 9.605/1998 (pesca proibida). Em um dos processos, a denúncia foi oferecida em razão de o acusado ter sido encontrado com 70 metros de rede de malha número 16 e iscas vivas, porém sem pescado algum. No outro, o denunciado foi flagrado praticando atos de pesca amadora, com o uso de redes de emalhar ancoradas (fixas), em local interditado para a atividade durante o período de safra da tainha. Também não havia nenhum espécime em seu poder. O Colegiado citou a definição da atividade da pesca, conforme o disposto no art. 36 da Lei 9.605/1998 ("Para os efeitos desta Lei, considera-se pesca todo ato tendente a retirar, extrair, coletar, apanhar, apreender ou capturar espécimes dos grupos dos peixes, crustáceos, moluscos e vegetais hidróbios, suscetíveis ou não de aproveitamento econômico, ressalvadas as espécies ameaçadas de extinção, constantes nas listas oficiais da fauna e da flora"). De acordo com o texto legal, a pesca não se restringe à captura do ser vivo, mas também abrange todo ato tendente a fazê-lo. Nesse sentido, a Turma assentou tratar-se de crime de perigo, que se consuma com a mera possibilidade de dano ao bem jurídico. Assim, a captura por meio da pesca é mero exaurimento do delito, de modo que não se pode falar em crime de bagatela por não ter sido apreendido nenhum ser vivo. Os comportamentos dos denunciados apresentam elevado grau de reprovabilidade. Além disso, os crimes não se exauriram porque as autoridades intervieram antes que houvesse dano maior à fauna aquática (RHC-125.566 e HC-127926).

4. POSSE IRREGULAR DE ANIMAIS

STJ - Superior Tribunal de Justiça

Informativo 550 - 19.11.2014

DIREITO AMBIENTAL. POSSE IRREGULAR DE ANIMAIS SILVESTRES POR LONGO PERÍODO DE TEMPO. O particular que, por mais de vinte anos, manteve adequadamente, sem indício de maus-tratos, duas aves silvestres em ambiente doméstico pode permanecer na posse dos animais. Nesse caso específico, aplicar o art. 1º da Lei 5.197/1967 ("Os animais de quaisquer espécies, em qualquer fase do seu desenvolvimento e que vivem naturalmente fora do cativeiro, constituindo a fauna silvestre, bem como seus ninhos, abrigos e criadouros naturais são propriedades do Estado, sendo proibida a sua utilização, perseguição, destruição, caça ou apanha") e o art. 25 da Lei 9.605/1998 ("Verificada a infração, serão apreendidos seus produtos e instrumentos, lavrando-se os respectivos autos") equivaleria à negação da sua finalidade, que não é decorrência do princípio da legalidade, mas uma inerência dele. A legislação deve buscar a efetiva proteção dos animais. Assim, seria desarrazoado determinar a apreensão dos animais para duvidosa reintegração ao seu habitat e seria difícil identificar qualquer vantagem em transferir a posse para um órgão da Administração Pública. Ademais, no âmbito criminal, o art. 29, § 2º, da Lei 9.605/1998 expressamente prevê que "no caso de guarda doméstica de espécie silvestre não considerada ameaçada de extinção, pode o juiz, considerando as circunstâncias, deixar de aplicar a pena" (REsp 1.425.943-RN, Rel. Min. Herman Benjamin, julgado em 2/9/2014).

5. MAUS-TRATOS DE ANIMAIS

5.1. PRESCRIÇÃO

STF - Supremo Tribunal Federal

Informativo 831 (24.06.2016)

AÇÃO PENAL. MAUS-TRATOS DE ANIMAIS (ART. 32 DA LEI 9.605/98) E APOLOGIA DE CRIME (ART. 287 DO CÓDIGO

PENAL): PRESCRIÇÃO. FORMAÇÃO DE QUADRILHA. AUSENTE DEMONSTRAÇÃO DAS ELEMENTARES DO TIPO PENAL. ABSOLVIÇÃO. 1. O crime de quadrilha ou bando compõe-se dos seguintes elementos: a) concurso necessário de, pelo menos, quatro pessoas; b) finalidade específica dos agentes de cometer crimes indeterminados (ainda que acabem não cometendo nenhum); c) estabilidade e permanência da associação criminosa. 2. A formação de quadrilha ou bando exige, para sua configuração, união estável e permanente de criminosos voltada para a prática indeterminada de vários crimes. Doutrina e jurisprudência. 3. In casu, as testemunhas de acusação apenas confirmaram a presença do réu em um evento onde se realizava rinha de galo, nada informando sobre sua possível associação com três ou mais pessoas para o fim de praticar indeterminadamente referido delito. 4. A presença das elementares típicas do crime de formação de quadrilha não restou demonstrada, à míngua de indício dos demais agentes com quem o réu se teria associado para prática de delitos, tampouco havendo indicação da existência de uma associação estável e permanente com fim de executar crimes. 5. Extinção da punibilidade dos crimes de maus-tratos de animais (art. 32 da Lei 9.605/98) e de apologia do crime (art. 287 do Código Penal), por terem sido alcançados pela prescrição, nos termos do art. 107, IV, do Código Penal. 6. Absolvição da acusação de formação de quadrilha, por não haver prova da existência do fato, nos termos do art. 386, II, do Código de Processo Penal, e do parecer do Ministério Público (AP-932).

5.2. CONTROLE DE ZOONOSE E MEIO CRUEL

STJ - Superior Tribunal de Justiça

Informativo 405 - 04.09.2009

CONTROLE. ZOONOSE. MEIO CRUEL. Os centros dedicados ao controle de zoonoses (doenças que podem migrar de animais aos seres humanos) devem priorizar medidas que controlem a reprodução dos animais (injeção de hormônio ou esterilização), pois elas se mostram mais eficazes no combate dessas enfermidades (Informe Técnico n. 8 da OMS). Porém, há que se permitir o extermínio dos animais quando, em casos extremos, tal medida mostre-se imprescindível para o resguardo da saúde humana. No entanto, a utilização de meio cruel para esse fim está proibida sob pena de violação do art. 225 da CF/1988, do art. 3º da Declaração Universal dos Direitos dos Animais e do art. 32 da Lei n. 9.605/1998. Assim, o uso de gás asfixiante nesses centros é tido por medida de extrema crueldade que viola o sistema normativo de proteção aos animais. O uso do gás sequer se justifica pelo fundamento de que o administrador público está a exercer o dever discricionário. Não se pode acolher que, com base nessa discricionariedade, o administrador realize prática ilícita, certo que há liberdade na escolha do método a ser utilizado, caso haja meios que se equivalham entre os não cruéis, mas nunca o exercício da discricionariedade que implique violação da própria finalidade legal (REsp 1.115.916-MG, Rel. Min. Humberto Martins, julgado em 1º/9/2009).

CAPÍTULO 3 - CRIMES CONTRA A FLORA

1. PRESCRIÇÃO

STF - Supremo Tribunal Federal

Informativo 652 (19.12.2011) e 721 (27.09.2013)

HC EM CRIME AMBIENTAL E REEXAME DE FATOS. Em conclusão de julgamento, a 2ª Turma declarou prejudicado habeas corpus mediante o qual se pretendia trancar ação penal com base em alegada prescrição da pretensão punitiva e atipicidade da conduta. No caso, cuidava-se de paciente condenado por ocupar clandestinamente área de propriedade do Governo do Distrito Federal (Lei 4.947/66, art. 20) e por ter impedido a regeneração das espécies vegetais que lá se desenvolviam (Lei 9.605/98, art. 48). Assentou-se o prejuízo da impetração ante a superveniência de notícia de que fora extinta a punibilidade do paciente, uma vez que se teria consumado a prescrição penal (HC-105908).

2. PRINCÍPIO DA INSIGNIFICÂNCIA

STF - Supremo Tribunal Federal

Informativo 430 (09.06.2006)

ART. 50 DA LEI 9.605/98 E PRINCÍPIO DA INSIGNIFICÂNCIA (TRANSCRIÇÕES). DECISÃO: Trata-se de recurso de habeas corpus, com pedido de medida liminar, interposto por ADRIANO FONTANA CARVALHO, contra decisão da Sexta Turma Recursal de Lages-SC, que denegou a ordem no HC n° 27, impetrado em face de ato do Juízo da Vara Única de Santa Cecília-SC. O recorrente responde a ação penal pela prática da infração penal descrita no art. 50 da Lei n° 9.605/98, por ter efetuado o corte de duas árvores da espécie nativa Pinheiro brasileiro (Araucaria angustifolia). Alega que, no caso, a lesão ao bem jurídico protegido pela norma penal seria insignificante, gerando a atipicidade da conduta e, conseqüentemente, a ausência de justa causa para a instauração do processo criminal. Em suas palavras, "a derrubada de duas árvores em nada afetará o equilíbrio ecológico do local onde estavam plantadas, até porque se encontravam isoladas no meio de uma lavoura, o que se dirá para o meio ambiente regional, o que não justifica a deflagração da ação penal". Cita precedentes desta Corte nos quais se considerou que o princípio da insignificância é fator de descaracterização da tipicidade penal. A Sexta Turma Recursal de Lages-SC denegou a ordem com o fundamento de que "o princípio da insignificância não se presta a afastar a tipicidade da infração penal e, sim, para atribuir exame valorativo do grau de lesividade da conduta" e que "este exame não pode ser feito no sumaríssimo procedimento de *habeas corpus*, no qual não se sopesa as provas até então colhidas" (fl. 57). O recorrente pede a concessão da medida liminar para que o curso da ação penal seja sobrestado até o julgamento final do recurso. Decido. Em exame sumário da controvérsia, constato a presença dos requisitos legais para a concessão da medida liminar. O art. 50 da Lei n° 9.605/98 prevê pena de detenção, de três meses a um ano, e multa, para quem "destruir ou danificar florestas nativas ou plantadas ou vegetação fixadora de dunas, protetora de mangues, objeto de especial preservação". Como se pode constatar, a norma penal protege o valor fundamental do meio ambiente ecologicamente equilibrado, bem de uso comum do povo e essencial à sadia qualidade de vida, assegurado pelo art. 225 da Constituição da República. A finalidade do Direito Penal é justamente conferir uma proteção reforçada aos valores fundamentais compartilhados culturalmente pela sociedade. Além dos valores clássicos, como a vida, liberdade, integridade física, a honra e imagem, o patrimônio etc., o Direito Penal, a partir de meados do século XX, passou a cuidar também do meio ambiente, que ascendeu paulatinamente ao posto de valor supremo das sociedades contemporâneas, passando a compor o rol de direitos fundamentais ditos de 3a geração incorporados nos textos constitucionais dos Estados Democráticos de Direito. Parece certo, por outro lado, que essa proteção pela via do Direito Penal justifica-se apenas em face de danos efetivos ou potenciais ao valor fundamental do meio ambiente; ou seja, a conduta somente pode ser tida como criminosa quando degrade ou no mínimo traga algum risco de degradação do equilíbrio ecológico das espécies e dos ecossistemas. Fora dessas hipóteses, o fato não deixa de ser relevante para o Direito. Porém, a responsabilização da conduta será objeto do Direito Administrativo ou do Direito Civil. O Direito Penal atua, especialmente no âmbito da proteção do meio ambiente, como ultima ratio, tendo caráter subsidiário em relação à responsabilização civil e administrativa de condutas ilegais. Esse é o sentido de um Direito Penal mínimo, que se preocupa apenas com os fatos que representam graves e reais lesões a bens e valores fundamentais da comunidade. No caso em questão, o recorrente, segundo consta do Termo Circunstanciado de Ocorrência Ambiental n° 59/ 5o PEL/CPMPA/2005 (fls. 17-21), "é responsável pelo corte seletivo de 2 (duas) árvores da espécie nativa Pinheiro brasileiro (Araucária angustifolia), em sua propriedade, sem autorização ou licença dos Órgãos Licenciadores competentes, federal e estadual, Instituto Brasileiro do Meio Ambiente e dos Recursos Naturais Renováveis-IBAMA e Fundação do Meio Ambiente - FATMA, respectivamente; ou seja, desprovido de Plano de Corte Seletivo ou Autorização para Corte de Vegetação". Consta também do referido termo que o recorrente "assume total responsabilidade da execução do corte das árvores nativas, que determinou aos seus funcionários o corte dos pinheiros, para limpar e dar lugar no terreno para cultivo de milho e soja, conforme o Termo de Declaração acostado aos autos (...)". As circunstâncias do caso concreto levam-me a crer, neste primeiro contato com os autos, que o corte de dois pinheiros, de um conjunto de 7 outras árvores da mesma espécie, presentes no meio de uma lavoura de soja e milho e que, portanto, que não chegam a compor uma "floresta" (elemento normativo do tipo), não constitui fato relevante para o Direito Penal. Não há, em princípio, degradação ou risco de degradação de toda a flora que compõe o ecossistema local, objeto de especial preservação, o que torna ilegítima a intervenção do Poder Público por meio do Direito Penal. No caso, portanto, há que se realizar um juízo de ponderação entre o dano causado pelo agente e a pena que lhe será imposta como conseqüência da intervenção penal do Estado. A análise da questão, tendo em vista o princípio da proporcionalidade, pode justificar, dessa forma, a ilegitimidade da intervenção estatal por meio do processo penal. A jurisprudência desta Corte tem sido no sentido de que a insignificância da infração penal, que tenha o condão de descaracterizar materialmente o tipo, impõe o trancamento da ação penal por falta de justa causa (HC n° 84.412, Rel. Min. Celso de Mello, DJ 19.11.2004; HC n° 83.526, Rel. Min. Joaquim Barbosa, DJ 7.5.2004). Ante o exposto, estando presente a plausibilidade jurídica do pedido e verificada a urgência da pretensão cautelar, ressalvado melhor juízo quando do julgamento do mérito, defiro o pedido de medida liminar para suspender o curso da ação penal instaurada contra o recorrente, em trâmite na Vara Única da Comarca de Santa Cecília-SC, até o julgamento final do presente recurso de habeas corpus. Comunique-se, com urgência. Publique-se. Dê-se vista dos autos à Procuradoria-Geral da República (RHC-88880).

3. NEXO DE CAUSALIDADE

STF - Supremo Tribunal Federal

Informativo 660 (06.04.2012)

DANO AMBIENTAL E NEXO DE CAUSALIDADE. Em conclusão de julgamento, a 2ª Turma, por maioria, deferiu habeas corpus para determinar o trancamento de ação penal ajuizada contra proprietário de área localizada em parque estadual, denunciado por crime contra o meio ambiente. Na espécie, conforme escritura de compra e venda, o paciente adquirira gleba de terra na região e, no contrato estaria previsto o direito de os proprietários anteriores procederem à colheita do que fora por eles plantado. Ao verificar desmatamento naquela área de plantio, a fiscalização ambiental lavrara boletins de ocorrência que culminaram em ação civil pública contra o paciente pelos crimes dos artigos 38, 39, 40 e 48 da Lei 9.605/98 (Lei de Crimes Ambientais). No STJ, reconhecera-se excesso acusatório com parcial concessão da ordem e delimitara-se a imputação ao crime do art. 40 da Lei 9.605/98. Ressaltou-se não ser possível que intervenções legislativas apanhassem realidades constituídas e as transformassem em práticas ilícitas. Asseverou-se que: a) o mencionado parque ambiental fora criado em data posterior à aquisição da propriedade; b) o plantio de mandioca seria preexistente à aquisição da propriedade; c) o paciente substituíra o mandiocal por gramíneas; d) o dano não adviera do plantio de gramíneas, mas da supressão da vegetação para o plantio daqueles tubérculos; e e) a área em questão seria pouco significativa. Destacou-se que, por restringir-se a imputação ao delito de dano, não se verificaria nexo de causalidade entre a conduta imputada ao paciente e o malefício ambiental por ele supostamente causado. Frisou-se que o laudo técnico apontara para a regeneração natural da área, com indicação de medidas simples para o afastamento do dano, que poderiam ser obtidas pelas vias administrativas e cíveis. Reajustou o voto o Min. Ayres Britto, relator. Vencida a Min. Ellen Gracie, que denegava a ordem (HC-95154).

4. CRIME PERMANENTE

STF - Supremo Tribunal Federal

Informativos 332 (05.12.2003) e 336 (13.02.2004)

RECURSO ORDINÁRIO EM HABEAS CORPUS. TRANCAMENTO DA AÇÃO PENAL. VIOLAÇÃO AO PRINCÍPIO DA LEGALIDADE. INEXISTÊNCIA. CRIME PERMANENTE VERSUS CRIME INSTANTÂNEO DE EFEITOS PERMANENTES. SÚMULA 711. PRESCRIÇÃO DA PRETENSÃO PUNITIVA. INOCORRÊNCIA. RECURSO DESPROVIDO. 1.

A conduta imputada ao paciente é a de impedir o nascimento de nova vegetação (art. 48 da Lei 9.605/1998), e não a de meramente destruir a flora em local de preservação ambiental (art. 38 da Lei Ambiental). A consumação não se dá instantaneamente, mas, ao contrário, se protrai no tempo, pois o bem jurídico tutelado é violado de forma contínua e duradoura, renovando-se, a cada momento, a consumação do delito. Trata-se, portanto, de crime permanente. 2. Não houve violação ao princípio da legalidade ou tipicidade, pois a conduta do paciente já era prevista como crime pelo Código Florestal, anterior à Lei n° 9.605/98. Houve, apenas, uma sucessão de leis no tempo, perfeitamente legítima, nos termos da Súmula 711 do Supremo Tribunal Federal. 3. Tratando-se de crime permanente, o lapso prescricional somente começa a fluir a partir do momento em que cessa a permanência. Prescição não consumada. 4. Recurso desprovido (RHC-83437).

STJ - Superior Tribunal de Justiça

Informativo 447 - 17.09.2010

CRIME PERMANENTE. MEIO AMBIENTE. TIPICIDADE. O ato do paciente de impedir a regeneração natural de flora ao cercar e construir duas quadras esportivas em área pública estendeu-se no tempo, sendo constantemente violado o bem jurídico tutelado (meio ambiente). Assim, ainda que a vegetação tenha sido retirada quando a área não era considerada de preservação ambiental e antes da vigência da Lei do Meio Ambiente, a conduta acima descrita é típica (art. 48 da Lei n. 9.605/1998). Houve prorrogação do momento consumativo, pois o paciente poderia fazer cessar sua atividade delitiva, bastando retirar a cerca que anexa seu terreno à área pública de preservação permanente invadida quando foi notificado para tanto, e assim não o fez. Logo, a conduta narrada caracteriza-se como crime permanente, em que não é possível precisar o início da atividade delituosa, bastando apenas provar, a qualquer momento, que a conduta persiste. Assim, o lapso prescricional somente começa a fluir do momento em que cessa a permanência. Desse modo, a Turma denegou a ordem (HC 116.088-DF, Rel. Min. Laurita Vaz, julgado em 16/9/2010).

5. DENÚNCIA SOBRE OS MESMOS FATOS E CONSTRANGIMENTO ILEGAL

STJ - Superior Tribunal de Justiça

Informativo 472 - 13.05.2011

CRIME CONTRA FLORA. INDICIAMENTO POSTERIOR. DENÚNCIA. O paciente foi denunciado como incurso nas penas do art. 38 da Lei n. 9.605/1998 por ter danificado área de floresta em formação considerada de preservação permanente, fatos supostamente ocorridos em 2/10/2007. No habeas corpus, o impetrante/paciente busca que seja determinada a revogação do seu indiciamento formal após já ter sido oferecida a denúncia sobre os mesmos fatos. Registra o Min. Relator que, por ocasião da impetração do writ (no STJ) ainda não havia julgamento do HC originário impetrado no tribunal de origem; somente depois sobreveio o acórdão denegando a ordem, motivo pelo qual examina esse habeas corpus como substitutivo de recurso ordinário. Observa ser cediço que este Superior Tribunal, em reiterados julgados, vem afirmando seu posicionamento jurisprudencial de que caracteriza constrangimento ilegal o formal indiciamento do paciente que já teve contra si oferecida denúncia, como no caso, inclusive esta já foi recebida pelo juízo a quo. Diante do exposto, a Turma concedeu a ordem. HC 179.951-SP, Rel. Min. Gilson Dipp, julgado em 10/5/2011 (ver Informativo n. 471).

6. CRIME CONTRA O MEIO AMBIENTE X INFRAÇÃO ADMINISTRATIVA

STJ - Superior Tribunal de Justiça

Informativo 389 - 03.04.2009

INFRAÇÃO ADMINISTRATIVA AMBIENTAL. PRINCÍPIO. LEGALIDADE. Consta que foi lavrado, em desfavor do recorrido, auto de infração fundado no art. 46 da Lei n. 9.605/1998, em razão de ele ter recebido vários metros cúbicos de madeira serrada em pranchas desacompanhadas da licença expedida pelo órgão ambiental competente. O acórdão recorrido concluiu que esse artigo tipifica crime cometido contra o meio ambiente, e não infração administrativa.

Desse modo, apenas o juiz criminal, em regular processo penal, poderia impor as penalidades previstas naquele dispositivo legal. Diante disso, é certo afirmar que a aplicação de sanção administrativa (exercício do poder de polícia) somente se torna legítima, em respeito ao princípio da legalidade, quando o ato praticado estiver definido em lei como infração administrativa. Porém, conquanto se refira a tipo penal, a norma em comento, combinada com o disposto no art. 70 da referida lei, o qual define a infração administrativa ambiental, confere toda a sustentação legal necessária à imposição da pena administrativa, sem dar azo à violação do princípio da legalidade estrita (REsp 1.091.486-RO, Rel. Min. Denise Arruda, julgado em 2/4/2009).

7. DANO À UNIDADES DE CONSERVAÇÃO

STF - Supremo Tribunal Federal

Informativos 489 (23.11.2007) e 496 (29.02.2008)

HABEAS CORPUS. CRIMES CONTRA O MEIO AMBIENTE (LEI Nº 9.605/98) E DE LOTEAMENTO CLANDESTINO (LEI Nº 6.766/79). INÉPCIA FORMAL DA DENÚNCIA. TIPICIDADE DA CONDUTA CRIMINOSA INSCRITA NO ARTIGO 40 DA LEI Nº 9.605/98. CARACTERIZAÇÃO DA ÁREA DEGRADADA COMO "UNIDADE DE CONSERVAÇÃO". REEXAME DE PROVAS. AUTO-APLICABILIDADE DO ARTIGO 40 DA LEI Nº 9.605/98. DOSIMETRIA DA PENA. QUESTÃO NÃO APRECIADA NO ACÓRDÃO IMPUGNADO. SUPRESSÃO DE INSTÂNCIA. PRECEDENTES. 1. Não se reputa inepta a denúncia que preenche os requisitos formais do artigo 41 do Código de Processo Penal e indica minuciosamente as condutas criminosas em tese praticadas pelo paciente, permitindo, assim, o exercício do direito de ampla defesa. 2. A declaração de atipicidade da conduta capitulada no artigo 40 da Lei nº 9.605/98, sob a alegação de que a área degradada não seria uma "unidade de conservação" demandaria reexame de provas, o que não se admite no rito estreito do habeas corpus. 3. De outra parte, não é possível subordinar a vigência do dispositivo legal em referência à edição da Lei nº 9.985/2000 ou do Decreto nº 4.340/02. O artigo 40 da Lei nº 9.605/98, independentemente das alterações inseridas pela Lei nº 9.985/2000 ou da regulamentação trazida pelo Decreto nº 4.340/02, possuía, já em sua redação original, densidade normativa suficiente para permitir a sua aplicação imediata, sendo certo que essas alterações não implicaram abolitio criminis em nenhuma medida. 4. A dosimetria da pena cominada para o crime de loteamento clandestino não merece reparo. A exasperação da reprimenda para além do mínimo legal está lastreada em elementos diversos daqueles que já compõem o tipo penal em referência e plenamente compatíveis com a espécie. 5. No caso concreto, não cabe apreciar os alegados vícios na dosimetria da pena cominada pela prática do crime ambiental porque o acórdão impugnado, do Superior Tribunal de Justiça, não enfrentou essa questão, nem constam dos autos elementos que permitam aferir que ela foi submetida àquela Corte. O exame do tema, neste ensejo, configuraria supressão de instância não autorizada. 6. Habeas corpus conhecido em parte e, nessa parte, denegado (HC-89.735).

8. IMPEDIR OU DIFICULTAR A REGENERAÇÃO DE FLORESTAS

STJ - Superior Tribunal de Justiça

Informativo 570 - 14.10.2015

DIREITO PENAL E AMBIENTAL. CONFIGURAÇÃO DO CRIME DO ART. 48 DA LEI 9.605/1998. A tipificação da conduta descrita no art. 48 da Lei 9.605/1998 prescinde de a área ser de preservação permanente. Isso porque o referido tipo penal descreve como conduta criminosa o simples fato de "impedir ou dificultar a regeneração natural de florestas e demais formas de vegetação". AgRg no REsp 1.498.059-RS, Rel. Min. Leopoldo de Arruda Raposo (Desembargador Convocado do TJ/PE), julgado em 17/9/2015, DJe 1º/10/2015.

9. DESTOCA

STJ - Superior Tribunal de Justiça

Informativo 251 - 17.06.2005

CRIME AMBIENTAL. DESTOCA. PASTAGEM. O ato de o proprietário rural promover destoca com o objetivo de limpar a área de pastagem em sua fazenda é incompatível com o tipo do art. 38 da Lei n. 9.605/1998 (RHC 16.651-MG, Rel. Min. Hamilton Carvalhido, julgado em 14/6/2005).

10. CONSTRUÇÃO DE CASEBRE

STJ - Superior Tribunal de Justiça

Informativo 471 - 06.05.2011

DANO AMBIENTAL. CASEBRE. O paciente foi condenado pela prática do crime previsto no art. 40 da Lei n. 9.605/1998, pois em 1996 invadiu área de preservação ambiental e construiu uma moradia de madeirite de 22 m^2, depois convertida em outra, de barro. Nesse contexto, vê-se que o dano não deriva da construção da casa, mas sim da retirada da vegetação ali existente, ou seja, quando da construção, o dano já ocorrera, além do fato de que não havia a norma incriminadora à época. A reforma da casa nada acrescenta ao dano ambiental, visto não se poder dizer que o barro utilizado na obra consubstanciasse nova infração, pois isso não está na denúncia. Outrossim, a afirmativa feita pelo MP de que os danos também decorrem da permanência ilegal na área não se relacionam com o referido tipo penal, mas sim com a ocupação de área pública. Anote-se, também, que o depoimento do paciente nos autos bem mostra que não se cuida de dolo necessário ao tipo do art. 40 da Lei n. 9.605/1998, mas sim que o dolo era o de construir moradia para si e para sua família, mesmo ciente de que a área não lhe pertencia: trata-se de caso de política ambiental, não de política criminal. Por último, ressalte-se que a área degradada é diminuta, menor do que a admitida no programa "Minha Casa, Minha Vida", que a dimensão do dano causado à vegetação perde relevância diante do direito de morar, garantido, no art. 6º da CF/1988, como direito fundamental e que o paciente, reconhecidamente, tem baixo grau de instrução ou escolaridade. Com esses fundamentos, a Turma concedeu a ordem para restaurar a sentença absolutória. HC 124.820-DF, Rel. Min. Celso Limongi (Desembargador convocado do TJ-SP), julgado em 5/5/2011.

11. EDIFICAÇÃO ÀS MARGENS DE LAGO

STJ - Superior Tribunal de Justiça

Informativo 418 - 04.12.2009

HC. CRIME AMBIENTAL. EDIFICAÇÃO. Sobre o paciente pesa a acusação da suposta prática dos crimes previstos no art. 40, caput, c/c o 40-A, § 1º, da Lei n. 9.605/1998 e no art. 20 da Lei n. 4.947/1966, pois teria ele ocupado, irregularmente, área às margens de um lago, além de ter realizado algumas edificações não permitidas. A defesa impetrou habeas corpus, buscando fosse reconhecida a extinção da punibilidade em decorrência da prescrição da pretensão punitiva, o que foi denegado pelo TJ. Neste writ, o defensor aduz que os atos imputados ao paciente foram praticados nos idos de 1997 e já foram alcançados pela prescrição da pretensão punitiva. Sustenta que a pena máxima abstrata seria de cinco anos, regulando-se a prescrição em 12 anos, mas tal prazo seria reduzido à metade por se tratar de pessoa septuagenária. Porém, o Min. Og Fernandes, Relator, entendeu que discutir se as edificações foram ou não, em toda sua extensão, construídas em período anterior a 1998 é matéria que inevitavelmente demanda a necessidade de amplo exame do acervo probatório, providência incompatível com a ação constitucional do habeas corpus. Ele ainda fez um cotejo entre a peça acusatória e trecho da inicial do processo movido na esfera cível, a partir do que se evidenciou a necessidade de se apurar a exata data em que todas as obras foram edificadas. É também pela indispensabilidade de se precisar a data do cometimento das infrações que, para o Min. Relator, não se pode apontar, de plano, a violação dos postulados constitucionais da anterioridade e da irretroatividade da norma penal. Daí a impossibilidade de extinguir a ação penal. Com base nesses fundamentos, a Turma, ao prosseguir o julgamento, por maioria, denegou a ordem (HC 114.913-DF, Rel. Min. Og Fernandes, julgado em 3/12/2009).

12. BOSQUEAMENTO

STJ - Superior Tribunal de Justiça

Informativo 288 - 16.06.2006

CRIME AMBIENTAL. BOSQUEAMENTO. CERCA. HC. SURSIS PROCESSUAL. O paciente foi denunciado pelo fato de ter suprimido parcialmente a vegetação nativa de área de unidade de conservação sem a devida licença (art. 40, § 1º, da Lei n. 9.605/1998). Havia realizado bosqueamento em perímetro diminuto daquela área com o fim de construir uma cerca. Sucede que, após aceitar a proposta de suspensão condicional do processo, impetrou habeas corpus, alegando a atipicidade da conduta. A ordem veio ao STJ, que não a conheceu pelo fato de haver a aceitação do sursis, porém o STF, em HC lá impetrado, ao afastar esse óbice, determinou que este Superior Tribunal apreciasse a ordem. Isso posto, a Turma, ao prosseguir o julgamento, entendeu trancar a ação penal, visto que, como asseverado pelo Min. Gilson Dipp em seu voto-vista, a legislação ambiental busca coibir as condutas que sejam capazes de lesar, efetivamente, o ecossistema, seja em razão das dimensões da área atingida seja do tipo de vegetação nela existente. Assim, não se pode, pela conduta do paciente, ter por violado o bem jurídico tutelado na norma. (HC 35.203-SP, Rel. Min. Laurita Vaz, julgado em 12/6/2006).

CAPÍTULO 4 - POLUIÇÃO E OUTROS CRIMES AMBIENTAIS

1. PRESCRIÇÃO

STF - Supremo Tribunal Federal

Informativo 758 (12.09.2014) e 763 (17.10.2014)

CRIME SOCIETÁRIO E RECEBIMENTO DA DENÚNCIA. A 2ª Turma recebeu, em parte, denúncia oferecida contra deputado federal pela suposta prática dos crimes previstos no art. 55 da Lei 9.605/1998 ("Executar pesquisa, lavra ou extração de recursos minerais sem a competente autorização, permissão, concessão ou licença, ou em desacordo com a obtida") e no art. 2º da Lei 8.176/1991 ("Constitui crime contra o patrimônio, na modalidade de usurpação, produzir bens ou explorar matéria-prima pertencentes à União, sem autorização legal ou em desacordo com as obrigações impostas pelo título autorizativo"). A defesa alegava que não seria possível responsabilizar o ora denunciado pela prática dos fatos que lhe foram imputados, pois seriam de responsabilidade da pessoa jurídica da qual proprietário. Aduzia que esse argumento seria corroborado por decisão proferida pelo juízo que o havia excluído do polo passivo de ação civil pública. A Turma, de início, ao resolver questão de ordem suscitada pela Ministra Cármen Lúcia (relatora), não acolheu pedido formulado pela defesa no sentido de que fosse adiado o julgamento. Ponderou que o processo estaria pautado há 15 dias, devidamente aparelhado para julgamento. Mencionou que o anterior defensor do denunciado, cinco dias após o feito entrar em pauta, renunciara aos poderes a ele outorgados. Porém, somente na véspera do julgamento fora juntado novo mandato, com o referido pedido de adiamento. Na sequência, em questão preliminar, a Turma rejeitou a denúncia, nos termos do art. 395, II, do CPP ("Art. 395. A denúncia ou queixa será rejeitada quando: ... II – faltar pressuposto processual ou condição para o exercício da ação penal"), no tocante ao delito previsto no art. 55 da Lei 9.605/1998, em razão da prescrição da pretensão punitiva estatal. Com relação ao crime previsto no art. 2º da Lei 8.176/1991, o Colegiado recebeu a denúncia. Consignou, primeiramente, que a jurisprudência do STF seria no sentido de que, mesmo em relação aos delitos societários, a denúncia deveria conter, ainda que minimamente, a descrição individualizada da conduta supostamente praticada pela pessoa física dela integrante. Acrescentou que seria suficiente, para a aptidão da denúncia por crimes societários, a indicação, na peça acusatória, de que a pessoa física denunciada tivesse participação na gestão da pessoa jurídica, e que não fosse infirmada, de plano, pelo ato constitutivo desta última, a responsabilidade daquela na condução da sociedade. Asseverou que, no caso, o poder de gestão e a titularidade da empresa seriam ambos do denunciado. Apontou, ademais, que a exclusão do acusado do polo passivo de ação civil pública não seria motivo para obstar a "persecutio criminis in iudicio". Destacou que haveria uma independência relativa entre os juízos cível, criminal e administrativo. Dessa forma, o quanto decidido no juízo cível não seria suficiente para obstar, nesta fase, o recebimento da denúncia (Inq-3.644).

STJ - Superior Tribunal de Justiça

Informativo 667 - 07.04.2020

POLUIÇÃO AMBIENTAL QUALIFICADA. ARTIGOS 54 § 1º, I, II, III E IV E § 3º E 56, § 1º, I E II, C/C 58, I, DA LEI N. 9.605/1998. ENVIO E ARMAZENAMENTO DE RESÍDUOS TÓXICOS. PROVIDÊNCIAS PARA REPARAÇÃO DO DANO CAUSADO. NÃO EFETIVAÇÃO. NATUREZA PERMANENTE DA CONDUTA. NÃO CESSAÇÃO DA ATIVIDADE. IMPOSSIBILIDADE DE AFERIÇÃO DA PRESCRIÇÃO. As condutas delituosas previstas nos artigos 54, § 1º, I, II, III e IV e § 3º e 56, § 1º, I e II, c/c 58, I, da Lei n. 9.605/1998, que se resumem na ação de causar poluição ambiental que provoque danos à população e ao próprio ambiente, em desacordo com as exigências estabelecidas na legislação de proteção, e na omissão em adotar medidas de precaução nos casos de risco de dano grave ou irreversível ao ecossistema, são de natureza permanente, para fins de aferição da prescrição. (AgRg no REsp 1.847.097-PA, Rel. Min. Joel Ilan Paciornik, Quinta Turma, por unanimidade, julgado em 05/03/2020, DJe 13/03/2020).

2. PESSOA JURÍDICA DE DIREITO PRIVADO

STJ - Superior Tribunal de Justiça

Informativo 249 - 03.06.2005

PESSOA JURÍDICA. CONDENAÇÃO. CRIME CONTRA MEIO-AMBIENTE. Na hipótese, a pessoa jurídica de direito privado juntamente com dois administradores foram denunciados pelo MP em razão do crime ambiental por causar poluição em leito de um rio por meio de lançamento de resíduos de graxas, óleo, produtos químicos, areia e lodo resultante da atividade do estabelecimento comercial (art. 54, § 2º, V, e art. 60 da Lei n. 9.605/1998 – Lei Ambiental). Note-se que o tema é controverso na doutrina e na jurisprudência. O juiz monocrático rejeitou a denúncia em relação à empresa, ao entendimento de que a pessoa jurídica não poderia figurar no pólo passivo da ação penal com base no art. 43, III, do CPP, mas a recebeu em relação aos dois administradores. Já o Tribunal a quo entendeu que o instituto da responsabilidade penal da pessoa jurídica não poderia ser introduzido no sistema jurídico brasileiro, o que não significa deixar de haver punição, mas esta deveria ser de natureza administrativa e civil, não penal. A Turma proveu o recurso do MP, para determinar o recebimento da denúncia também em relação à microempresa. O Min. Relator destacou que, apesar de alguns obstáculos a serem superados, a responsabilidade penal da pessoa jurídica é um preceito constitucional, não apenas como punição da conduta lesiva, mas como forma de prevenção. Após essa opção constitucional, veio regulamentá-la a referida lei ambiental prevendo a penalização das pessoas jurídicas por danos ao meio ambiente. Essa lei previu para as pessoas jurídicas penas autônomas de multa, de prestação de serviços à comunidade, restritivas de direito, liquidação forçada e desconsideração da pessoa jurídica, todas adaptadas a sua natureza jurídica. Outrossim, a forma pela qual a pessoa jurídica é capaz de realizar a ação com relevância penal depende da atuação de seus administradores, se a realizaram em proveito próprio ou da empresa. A atuação em nome e proveito da pessoa jurídica significa sua vontade. A citada lei ambiental, no parágrafo único do art. 3º, prevê que todos os envolvidos na prática delituosa serão responsabilizados na medida de sua culpabilidade. Em tese, são as pessoas jurídicas as maiores responsáveis pelos danos ao meio ambiente por meio de sua atividade de exploração comercial ou industrial (REsp 564.960-SC, Rel. Min. Gilson Dipp, julgado em 2/6/2005).

3. ATIPICIDADE

STJ - Superior Tribunal de Justiça

Informativo 455 - 12.11.2010

CRIME AMBIENTAL. PREFEITO. ALTERIDADE. A Turma concedeu a ordem de habeas corpus para trancar a ação penal instaurada em desfavor de ex-prefeito denunciado pela suposta prática do crime de poluição ambiental (art. 54, § 3º, da Lei n. 9.605/1998). In casu, o tribunal a quo consignou que a autoridade emissora da medida de controle ambiental descumprida seria o próprio paciente, a quem, na condição de representante máximo do município, caberia tomar providências para fazer cessar o dano e recuperar a área atingida. Contudo, segundo a Min. Relatora, essa conclusão conduz ao entendimento de que o acusado seria, ao mesmo tempo, o agente e o sujeito passivo mediato do delito, o que contraria característica inerente ao direito penal moderno consubstanciada na alteridade e na necessidade de intersubjetividade nas relações penalmente relevantes. Com essas considerações, reconheceu a atipicidade da conduta por ausência de elementar do tipo (HC 81.175-SC, Rel. Min. Maria Thereza de Assis Moura, julgado em 9/11/2010).

4. CRIME FORMAL

STJ - Superior Tribunal de Justiça

Informativo 624 - 18.05.2018

CRIME DO ART. 54 DA LEI N. 9.605/1998. NATUREZA FORMAL DO DELITO. REALIZAÇÃO DE PERÍCIA. DESNECESSIDADE. POTENCIALIDADE DE DANO À SAÚDE. O delito previsto na primeira parte do artigo 54 da Lei n. 9.605/1998 possui natureza formal, sendo suficiente a potencialidade de dano à saúde humana para configuração da conduta delitiva (EREsp 1.417.279-SC, Rel. Min. Joel Ilan Paciornik, por unanimidade, julgado em 11/04/2018, DJe 20/04/2018).

5. ABSORÇÃO DE CRIMES

STJ - Superior Tribunal de Justiça

Informativo 239 - 18.03.2005

ART. 55 LEI N. 9.605/1998. ART. 2º LEI N. 8.176/1991. INOCORRÊNCIA. ABSORÇÃO. A Turma negou provimento ao recurso por entender que o art. 2º da Lei n. 8.176/1991 considera conduta criminosa o fato de explorar matéria-prima pertencente à União sem prévia autorização legal, caracterizando crime contra o patrimônio público. Por sua vez, o art. 55 da Lei n. 9.605/1998 descreve crime contra o meio ambiente. Assim, não há duas normas que representariam o mesmo fato, como alegou o recorrente (RHC 15.200-SP, Rel. Min. Hélio Quaglia Barbosa, julgado em 15/3/2005).

6. CRIME DE PERIGO ABSTRATO

STJ - Superior Tribunal de Justiça

Informativo 613 - 08.11.2017

CRIME AMBIENTAL. TRANSPORTE DE PRODUTOS TÓXICOS, NOCIVOS OU PERIGOSOS. ART. 56, CAPUT, DA LEI N. 9.605/1998. RESOLUÇÃO DA ANTT N. 420/2004. CRIME DE PERIGO ABSTRATO. PERÍCIA. PRESCINDIBILIDADE. O crime previsto no art. 56, caput da Lei n. 9.605/1998 é de perigo abstrato, sendo dispensável a produção de prova pericial para atestar a nocividade ou a periculosidade dos produtos transportados, bastando que estes estejam elencados na Resolução n. 420/2004 da ANTT (REsp 1.439.150-RS, Rel. Min. Rogério Schietti Cruz, por unanimidade, julgado em 05/10/2017, DJe 16/10/2017).

7. NECESSIDADE DE PROVA

STJ - Superior Tribunal de Justiça

Informativo 571 - 27.10.2015

DIREITO AMBIENTAL, PENAL E PROCESSUAL PENAL. PROVA DO CRIME DO ART. 54 DA LEI 9.605/1998. É imprescindível a realização de perícia oficial para comprovar a prática do crime previsto no art. 54 da Lei 9.605/1998. O tipo penal do art. 54 da Lei 9.605/1998 ("Causar poluição de qualquer natureza em níveis tais que resultem ou possam resultar em danos à saúde humana, ou que provoquem a mortandade de animais ou a destruição significativa da flora") divide-se em duas modalidades: de perigo ("possa resultar em dano à saúde humana") e de dano ("resulte em dano à saúde humana" ou "provoque a mortandade de animais ou a destruição significativa da flora"). Mesmo na parte em que se tutela o crime de perigo, faz-se imprescindível a prova do risco de dano à saúde. Isso porque, para a caracterização do delito, não basta ficar caracterizada a ação de poluir; é necessário que a poluição seja capaz de causar danos à saúde humana (HC 54.536, Quinta Turma, DJ 1º/8/2006; e RHC 17.429, Quinta Turma, DJ 1º/8/2005), e não há como verificar se tal condição se encontra presente sem prova técnica (REsp 1.417.279-SC, Rel. Min. Sebastião Reis Júnior, julgado em 22/9/2015, DJe 15/10/2015).

8. *MUTATIO LIBELI* X *EMENDATIO LIBELI*

STJ - Superior Tribunal de Justiça

Informativo 359 - 13.08.2008

LAVRA NÃO AUTORIZADA. USURPAÇÃO. MATÉRIA-PRIMA. O paciente retirava ilegalmente carvão do subsolo mediante uso de dinamite e esteiras rolantes. Em razão disso, foi denunciado por lavra não autorizada (art. 55 da Lei n. 9.605/1998), crime contra o meio ambiente, além da desobediência (art. 330 do CP). Sucede que, ao fundamento de ser cabível o disposto no art. 383 do CPP (*emendatio libeli*), viu-se condenado também por usurpação de matéria-prima (art. 2º da Lei n. 8.176/1991), crime contra o patrimônio público, de pena mais grave. Nesse panorama, vê-se que não se fez, propriamente, a dação ao fato de uma definição jurídica diversa, mas, sim, acrescentou-se à acusação novo fato, o que leva a outra definição jurídica. Assim, aqui se está diante não de, simplesmente, emendatio, mas de um caso de mutatio libeli sem que se observasse o disposto no art. 384 do CPP (sem o aditamento da denúncia ou a prévia audiência da defesa), o que gera, sem dúvida, a nulidade do processo. Anote-se, por último, que as figuras típicas acima elencadas não se confundem, tal como apregoado pela jurisprudência do STJ (HC 98.328-SC, Rel. Min. Nilson Naves, julgado em 10/6/2008).

9. *SURSIS* SOB CONDIÇÃO VEXATÓRIA

STJ - Superior Tribunal de Justiça

Informativo 236 - 25.02.2005

SURSIS PROCESSUAL. CRIME AMBIENTAL. CONDIÇÃO VEXATÓRIA. Denunciado por crime ambiental (art. 54, caput, da Lei n. 9.605/1998), o paciente insurge-se contra a proposta de suspensão condicional do processo, na qual o Parquet incluiu cláusula, dentre outras, que o obrigava a veicular, em outdoors, que colaborava para a redução da poluição sonora, inclusive apondo seu próprio nome. Isso posto, a Turma entendeu que as condições previstas no art. 89 da Lei n. 9.099/1995 para a concessão do sursis podem ser aplicadas em caso de prática de crime ambiental, visto que só se afastam as condições previstas no art. 89, § 1º, II, III e IV, daquela lei, durante a prorrogação do período de prova (art. 28, III, da Lei n. 9.605/1998). Assim firmou que aquela condição em questão revela-se inconstitucional, pois expõe o paciente publicamente, submetendo-o à condição vexatória, em ofensa clara ao princípio da dignidade humana (art. 1º, III, da CF/1988) e, dessa forma, deve ser declarada nula (HC 39.576-BA, Rel. Min. Hélio Quaglia Barbosa, julgado em 24/2/2005).

10. EXPLORAÇÃO DE AREIA E AUSÊNCIA DE LICENÇA DO DNPM

STJ - Superior Tribunal de Justiça

Informativo 466 - 18.03.2011

INDENIZAÇÃO. ATIVIDADE ILÍCITA. LICENÇA. DNPM. A Turma, entre outras questões, entendeu que a ausência de autorização do Departamento Nacional de Produção Mineral (DNPM) para a atividade de exploração de areia e seixo não constitui apenas uma irregularidade administrativa passível de futura conformação, mas uma ilicitude (art. 55 da Lei n. 9.605/1998), sendo proibida sua realização sem a devida permissão, concessão ou licença. A referida atividade realizada indevidamente acarreta sanções tanto administrativas como penais, logo não cabe indenização decorrente da desativação das atividades extrativas minerais dos recorridos em razão de construção de reservatório de usina hidrelétrica. Assim, a Turma deu provimento ao recurso (REsp 1.188.683-TO, Rel. Min. Luis Felipe Salomão, julgado em 15/3/2011).

11. EXPLORAÇÃO DE ARGILA SEM LICENÇA

STJ - Superior Tribunal de Justiça

Informativo 286 - 26.05.2006

MEIO AMBIENTE. PATRIMÔNIO PÚBLICO. USURPAÇÃO. Constitui crime contra o meio ambiente e contra o patrimônio da União (art. 55 da Lei n. 9.605/1998 e art. 2º da Lei n. 8.176/1991) a extração e exportação mercantil, sem autorização ou licença da Administração Pública, de recurso mineral (argila), a ensejar a regra do concurso formal entre os delitos (REsp 815.071-BA, Rel. Min. Gilson Dipp, julgado em 23/5/2006).

CAPÍTULO 5 - CRIMES CONTRA O ORDENAMENTO URBANO E PATRIMÔNIO CULTURAL

1. PRINCÍPIO DA CONSUNÇÃO

STJ - Superior Tribunal de Justiça

Informativo 597 - 15.03.2017

CRIME AMBIENTAL. CONFLITO APARENTE DE NORMAS. ARTS. 48 E 64 DA LEI N. 9.605/1998. CONSUNÇÃO. ABSORVIDO O CRIME MEIO DE DESTRUIR FLORESTA E O PÓS-FATO IMPUNÍVEL DE IMPEDIR SUA REGENERAÇÃO. CRIME ÚNICO DE CONSTRUIR EM LOCAL NÃO EDIFICÁVEL. O crime de edificação proibida (art. 64 da Lei n. 9.605/1998) absorve o crime de destruição de vegetação (art. 48 da mesma lei) quando a conduta do agente se realiza com o único intento de construir em local não edificável (REsp 1.639.723-PR, Rel. Min. Nefi Cordeiro, por maioria, julgado em 7/2/2017, DJe 16/2/2017).

2. SÍTIO ARQUEOLÓGICO

STJ - Superior Tribunal de Justiça

Informativo 481 - 26.08.2011

CRIME AMBIENTAL. SÍTIO ARQUEOLÓGICO. Narra a denúncia que o paciente teria adquirido terreno no intuito de iniciar uma incorporação imobiliária, tendo, posteriormente, descoberto que o terreno era protegido por registro, pois se tratava de um sítio arqueológico (art. 27 da Lei n. 3.924/1961). Diante da falta de recursos, vendeu o imóvel a uma incorporadora, também do ramo da construção civil, omitindo, para tanto, a informação sobre a existência do sítio arqueológico, além de ter fornecido aos adquirentes projeto de empreendimento imobiliário que, depois de implementado, resultou na destruição da área ambientalmente protegida, sendo denunciado como incurso nas sanções do art. 62, I, da Lei n. 9.605/1998. O Min. Relator asseverou que tal conduta não é suficiente para configurar o referido crime, que pressupõe a prática de uma das três ações descritas no tipo penal, quais sejam: destruir, inutilizar ou deteriorar bem especialmente protegido por lei, ato administrativo ou decisão judicial. Mesmo que se pudesse considerar o comportamento omisso do paciente como a caracterizar o delito ambiental analisado, há que ter presente que sua conduta foi irrelevante para a consecução do resultado. A conduta de não comunicar aos novos proprietários a existência de área de proteção ambiental poderia, em tese, configurar crime omissivo impróprio ou comissivo por omissão, no qual o agente só pode ser punido se ostentar posição de garante, conforme dispõe o art. 13, § 2º, do CP. Contudo, no caso, o paciente não tinha por lei obrigação de cuidado, proteção ou vigilância, tampouco assumiu a responsabilidade de impedir o resultado, de modo que só poderia ser incriminado se, com seu comportamento, houvesse criado o risco da ocorrência da lesão. Daí, a Turma concedeu a ordem para trancar a ação penal (HC 134.409-SP, Rel. Min. Jorge Mussi, julgado em 16/8/2011).

CAPÍTULO 6 - CONSTRANGIMENTO ILEGAL

STJ - Superior Tribunal de Justiça

Informativo 480 - 12.08.2011

COMANDANTE. NAVIO. OBSTÁCULO. FISCALIZAÇÃO. IBAMA. A Turma decidiu pela inexistência de constrangimento ilegal na deflagração da ação penal contra comandante de navio que impediu servidores do Ibama, por duas vezes, de subir a bordo e realizar o trabalho de fiscalização ambiental, sob a alegação de ser da competência da Capitania dos Portos a fiscalização das embarcações. No entendimento da maioria dos ministros da Turma, são atributos do ato administrativo a presunção de legitimidade, imperatividade, exigibilidade e executoriedade. Cabe a sua invalidação à Administração Pública ou ao Judiciário, portanto o particular deve obediência até que seja reconhecida a nulidade do ato impugnado (HC 189.885-RJ, Rel. para acórdão Min. Og Fernandes, julgado em 4/8/2011).

TÍTULO VIII

SÚMULAS AMBIENTAIS COMENTADAS DO STJ

1. STJ/SÚMULA 467

Prescreve em cinco anos, contados do término do processo administrativo, a pretensão da Administração Pública de promover a execução da multa por infração ambiental.

De acordo com a Lei 9.873/99, **prescreve em cinco anos a ação punitiva da Administração Pública Federal**, direta e indireta, no exercício do poder de polícia, objetivando apurar infração à legislação em vigor, contados da data da prática do ato ou, no caso de infração permanente ou continuada, do dia em que tiver cessado.

Essa lei geral de prescrição do *ius puniendi* administrativo federal incide sobre os órgãos e entidades federais diante da inexistência de regra específica sobre o tema na Lei 9.605/98.

Por outro lado, quando o fato objeto da ação punitiva da Administração também constituir **crime**, a prescrição reger-se-á pelo prazo previsto na lei penal, afastando-se o prazo quinquenal para uniformização o prazo prescricional na punição administrativa e criminal.

Ademais, incide a **prescrição intercorrente** no procedimento administrativo paralisado por mais de **três anos**, pendente de julgamento ou despacho, cujos autos serão arquivados de ofício ou mediante requerimento da parte interessada, sem prejuízo da apuração da responsabilidade funcional decorrente da paralisação, se for o caso.

Outrossim, interrompe-se a prescrição da ação punitiva:

> I – pela notificação ou citação do indiciado ou acusado, inclusive por meio de edital;
>
> II - por qualquer ato inequívoco, que importe apuração do fato;
>
> III - pela decisão condenatória recorrível.
>
> IV – por qualquer ato inequívoco que importe em manifestação expressa de tentativa de solução conciliatória no âmbito interno da administração pública federal.

No que tange à **prescrição da pretensão executória**, constituído definitivamente o crédito não tributário, após o término regular do processo administrativo, **prescreve em 5 (cinco) anos** a ação de execução da administração pública federal relativa a crédito decorrente da aplicação de multa por infração à legislação em vigor.

Interrompe-se o prazo prescricional da ação executória:

> I - pelo despacho do juiz que ordenar a citação em execução fiscal;
>
> II - pelo protesto judicial;
>
> III - por qualquer ato judicial que constitua em mora o devedor;
>
> IV - por qualquer ato inequívoco, ainda que extrajudicial, que importe em reconhecimento do débito pelo devedor;
>
> V - por qualquer ato inequívoco que importe em manifestação expressa de tentativa de solução conciliatória no âmbito interno da administração pública federal.

É certo que a Lei 9.873/99 não se aplica aos estados, Distrito Federal e municípios, pois apenas rege a prescrição administrativa na seara federal.

Nesse sentido, o STJ vem aplicando o prazo quinquenal de prescrição com lastro no Decreto 20.910/1932 (temas repetitivos decorrentes do REsp 1.115.078, de 24.03.2010):

Processo

REsp 1115078 / RS

RECURSO ESPECIAL

2009/0074342-0

Relator(a)

Ministro CASTRO MEIRA (1125)

Órgão Julgador

S1 - PRIMEIRA SEÇÃO

Data do Julgamento

24/03/2010

Data da Publicação/Fonte

DJe 06/04/2010

LEXSTJ vol. 248 p. 95

RSSTJ vol. 42 p. 538

Ementa

ADMINISTRATIVO. EXECUÇÃO FISCAL. MULTA ADMINISTRATIVA. INFRAÇÃO À LEGISLAÇÃO DO MEIO AMBIENTE. PRESCRIÇÃO. SUCESSÃO LEGISLATIVA. LEI 9.873/99. PRAZO DECADENCIAL. OBSERVÂNCIA. RECURSO ESPECIAL SUBMETIDO AO RITO DO ART. 543-C DO CPC E À RESOLUÇÃO STJ N.º 08/2008.

1. O Ibama lavrou auto de infração contra o recorrido, aplicando-lhe multa no valor de R$ 3.628,80 (três mil e seiscentos e vinte e oito reais e oitenta centavos), por contrariedade às regras de defesa do meio ambiente. O ato infracional foi cometido no ano de 2000 e, nesse mesmo ano, precisamente em 18.10.00, foi o crédito inscrito em Dívida Ativa, tendo sido a execução proposta em 21.5.07.

2. A questão debatida nos autos é, apenas em parte, coincidente com a veiculada no REsp 1.112.577/SP, também de minha relatoria e já julgado sob o regime do art. 543-C do CPC e da Resolução STJ n.º 08/2008. Neste caso particular, a multa foi aplicada pelo Ibama, entidade federal de fiscalização e controle do meio ambiente, sendo possível discutir a incidência da Lei 9.873, de 23 de novembro de 1999, com os acréscimos da Lei 11.941, de 27 de maio de 2009. **No outro processo anterior, a multa decorria do poder de polícia ambiental exercido por entidade vinculada ao Estado de São Paulo, em que não seria pertinente a discussão sobre essas duas leis federais.**

3. A jurisprudência desta Corte preconiza que o prazo para a cobrança da multa aplicada em virtude de infração administrativa ao meio ambiente é de cinco anos, nos termos do Decreto n.º 20.910/32, aplicável por isonomia por falta de regra específica para regular esse prazo prescricional.

4. Embora esteja sedimentada a orientação de que o prazo prescricional do art. 1° do Decreto 20.910/32 e não os do Código Civil aplicam-se às relações regidas pelo Direito Público, o caso dos autos comporta exame à luz das disposições contidas na Lei 9.873, de 23 de novembro de 1999, com os acréscimos da Lei 11.941, de 27 de maio de 2009.

5. A Lei 9.873/99, no art. 1º, estabeleceu prazo de cinco anos para que a Administração Pública Federal, direta ou indireta, no exercício do Poder de Polícia, apure o cometimento de infração à legislação em vigor, prazo que deve ser contado da data da prática do ato ou, no caso de infração permanente ou continuada, do dia em que tiver cessado a infração.

6. Esse dispositivo estabeleceu, em verdade, prazo para a constituição do crédito, e não para a cobrança judicial do crédito inadimplido. Com efeito, a Lei 11.941, de 27 de maio de 2009, acrescentou o art. 1º-A à Lei 9.873/99, prevendo, expressamente, prazo de cinco anos para a cobrança do crédito decorrente de infração à legislação em vigor, a par do prazo também quinquenal previsto no art. 1º desta Lei para a apuração da infração e constituição do respectivo crédito.

7. Antes da Medida Provisória 1.708, de 30 de junho de 1998, posteriormente convertida na Lei 9.873/99, não existia prazo decadencial para o exercício do poder de polícia por parte da Administração Pública Federal. Assim, a penalidade acaso aplicada sujeitava-se apenas ao prazo prescricional de cinco anos, segundo a jurisprudência desta Corte, em face da aplicação analógica do art. 1º do Decreto 20.910/32.

8. A infração em exame foi cometida no ano de 2000, quando já em vigor a Lei 9.873/99, devendo ser aplicado o art. 1º, o qual fixa prazo à Administração Pública Federal para, no exercício do poder de polícia, apurar a infração à legislação em vigor e constituir o crédito decorrente da multa aplicada, o que foi feito, já que o crédito foi inscrito em Dívida Ativa em 18 de outubro de 2000.

9. A partir da constituição definitiva do crédito, ocorrida no próprio ano de 2000, computam-se mais cinco anos para sua cobrança judicial. Esse prazo, portanto, venceu no ano de 2005, mas a execução foi proposta apenas em 21 de maio de 2007, quando já operada a prescrição. Deve, pois, ser mantido o acórdão impugnado, ainda que por fundamentos diversos.

10. Recurso especial não provido. Acórdão sujeito ao art. 543-C do CPC e à Resolução STJ n.º 08/2008.

Tema/ Repetitivo	325	Situação do Tema	TRÂNSITO EM JULGADO	Ramo do Direito	DIREITO ADMINISTRATIVO
Questão submetida a julgamento	Cinge-se a controvérsia sobre o prazo prescricional para a cobrança de multa administrativa por infração à legislação do meio ambiente aplicada por órgão ou entidade da Administração Pública Federal, direta ou indireta: se quinquenal, nos termos do art. 1º do Decreto 20.910/32, ou vintenária, segundo o art. 177 do Código Civil de 1916.				
Tese Firmada	**O prazo decadencial para constituição do crédito decorrente de infração à legislação administrativa 'conta-se da data da infração', 'caso se trate de ilícito instantâneo'.**				
Delimitação do Julgado	"A questão debatida nos autos é, apenas em parte, coincidente com a veiculada no REsp 1.112.577/SP, também de minha relatoria e já julgado sob o regime do art. 543-C do CPC e da Resolução STJ n.º 08/2008. Neste caso particular, a multa foi aplicada pelo Ibama, entidade federal de fiscalização e controle do meio ambiente, sendo possível discutir a incidência da Lei 9.873, de 23 de novembro de 1999, com os acréscimos da Lei 11.941, de 27 de maio de 2009. No outro processo anterior, a multa decorria do poder de polícia ambiental exercido por entidade vinculada ao Estado de São Paulo, em que não seria pertinente a discussão sobre essas duas leis federais."				
Informações Complementares	Prescrição administrativa.				

Processo	Tribunal de Origem	RRC	Órgão Julgador	Relator	Data de Afetação	Julgado em	Acórdão Publicado em	Embargos de Declaração	TRÂNSITO EM JULGADO
REsp 1115078/RS	TRF4	Não	1ª Seção	CASTRO MEIRA	25/11/2009	24/03/2010	06/04/2010	-	10/05/2010

<table>
<tr><th>Tema/ Repetitivo</th><th>326</th><th>Situação do Tema</th><th colspan="3">TRÂNSITO EM JULGADO</th><th>Ramo do Direito</th><th colspan="3">DIREITO ADMINISTRATIVO</th></tr>
<tr><td>Questão submetida a julgamento</td><td colspan="9">Cinge-se a controvérsia sobre o prazo prescricional para a cobrança de multa administrativa por infração à legislação do meio ambiente aplicada por órgão ou entidade da Administração Pública Federal, direta ou indireta: se quinquenal, nos termos do art. 1º do Decreto 20.910/32, ou vintenária, segundo o art. 177 do Código Civil de 1916.</td></tr>
<tr><td>Tese Firmada</td><td colspan="9">O prazo decadencial para constituição do crédito decorrente de infração à legislação administrativa, 'no caso de infração permanente ou continuada, conta-se do dia em que tiver cessado' o ilícito.</td></tr>
<tr><td>Delimitação do Julgado</td><td colspan="9">"A questão debatida nos autos é, apenas em parte, coincidente com a veiculada no REsp 1.112.577/SP, também de minha relatoria e já julgado sob o regime do art. 543-C do CPC e da Resolução STJ n.º 08/2008. Neste caso particular, a multa foi aplicada pelo Ibama, entidade federal de fiscalização e controle do meio ambiente, sendo possível discutir a incidência da Lei 9.873, de 23 de novembro de 1999, com os acréscimos da Lei 11.941, de 27 de maio de 2009. No outro processo anterior, a multa decorria do poder de polícia ambiental exercido por entidade vinculada ao Estado de São Paulo, em que não seria pertinente a discussão sobre essas duas leis federais."</td></tr>
<tr><td>Informações Complementares</td><td colspan="9">Prescrição administrativa.</td></tr>
<tr><th>Processo</th><th>Tribunal de Origem</th><th>RRC</th><th>Órgão Julgador</th><th>Relator</th><th>Data de Afetação</th><th>Julgado em</th><th>Acórdão Publicado em</th><th>Embargos de Declaração</th><th>TRÂNSITO EM JULGADO</th></tr>
<tr><td>REsp 1115078/RS</td><td>TRF4</td><td>Não</td><td>1ª Seção</td><td>CASTRO MEIRA</td><td>25/11/2009</td><td>24/03/2010</td><td>06/04/2010</td><td>-</td><td>10/05/2010</td></tr>
</table>

Tema/ Repetitivo	327	Situação do Tema	TRÂNSITO EM JULGADO	Ramo do Direito	DIREITO ADMINISTRATIVO
Questão submetida a julgamento	Cinge-se a controvérsia sobre o prazo prescricional para a cobrança de multa administrativa por infração à legislação do meio ambiente aplicada por órgão ou entidade da Administração Pública Federal, direta ou indireta: se quinquenal, nos termos do art. 1º do Decreto 20.910/32, ou vintenária, segundo o art. 177 do Código Civil de 1916.				
Tese Firmada	**Interrompe-se o prazo decadencial para a constituição do crédito decorrente de infração à legislação administrativa: a) pela notificação ou citação do indiciado ou executado, inclusive por meio de edital; b) por qualquer ato inequívoco, que importe apuração do fato; pela decisão condenatória recorrível; por qualquer ato inequívoco que importe em manifestação expressa de tentativa de solução conciliatória no âmbito interno da administração pública federal.**				
Delimitação do Julgado	"A questão debatida nos autos é, apenas em parte, coincidente com a veiculada no REsp 1.112.577/SP, também de minha relatoria e já julgado sob o regime do art. 543-C do CPC e da Resolução STJ n.º 08/2008. Neste caso particular, a multa foi aplicada pelo Ibama, entidade federal de fiscalização e controle do meio ambiente, sendo possível discutir a incidência da Lei 9.873, de 23 de novembro de 1999, com os acréscimos da Lei 11.941, de 27 de maio de 2009. No outro processo anterior, a multa decorria do poder de polícia ambiental exercido por entidade vinculada ao Estado de São Paulo, em que não seria pertinente a discussão sobre essas duas leis federais."				
Informações Complementares	Prescrição administrativa.				

Processo	Tribunal de Origem	RRC	Órgão Julgador	Relator	Data de Afetação	Julgado em	Acórdão Publicado em	Embargos de Declaração	TRÂNSITO EM JULGADO
REsp 1115078/RS	TRF4	Não	1ª Seção	CASTRO MEIRA	25/11/2009	24/03/2010	06/04/2010	-	10/05/2010

Tema/ Repetitivo	**328**	**Situação do Tema**	**TRÂNSITO EM JULGADO**	**Ramo do Direito**	**DIREITO ADMINISTRATIVO**
Questão submetida a julgamento	Cinge-se a controvérsia sobre o prazo prescricional para a cobrança de multa administrativa por infração à legislação do meio ambiente aplicada por órgão ou entidade da Administração Pública Federal, direta ou indireta: se quinquenal, nos termos do art. 1º do Decreto 20.910/32, ou vintenária, segundo o art. 177 do Código Civil de 1916.				
Tese Firmada	**É de três anos o prazo para a conclusão do processo administrativo instaurado para se apurar a infração administrativa ("prescrição intercorrente").**				
Delimitação do Julgado	"A questão debatida nos autos é, apenas em parte, coincidente com a veiculada no REsp 1.112.577/SP, também de minha relatoria e já julgado sob o regime do art. 543-C do CPC e da Resolução STJ n.º 08/2008. Neste caso particular, a multa foi aplicada pelo Ibama, entidade federal de fiscalização e controle do meio ambiente, sendo possível discutir a incidência da Lei 9.873, de 23 de novembro de 1999, com os acréscimos da Lei 11.941, de 27 de maio de 2009. No outro processo anterior, a multa decorria do poder de polícia ambiental exercido por entidade vinculada ao Estado de São Paulo, em que não seria pertinente a discussão sobre essas duas leis federais."				

Processo	**Tribunal de Origem**	**RRC**	**Órgão Julgador**	**Relator**	**Data de Afetação**	**Julgado em**	**Acórdão Publicado em**	**Embargos de Declaração**	**TRÂNSITO EM JULGADO**
REsp 1115078/RS	TRF4	Não	1ª Seção	CASTRO MEIRA	25/11/2009	24/03/2010	06/04/2010	-	10/05/2010

Tema/ Repetitivo	329	Situação do Tema	TRÂNSITO EM JULGADO	Ramo do Direito	DIREITO ADMINISTRATIVO
Questão submetida a julgamento	Cinge-se a controvérsia sobre o prazo prescricional para a cobrança de multa administrativa por infração à legislação do meio ambiente aplicada por órgão ou entidade da Administração Pública Federal, direta ou indireta: se quinquenal, nos termos do art. 1º do Decreto 20.910/32, ou vintenária, segundo o art. 177 do Código Civil de 1916.				
Tese Firmada	**Prescreve em cinco anos, contados do término do processo administrativo, a pretensão da Administração Pública de promover a execução da multa por infração ambiental.**				
Delimitação do Julgado	"A questão debatida nos autos é, apenas em parte, coincidente com a veiculada no REsp 1.112.577/SP, também de minha relatoria e já julgado sob o regime do art. 543-C do CPC e da Resolução STJ n.º 08/2008. Neste caso particular, a multa foi aplicada pelo Ibama, entidade federal de fiscalização e controle do meio ambiente, sendo possível discutir a incidência da Lei 9.873, de 23 de novembro de 1999, com os acréscimos da Lei 11.941, de 27 de maio de 2009. No outro processo anterior, a multa decorria do poder de polícia ambiental exercido por entidade vinculada ao Estado de São Paulo, em que não seria pertinente a discussão sobre essas duas leis federais."				
Informações Complementares	A Lei 9.873/1999 não se aplica: a) às ações administrativas punitivas desenvolvidas por estados e municípios, pois o âmbito espacial da lei limita-se ao plano federal; b) às ações administrativas que, apesar de potencialmente desfavoráveis aos interesses dos administrados, não possuem natureza punitiva, como as medidas administrativas revogatórias, as cautelares ou as reparatórias; e c) por expressa disposição do art. 5º, às ações punitivas disciplinares e às ações punitivas tributárias, sujeitas a prazos prescricionais próprios, a primeira com base na Lei 8.112/90 e a segunda com fundamento no Código Tributário Nacional.				
Súmula Originada do Tema	Súmula 467/STJ				

Processo	Tribunal de Origem	RRC	Órgão Julgador	Relator	Data de Afetação	Julgado em	Acórdão Publicado em	Embargos de Declaração	TRÂNSITO EM JULGADO
REsp 1115078/RS	TRF4	Não	1ª Seção	CASTRO MEIRA	25/11/2009	24/03/2010	06/04/2010	-	10/05/2010

Tema/ Repetitivo	330	Situação do Tema	TRÂNSITO EM JULGADO	Ramo do Direito	DIREITO ADMINISTRATIVO
Questão submetida a julgamento	**Cinge-se a controvérsia sobre o prazo prescricional para a cobrança de multa administrativa por infração à legislação do meio ambiente aplicada por órgão ou entidade da Administração Pública Federal, direta ou indireta: se quinquenal, nos termos do art. 1º do Decreto 20.910/32, ou vintenária, segundo o art. 177 do Código Civil de 1916.**				
Tese Firmada	**O termo inicial do prazo prescricional para o ajuizamento da ação executória 'é a constituição definitiva do crédito, que se dá com o término do processo administrativo de apuração da infração e constituição da dívida'.**				
Delimitação do Julgado	"A questão debatida nos autos é, apenas em parte, coincidente com a veiculada no REsp 1.112.577/SP, também de minha relatoria e já julgado sob o regime do art. 543-C do CPC e da Resolução STJ n.º 08/2008. Neste caso particular, a multa foi aplicada pelo Ibama, entidade federal de fiscalização e controle do meio ambiente, sendo possível discutir a incidência da Lei 9.873, de 23 de novembro de 1999, com os acréscimos da Lei 11.941, de 27 de maio de 2009. No outro processo anterior, a multa decorria do poder de polícia ambiental exercido por entidade vinculada ao Estado de São Paulo, em que não seria pertinente a discussão sobre essas duas leis federais."				

Processo	Tribunal de Origem	RRC	Órgão Julgador	Relator	Data de Afetação	Julgado em	Acórdão Publicado em	Embargos de Declaração	TRÂNSITO EM JULGADO
REsp 1115078/RS	TRF4	Não	1ª Seção	CASTRO MEIRA	25/11/2009	24/03/2010	06/04/2010	-	10/05/2010

Tema/Repetitivo	331	Situação do Tema	TRÂNSITO EM JULGADO	Ramo do Direito	DIREITO ADMINISTRATIVO
Questão submetida a julgamento	Cinge-se a controvérsia sobre o prazo prescricional para a cobrança de multa administrativa por infração à legislação do meio ambiente aplicada por órgão ou entidade da Administração Pública Federal, direta ou indireta: se quinquenal, nos termos do art. 1º do Decreto 20.910/32, ou vintenária, segundo o art. 177 do Código Civil de 1916.				
Tese Firmada	**São causas de interrupção do prazo prescricional: a) o despacho do juiz que ordenar a citação em executivo fiscal; b) o protesto judicial; c) qualquer ato judicial que constitua em mora o devedor; d) qualquer ato inequívoco, ainda que extrajudicial, que importe em reconhecimento do débito pelo devedor; e) qualquer ato inequívoco que importe em manifestação expressa de tentativa de solução conciliatória no âmbito interno da administração pública federal.**				
Anotações Nugep	Hipótese: execução fiscal para cobrança de multa administrativa por infração ao meio ambiente.				
Delimitação do Julgado	"A questão debatida nos autos é, apenas em parte, coincidente com a veiculada no REsp 1.112.577/SP, também de minha relatoria e já julgado sob o regime do art. 543-C do CPC e da Resolução STJ n.º 08/2008. Neste caso particular, a multa foi aplicada pelo Ibama, entidade federal de fiscalização e controle do meio ambiente, sendo possível discutir a incidência da Lei 9.873, de 23 de novembro de 1999, com os acréscimos da Lei 11.941, de 27 de maio de 2009. No outro processo anterior, a multa decorria do poder de polícia ambiental exercido por entidade vinculada ao Estado de São Paulo, em que não seria pertinente a discussão sobre essas duas leis federais."				

Processo	TRIBUNAL DE ORIGEM	RRC	Órgão Julgador	Relator	Data de Afetação	Julgado em	Acórdão Publicado em	Embargos de Declaração	TRÂNSITO EM JULGADO
REsp 1115078/RS	TRF4	Não	1ª Seção	CASTRO MEIRA	25/11/2009	24/03/2010	06/04/2010	-	10/05/2010

<table>
<tr><th>Tema/ Repetitivo</th><th>146</th><th>Situação do Tema</th><th>TRÂNSITO EM JULGADO</th><th>Ramo do Direito</th><th>DIREITO ADMINISTRATIVO</th></tr>
<tr><td colspan="2">Questão submetida a julgamento</td><td colspan="4">Cinge-se a controvérsia sobre o prazo prescricional para cobrança de multa por infração à legislação ambiental.</td></tr>
<tr><td colspan="2">Tese Firmada</td><td colspan="4">É de cinco anos o prazo para a cobrança da multa aplicada ante infração administrativa ao meio ambiente, nos termos do Decreto nº 20.910/32, o qual que deve ser aplicado por isonomia, à falta de regra específica para regular esse prazo prescricional.</td></tr>
<tr><td colspan="2">Anotações Nugep</td><td colspan="4">1. Multa decorrente do poder de polícia ambiental exercido por entidade vinculada ao Estado de São Paulo, em que não é pertinente a discussão sobre a Leis Federal 9.873/1999, com os acréscimos da Lei 11.941/2009. (REsp 1115078/RS, Rel. Ministro CASTRO MEIRA, PRIMEIRA SEÇÃO, julgado em 24/03/2010, DJe 06/04/2010)
2."O prazo prescricional para a cobrança de multa administrativa continua sendo de cinco anos, até 27 de maio de 1999, por força do Decreto 20.910/32, e, a atualmente, de acordo com o art. 1º-A da Lei 9.873/1999 (com os acréscimos da Lei 11.941/2009)." (REsp 1115078/RS, Rel. Ministro CASTRO MEIRA, PRIMEIRA SEÇÃO, julgado em 24/03/2010, DJe 06/04/2010)</td></tr>
</table>

Processo	Tribunal de Origem	RRC	Órgão Julgador	Relator	Data de Afetação	Julgado em	Acórdão Publicado em	Embargos de Declaração	TRÂNSITO EM JULGADO
REsp 1112577/SP	TJSP	Sim	1ª Seção	CASTRO MEIRA	30/04/2009	09/12/2009	08/02/2010	-	15/03/2010

<table>
<tr><th>Tema/ Repetitivo</th><th>147</th><th>Situação do Tema</th><th colspan="3">TRÂNSITO EM JULGADO</th><th>Ramo do Direito</th><th colspan="3">DIREITO ADMINISTRATIVO</th></tr>
<tr><td colspan="2">Questão submetida a julgamento</td><td colspan="9">Cinge-se a controvérsia sobre o prazo prescricional para cobrança de multa por infração à legislação ambiental.</td></tr>
<tr><td colspan="2">Tese Firmada</td><td colspan="9">Em se tratando de multa administrativa, a prescrição da ação de cobrança somente tem início com o vencimento do crédito sem pagamento, quando se torna inadimplente o administrado infrator.</td></tr>
<tr><td colspan="2">Anotações Nugep</td><td colspan="9">A prescrição de multa por infração à legislação do meio ambiente aplicada por entidade de fiscalização estadual é de cinco anos, contados do vencimento do crédito sem pagamento.</td></tr>
<tr><th colspan="2">Processo</th><th>Tribunal de Origem</th><th>RRC</th><th>Órgão Julgador</th><th>Relator</th><th>Data de Afetação</th><th>Julgado em</th><th>Acórdão Publicado em</th><th>Embargos de Declaração</th><th>TRÂNSITO EM JULGADO</th></tr>
<tr><td colspan="2">REsp 1112577/SP</td><td>TJSP</td><td>Sim</td><td>1ª Seção</td><td>CASTRO MEIRA</td><td>30/04/2009</td><td>09/12/2009</td><td>08/02/2010</td><td>-</td><td>15/03/2010</td></tr>
</table>

Desse modo, a Súmula STJ 467 tem lastro na Lei 9.873/99 para os entes federais e no Decreto 20.910/32 para os demais entes federativos.

2. STJ/SÚMULA 613

Não se admite a aplicação da teoria do fato consumado em tema de Direito Ambiental.

Inexiste direito adquirido de poluir, não havendo nenhuma incorporação idônea ao patrimônio particular, ante a indisponibilidade da preservação ambiental e seu caráter não pecuniário.[1] **Não há direito adquirido de poluir**.[2]

Nesse sentido, já afirmou o STJ que "inexiste direito adquirido a poluir ou degradar o meio ambiente. O tempo é incapaz de curar ilegalidades ambientais de natureza permanente, pois parte dos sujeitos tutelados – as gerações futuras – carece de voz e de representantes que falem ou se omitam em seu nome".[3]

Ainda de acordo com a Corte Superior "em tema de direito ambiental, **não se cogita em direito adquirido à devastação, nem se admite a incidência da teoria do fato consumado**" (REsp 1.394.025, de 08.10.2013).

Nesse sentido, o posicionamento do STJ, em julgado relatado Ministro Benjamin:

> "Processual civil e ambiental. Ação civil pública. Ausência de prequestionamento. Incidência, por analogia, da Súmula 282 do STF. Função social e função ecológica da propriedade e da posse. Áreas de preservação permanente. Reserva legal. Responsabilidade objetiva pelo dano ambiental. Obrigação *propter rem*. Direito adquirido de poluir. 1. A falta de prequestionamento da matéria submetida a exame do STJ, por meio de Recurso Especial, impede seu conhecimento. Incidência, por analogia, da Súmula 282/STF. 2. Inexiste direito adquirido a poluir ou degradar o meio ambiente. O tempo é incapaz de curar ilegalidades ambientais de natureza permanente, pois parte dos sujeitos tutelados – as gerações futuras – carece de

---

1. Nesse sentido, o Parecer 904/2002 da Procuradoria-Geral do IBAMA, da lavra das Procuradoras Federais Paula da Rin Souza e Lia Chaga Dornelles.
2. Pela inexistência de direito adquirido de poluir já se manifestou o TRF da 2.ª região, no julgamento da AC 289198, de 06.06.2007.
3. Passagem do REsp 948.921, de 23.10.2007.

voz e de representantes que falem ou se omitam em seu nome. 3. Décadas de uso ilícito da propriedade rural não dão salvo-conduto ao proprietário ou posseiro para a continuidade de atos proibidos ou tornam legais práticas vedadas pelo legislador, sobretudo no âmbito de direitos indisponíveis, que a todos aproveita, inclusive às gerações futuras, como é o caso da proteção do meio ambiente. 4. As APPs e a Reserva Legal justificam-se onde há vegetação nativa remanescente, mas com maior razão onde, em consequência de desmatamento ilegal, a flora local já não existe, embora devesse existir. 5. Os deveres associados às APPs e à Reserva Legal têm natureza de obrigação *propter rem*, isto é, aderem ao título de domínio ou posse. Precedentes do STJ. 6. Descabe falar em culpa ou nexo causal, como fatores determinantes do dever de recuperar a vegetação nativa e averbar a Reserva Legal por parte do proprietário ou possuidor, antigo ou novo, mesmo se o imóvel já estava desmatado quando de sua aquisição. Sendo a hipótese de obrigação *propter rem*, desarrazoado perquirir quem causou o dano ambiental *in casu*, se o atual proprietário ou os anteriores, ou a culpabilidade de quem o fez ou deixou de fazer. Precedentes do STJ. 7. Recurso Especial parcialmente conhecido e, nessa parte, não provido" (REsp 948.921, de 23.10.2007).

No mesmo sentido o STF:

RE 609748 AgR / RJ - RIO DE JANEIRO

AG.REG. NO RECURSO EXTRAORDINÁRIO

Relator(a): Min. LUIZ FUX

Julgamento: 23/08/2011

Publicação: 13/09/2011

Órgão julgador: Primeira Turma

Publicação

DJe-175 DIVULG 12-09-2011 PUBLIC 13-09-2011 EMENT VOL-02585-02 PP-00222

Ementa

Ementa: AGRAVO REGIMENTAL NO RECURSO EXTRAORDINÁRIO. DIREITO AMBIENTAL. MANDADO DE SEGURANÇA. AUSÊNCIA DE LICENÇA AMBIENTAL. MATÉRIA INFRACONSTITUCIONAL.

REEXAME DE FATOS E PROVAS. **INAPLICABILIDADE DA TEORIA DO FATO CONSUMADO.** 1. A competência do IBAMA para fiscalizar eventuais infrações ambientais está disciplinada em lei infraconstitucional (Lei 9.605/98), eventual violação à Constituição é indireta, o que não desafia o apelo extremo. Precedentes: AI 662.168, Rel. Min. Joaquim Barbosa, DJe de 23/11/2010, e o RE 567.681-AgR, Rel. Min. Cármen Lúcia, 1ª Turma, DJe de 08/05/2009. 2. In casu, o Tribunal de origem asseverou não ter a recorrente trazido prova pré-constituída da desnecessidade de licenciamento ambiental; para dissentir-se desse entendimento seria necessário o reexame fatos e provas, providência vedada nesta instância mercê o óbice da Súmula n. 279 do Supremo Tribunal Federal, verbis: "Para simples reexame de prova não cabe recurso extraordinário." **3. A teoria do fato consumado não pode ser invocada para conceder direito inexistente sob a alegação de consolidação da situação fática pelo decurso do tempo. Esse é o entendimento consolidado por ambas as turmas desta Suprema Corte.** Precedentes: RE 275.159, Rel. Min. Ellen Gracie, Segunda Turma, DJ 11.10.2001; RMS 23.593-DF, Rel. Min. MOREIRA ALVES, Primeira Turma, DJ de 02/02/01; e RMS 23.544-AgR, Rel. Min. Celso de Mello, Segunda Turma, DJ 21.6.2002. 4 . Agravo regimental a que se nega provimento.

3. STJ/SÚMULA 618

A inversão do ônus da prova aplica-se às ações de degradação ambiental.

Impende salientar que **o STJ passou a admitir a inversão do ônus da prova nas ações de reparação dos danos ambientais**, com base no interesse público da reparação e no Princípio da Precaução,[4] sendo uma ótima técnica de julgamento na hipótese de dúvida probatória (*non liquet*), pois poderá ser carreado ao suposto

4. REsp 972.902, de 25.08.2009; REsp 1.060.753-SP, de 1.º.12.2009.

poluidor o ônus de comprovar que inexiste dano ambiental a ser reparado, ou, se existente, que este não foi de sua autoria.

Ademais, além de se fundamentar no **aspecto material** (*ope legis*), mormente no Princípio da Precaução (*in dubio pro natura* ou *salute*), a inversão do ônus da prova na ação de reparação do dano ambiental também encontra **fundamento processual** (*ope judicis*), pois a regra do artigo 6.º, do CDC, tem aplicação em defesa de todos os direitos coletivos e difusos.

Nesse sentido, no julgamento do REsp 883.656, de 09.03.2010, já decidiu o STJ que "no Direito Ambiental brasileiro, a inversão do ônus da prova é de ordem substantiva e *ope legis*, direta ou indireta (esta última se manifesta, p. ex., na derivação inevitável do princípio da precaução), como também de cunho estritamente processual e *ope judicis* (assim no caso de hipossuficiência da vítima, verossimilhança da alegação ou outras hipóteses inseridas nos poderes genéricos do juiz, emanação natural do seu ofício de condutor e administrador do processo). Como corolário do princípio *in dubio pro natura*, 'Justifica-se a inversão do ônus da prova, transferindo para o empreendedor da atividade potencialmente perigosa o ônus de demonstrar a segurança do empreendimento, a partir da interpretação do art. 6.º, VIII, da Lei 8.078/1990 c/c o art. 21 da Lei 7.347/1985, conjugado ao Princípio Ambiental da Precaução' (REsp 972.902/RS, Rel. Min. Eliana Calmon, Segunda Turma, DJe 14.9.2009), técnica que sujeita aquele que supostamente gerou o dano ambiental a comprovar 'que não o causou ou que a substância lançada ao meio ambiente não lhe é potencialmente lesiva' (REsp 1.060.753/SP, Rel. Min. Eliana Calmon, Segunda Turma, DJe 14.12.2009)".

Vale destacar que inversão do ônus da prova não deverá se proceder apenas por ocasião da sentença, e sim anteriormente, preferencialmente no despacho saneador, em respeito ao Princípio do Contraditório, para que o réu saiba perfeitamente que terá a missão de desconstituir a presunção de veracidade dos fatos declinados pelo autor, não sendo surpreendido apenas na sentença, consoante acertada jurisprudência do STJ (REsp 802.832, j. 13.04.2011).

De acordo com o artigo 373, § 1º, do CPC/2015, nos casos previstos em lei ou diante de peculiaridades da causa relacionadas à impossibilidade ou à excessiva dificuldade de cumprir o encargo ou à maior facilidade de obtenção da prova do fato contrário, poderá o juiz atribuir o ônus da prova de modo diverso, desde que o faça por decisão fundamentada, caso em que deverá dar à parte a oportunidade de se desincumbir do ônus que lhe foi atribuído.

Logo, o CPC/2015 confirma a posição do STJ, preservando o Princípio do Contraditório, pois casa haja a inversão é necessário oportunizar ao réu o direito de produz as provas necessárias para demonstrar que o dano ambiental existe ou não foi o autor.

4. STJ/SÚMULA 623

As obrigações ambientais possuem natureza *propter rem*, sendo admissível cobrá-las do proprietário ou possuidor atual e/ou dos anteriores, à escolha do credor.

O terceiro adquirente de imóvel com passivo ambiental a exemplo de degradação da APP ou ARL, quer seja proprietário ou possuidor, responderá pela reparação do dano ambiental, sendo uma construção pretoriana que imputa a responsabilidade em decorrência de obrigação *propter rem*, dispensando o nexo causal entre conduta e dano ao ambiente.

De acordo com o STJ, "a obrigação de reparação dos danos ambientais é *propter rem*, sem prejuízo da solidariedade entre os vários causadores do dano, descabendo falar em direito adquirido à degradação. O novo proprietário assume o ônus de manter a integridade do ecossistema protegido, tornando-se responsável pela recuperação, mesmo que não tenha contribuído para o desmatamento ou destruição" (REsp 1241630, de 23/6/2015). "Excetuam-se à regra, **dispensando a prova do nexo de causalidade**, a responsabilidade de adquirente de imóvel já danificado porque, independentemente de ter sido ele ou o dono anterior o real causador dos estragos, imputa-se ao novo proprietário a responsabilidade pelos danos. Precedentes do STJ" (REsp. 1056540, de 25.08.2009).

A Corte Superior continua mantendo o mesmo entendimento de que a obrigação de reparar o dano ambiental é *propter rem*, sendo o proprietário ou possuidor obrigado a reparar o dano ambiental em seu prédio rústico, mesmo que não o tenha causado:

> "Ambiental e processual civil. Área de preservação permanente. possibilidade de reflorestamento por parte do poder público sem desapropriação. Transferência dos custos ao proprietário. Obrigação *propter rem*. Indenização do art. 18, § 1.º, do Código Florestal. Regra de transição. Cultivos após a criação da APP. Conduta ilícita não indenizável. Discussão sobre a prescrição prejudicada.
>
> 1. O Código Florestal, em seu art. 18, determina que, nas terras de propriedade privada onde seja necessário o florestamento ou o reflorestamento de preservação permanente, o Poder Público Federal poderá fazê-lo sem desapropriá-las, se não o fizer o proprietário.
>
> 2. Com isso, não está o art. 18 da Lei 4.771/1965 retirando do particular a obrigação de recuperar a área desmatada, mas apenas autorizando ao Poder Público que se adiante no processo de recuperação, com a transferência dos custos ao proprietário, que nunca deixou de ser o obrigado principal.
>
> 3. Tal obrigação, aliás, independe do fato de ter sido o proprietário o autor da degradação ambiental, mas decorre de obrigação *propter rem*, que adere ao título de domínio ou posse. Precedente: (AgRg no REsp 1206484/SP, Rel. Min. Humberto Martins, 2.ª T. j. 17.03.2011, *DJe* 29.03.2011).
>
> 4. O § 1.º do art. 18 do Código Florestal quando dispôs que, 'se tais áreas estiverem sendo utilizadas com culturas, de seu valor deverá ser indenizado o proprietário', apenas criou uma regra de transição para proprietários ou possuidores que, à época da criação da limitação administrativa, ainda possuíam culturas nessas áreas.
>
> 5. Aqueles que, como no caso do recorrente, cultivaram em área de preservação permanente, após a entrada em vigor da norma restritiva, praticaram conduta ilícita, exploraram economicamente quando deveriam recuperar a vegetação. Obviamente que, em tais situações, não há que se falar em indenização.
>
> 6. A conclusão de que inexiste direito à reparação dos danos torna inócua qualquer discussão a respeito da ocorrência ou

não da prescrição da pretensão indenizatória. Recurso especial improvido" (REsp 1.237.071, j. 03.05.2011).

Esse regime de responsabilização ambiental do proprietário ou possuidor do bem degradado, independentemente de ter sido o autor do ato lesivo ao ambiente, foi positivado pela Lei 12.651/2012, que aprovou o **novo Código Florestal brasileiro**.

De acordo com o seu artigo 2.º, § 2.º, **"as obrigações previstas nesta Lei têm natureza real e são transmitidas ao sucessor, de qualquer natureza, no caso de transferência de domínio ou posse do imóvel rural"**.

Por conseguinte, o regime de reparação civil dos danos ambientais pela obrigação *propter rem* passou a ter previsão expressa na legislação florestal brasileira, sendo reproduzida em outras passagens do novo CFlo (artigos 7.º, § 2.º, e 66, § 1.º).

De maneira inovadora, **há precedente do STJ que expressamente admitiu excepcionalmente a responsabilidade civil ambiental independente de nexo de causalidade**:

> "Processual civil e ambiental. Ação civil pública. Dano ambiental. Construção de hidrelétrica. Responsabilidade objetiva e solidária. Artigos 3.º, inc. IV, e 14, § 1.º, da Lei 6.398/1981. Irretroatividade da lei. Prequestionamento ausente: Súmula 282/STF. Prescrição. Deficiência na fundamentação: Súmula 284/STF. Inadmissibilidade.
>
> 1. A responsabilidade por danos ambientais é objetiva e, como tal, não exige a comprovação de culpa, bastando a constatação do dano e do nexo de causalidade.
>
> 2. Excetuam-se à regra, dispensando a prova do nexo de causalidade, a responsabilidade de adquirente de imóvel já danificado porque, independentemente de ter sido ele ou o dono anterior o real causador dos estragos, imputa-se ao novo proprietário a responsabilidade pelos danos. Precedentes do STJ.
>
> 3. A solidariedade nessa hipótese decorre da dicção dos artigos 3.º, inc. IV, e 14, § 1.º, da Lei 6.398/1981 (Lei da Política Nacional do Meio Ambiente).
>
> 4. Se possível identificar o real causador do desastre ambiental, a ele cabe a responsabilidade de reparar o dano, ainda que solidariamente com o atual proprietário do imóvel danificado.

> 5. Comprovado que a empresa Furnas foi responsável pelo ato lesivo ao meio ambiente a ela cabe a reparação, apesar de o imóvel já ser de propriedade de outra pessoa jurídica.
>
> 6. É inadmissível discutir em recurso especial questão não decidida pelo Tribunal de origem, pela ausência de prequestionamento.
>
> 7. É deficiente a fundamentação do especial que não demonstra contrariedade ou negativa de vigência a tratado ou lei federal.
>
> 8. Recurso especial parcialmente conhecido e não provido" (REsp 1.056.540, de 25.08.2009).

Ainda de acordo com o STJ, "**para o fim de apuração do nexo de causalidade no dano ambiental, equiparam-se quem faz, quem não faz quando deveria fazer, quem deixa fazer, quem não se importa que façam, quem financia para que façam, e quem se beneficia quando outros fazem**".[5]

5. STJ/SÚMULA 629

Quanto ao dano ambiental, é admitida a condenação do réu à obrigação de fazer ou à de não fazer cumulada com a de indenizar.

Na seara privada, liga-se o dano ao prejuízo ao patrimônio de alguém. Mesmo nos casos de danos extrapatrimoniais (morais, em sentido amplo), acaba-se indenizando em pecúnia, ante a sua irreparabilidade natural.

No Direito Ambiental existem inúmeras especificidades que impedem a adoção integral da linha privatística. Em primeiro lugar, tecnicamente, o dano ambiental normalmente é irreparável *in natura*, pois um jacaré retirado do seu *habitat* por certo lapso de tempo não mais se readaptará ao mesmo ou uma floresta desmatada

5. Passagem do REsp 650.728, de 23.10.2007.

não poderá ser colada, podendo-se no máximo reflorestar e constituir novo ecossistema similar.

Assim, uma vez **impossibilitada a reparação (ou restauração) em espécie, que é prioritária, dever-se-á partir para uma compensação ambiental ou, em último caso, para a indenização em pecúnia**.

Como exemplo, tome-se o caso do desmate de uma floresta nativa amazônica. Tecnicamente, conforme afirmam os técnicos, os danos serão irreparáveis, pois o mesmo ecossistema não terá as mesmas características de outrora, não só em relação à mata, mas também no que concerne aos animais, solo, eventuais águas etc.

Neste caso, deve-se partir para a compensação ambiental, ou seja, buscar-se-á a adoção de medidas específicas com o intuito de aproximar ao máximo o ecossistema degradado de suas condições originais.

Logo, o poluidor deverá ser compelido a reflorestar a área com as espécies nativas e, se viável, reinserir animais silvestres da mesma espécie, entre outras medidas indicadas. Em termos de ação civil pública, apenas em último caso recolher-se-á a indenização para o fundo instituído pelo artigo 13, da Lei 7.347/1985 (Lei da Ação Civil Pública), que destina à recuperação de bens coletivos lesados.

Esse também é o posicionamento de JOSÉ RUBENS MORATO LEITE e PATRYCK DE ARAÚJO AYALA (2010, p. 215), em aprofundado estudo sobre o tema, que sustentam que "não sendo possível a reparação natural, como instrumento subsidiário de reparação, deve-se cogitar da utilização da compensação ecológica".

Ainda de acordo com os citados autores (2010, p. 217), "em relação à aplicação do instituto da compensação ecológica, quatro parâmetros devem ser observados visando à eficácia deste mecanismo:

> "1. Em primeiro lugar, deve-se fazer uma valoração econômica do bem ambiental. Trata-se de um processo que deve levar em consideração as gerações futuras e fundamentar-se em uma visão ecocêntrica, abandonando o clássico antropocentrismo utilitarista.

> 2. Em seguida, considera-se que as medidas utilizadas no sistema de compensação devem observar os princípios de equivalência, razoabilidade e proporcionalidade.
>
> 3. Um outro parâmetro a considerar é o estabelecido pela União Europeia pela Diretiva 2004/35/CE e transposta para o direito português pelo Dec.-lei 147/2008, que preceitua, no seu anexo V, medidas de reparação primária, complementar, reparação compensatória e perdas transitórias.
>
> 4. Por fim, convém observar que o valor obtido com a compensação deve ser destinado primordialmente ao local afetado, pois é neste onde ocorrem os impactos negativos à natureza. As medidas compensatórias aplicadas no local afetado beneficiam tanto o meio ambiente como toda a comunidade prejudicada".

Portanto, o dano ambiental é peculiar, exigindo o desenvolvimento de uma teoria geral de responsabilização específica para atender a suas características. Isso porque se trata de uma lesão ao meio ambiente ecologicamente equilibrado, bem de uso comum do povo, que possui natureza coletiva, sendo ainda incorpóreo, autônomo, indivisível e imprescritível, não sendo possível, via de regra, a restauração total do ecossistema degradado.

Ademais, não raro é difícil estabelecer o nexo causal entre a conduta poluidora e o dano ambiental, pois é comum que o prejuízo ao meio ambiente só se manifeste após muitos anos, normalmente após o efeito cumulativo da degradação (caráter sinergético), muitas vezes oriundo de mais de uma fonte de emissão, a exemplo da poluição atmosférica que causa o efeito estufa.

Outra característica *sui generis* do dano ambiental é que, em certas situações, ele poderá ser tolerado socialmente, sem a exigência específica de reparação, compensação ou indenização, a exemplo do desmatamento de árvores situadas na área de uso alternativo do solo das fazendas, lastreado em licenciamento ambiental, assim como a emissão regular de gases poluidores pelos veículos automotores.

É plenamente possível a cominação de obrigação de reparação com a indenização pecuniária cumulativamente, até que haja a recuperação total do dano, se possível. Nesse sentido, o entendimento do STJ, divulgado pelo *Informativo* 427:

"Meio ambiente. Reparação. Indenização.

O princípio da reparação *in integrum* aplica-se ao dano ambiental. Com isso, a obrigação de recuperar o meio ambiente degradado é compatível com a indenização pecuniária por eventuais prejuízos, até sua restauração plena. Contudo, se quem degradou promoveu a restauração imediata e completa do bem lesado ao *status quo ante*, em regra, não se fala em indenização. Já os benefícios econômicos que aquele auferiu com a exploração ilegal do meio ambiente (bem de uso comum do povo, conforme o artigo 225, *caput*, da CF/1988) devem reverter à coletividade, tal qual no caso, em que se explorou garimpo ilegal de ouro em área de preservação permanente sem qualquer licença ambiental de funcionamento ou autorização para desmatamento. Com esse entendimento, a Turma deu parcial provimento ao recurso para reconhecer, em tese, a possibilidade de cumulação de indenização pecuniária e obrigações de fazer voltadas à recomposição *in natura* do bem lesado, o que impõe a devolução dos autos ao tribunal de origem para que verifique existir dano indenizável e seu eventual *quantum debeatur*. Precedente citado: REsp 1.120.117-AC, *DJe* 19.11.2009" (REsp 1.114.893-MG, Rel. Min. Herman Benjamin, j. 16.03.2010).

Também nesse sentido o julgamento do Recurso Especial 1.180.078, de 02.12.2010:

> "Ambiental. Desmatamento. Cumulação de obrigação de fazer (reparação da área degradada) e de pagar quantia certa (indenização). Possibilidade. Interpretação da norma ambiental.
>
> 1. Cuidam os autos de Ação Civil Pública proposta com o fito de obter responsabilização por danos ambientais causados pelo desmatamento de área de mata nativa. A instância ordinária considerou provado o dano ambiental e condenou o degradador a repará-lo; porém, julgou improcedente o pedido indenizatório.
>
> 2. A jurisprudência do STJ está firmada no sentido de que a necessidade de reparação integral da lesão causada ao meio ambiente permite a cumulação de obrigações de fazer e indenizar. Precedentes da Primeira e Segunda Turmas do STJ.
>
> 3. A restauração *in natura* nem sempre é suficiente para reverter ou recompor integralmente, no terreno da responsabilidade civil, o dano ambiental causado, daí não exaurir o universo dos

deveres associados aos princípios do poluidor-pagador e da reparação *in integrum*.

4. A reparação ambiental deve ser feita da forma mais completa possível, de modo que a condenação a recuperar a área lesionada não exclui o dever de indenizar, sobretudo pelo dano que permanece entre a sua ocorrência e o pleno restabelecimento do meio ambiente afetado (= dano interino ou intermediário), bem como pelo dano moral coletivo e pelo dano residual (= degradação ambiental que subsiste, não obstante todos os esforços de restauração).

5. A cumulação de obrigação de fazer, não fazer e pagar não configura *bis in idem*, porquanto a indenização não é para o dano especificamente já reparado, mas para os seus efeitos remanescentes, reflexos ou transitórios, com destaque para a privação temporária da fruição do bem de uso comum do povo, até sua efetiva e completa recomposição, assim como o retorno ao patrimônio público dos benefícios econômicos ilegalmente auferidos.

6. Recurso Especial parcialmente provido para reconhecer a possibilidade, em tese, de cumulação de indenização pecuniária com as obrigações de fazer voltadas à recomposição *in natura* do bem lesado, com a devolução dos autos ao Tribunal de origem para que verifique, se na hipótese, há dano indenizável e para fixar eventual *quantum debeatur*".

Outrossim, por meio da sua 2.ª Turma, o STJ vem admitindo a condenação em **dano moral coletivo** do poluidor, presumindo a ocorrência dos danos às presentes e futuras gerações:

"Ambiental, administrativo e processual civil. Ação civil pública. Proteção e preservação do meio ambiente. Complexo Parque do Sabiá. Ofensa ao art. 535, II, do CPC não configurada. Cumulação de obrigações de fazer com indenização pecuniária. Art. 3.º da Lei 7.347/1985. Possibilidade. Danos morais coletivos. Cabimento.

1. Não ocorre ofensa ao art. 535 do CPC, se o Tribunal de origem decide, fundamentadamente, as questões essenciais ao julgamento da lide.

2. Segundo a jurisprudência do STJ, a logicidade hermenêutica do art. 3.º da Lei 7.347/1985 permite a cumulação das condenações em obrigações de fazer ou não fazer e indenização pecuniária em sede de ação civil pública, a fim de possibilitar

a concreta e cabal reparação do dano ambiental pretérito, já consumado. Microssistema de tutela coletiva.

3. O dano ao meio ambiente, por ser bem público, gera repercussão geral, impondo conscientização coletiva à sua reparação, a fim de resguardar o direito das futuras gerações a um meio ambiente ecologicamente equilibrado.

4. O dano moral coletivo ambiental atinge direitos de personalidade do grupo massificado, sendo desnecessária a demonstração de que a coletividade sinta a dor, a repulsa, a indignação, tal qual fosse um indivíduo isolado.

5. Recurso especial provido, para reconhecer, em tese, a possibilidade de cumulação de indenização pecuniária com as obrigações de fazer, bem como a condenação em danos morais coletivos, com a devolução dos autos ao Tribunal de origem para que verifique se, no caso, há dano indenizável e fixação do eventual *quantum debeatur*" (REsp 1.269.494, de 24.09.2013).

Normalmente a **obrigação de não fazer** imposta ao poluidor objetiva a cessação da lesão ao meio ambiente a fim de não agravá-la, ao passo que a **obrigação de fazer** se destina à reparação ou compensação do dano ambiental.

De acordo com o STJ, no julgamento do Recurso Especial 1.198.727, de 14.08.2012, "ao responsabilizar-se civilmente o infrator ambiental, não se deve confundir prioridade da recuperação *in natura* do bem degradado com impossibilidade de cumulação simultânea dos deveres de repristinação natural (obrigação de fazer), compensação ambiental e indenização em dinheiro (obrigação de dar), e abstenção de uso e de nova lesão (obrigação de não fazer)".

ANOTAÇÕES

ANOTAÇÕES

ANOTAÇÕES

ANOTAÇÕES

ANOTAÇÕES

ANOTAÇÕES

ANOTAÇÕES

ANOTAÇÕES

ANOTAÇÕES

EDITORA
*Jus*PODIVM
www.editorajuspodivm.com.br